教職論

教職につくための基礎・基本

佐藤 徹 編著

東海大学出版部

The Teaching Profession : Basic Requirements for Becoming a Teacher
edited by Toru SATO
Tokai University Press, 2010
ISBN978-4-486-01867-4

はしがき

　本書は、教職課程の1年次生を主な対象とする「教職の意義等に関する科目」の授業テキストを意図したものである。執筆は、公立中学校・高等学校の教職経験者、指導主事などの教育行政経験者で、現在、各大学で教職科目を担当している方々にお願いした。

　この科目は、平成10年の教育職員免許法改正によって新設され、科目の内容としては、「教職の意義及び教員の役割」「教員の職務内容（研修、服務及び身分保障等を含む）」「進路選択に資する各種の機会の提供等」の3つを含むものである。

　他の教職科目に比べ、科目としての歴史が新しく、また、教育そのものが多元的に論じられる事象であることから、科目の担当者によって、多様な内容で授業が展開され、履修者数の割にはテキストもそれほど多くはない。

　本科目に続いて受講する「教育の基礎理論」や「教育課程及び指導法」に関する教職科目では、より専門的な内容を学ぶが、本科目では何よりも教職や学校教育について広い視点から知り、具体的なイメージをつかむことが枢要かと思う。

　学校教育の改革といえば、学習指導要領改訂などに代表される教育内容や教育方法の面にのみ目が向きがちであったが、1990年代以降、日本の学校教育には、加えて学校運営や学校評価という面での大きな変化が起きている。

　本書の執筆に当たったのは、編者も含め数年前まで東京都や神奈川県の公立中学校・高等学校で管理職であった者たちであり、こうした学校教育の激しい変化を如実に体験してきている。それだけに、教職志望者に、今の学校や教員には、子どもや保護者、地域住民、教育委員会などから何が求められているのか、率直に伝えたい思いがある。教員の資質や能力へのこうした社会的要請の内容を広く具体的に知ることは、教職を進路として考える場合の

重要な判断材料になると思うからである。

　このような意味で、科目のテキストを作るならば「教職の意義及び教員の役割」や「教員の職務内容」について、資料的な面を含め広い内容をカバーしたものにしたいという意図を、執筆者は共通に持っていた。頁数を多くしたい執筆者のこうした思いを、厳しい出版界の事情にもかかわらず、低廉な価格で実現していただいた東海大学出版会には厚く感謝いたします。

　また、教科書としての読みやすい体裁、内容について、懇切な助言をいただいた編集者の稲英史さんにも心よりお礼申し上げます。

　　2010年2月

　　　　　　　　　　　　　　　　　　　　執筆者を代表して　　佐藤　徹

第3刷にあたって

　『教職論　教職に就くための基礎・基本』は2010年に上梓してから、2013年に第2刷、そして今回2016年に第3刷を行うことになった。執筆者は刊行当時、大学の教職科目担当であったが、後にその職を離れた者がほとんどである。それにもかかわらず版を重ねることができたのは、予想外にいろいろな方が教科書として使ってくださったからであろう。執筆者一同としては望外の喜びである。今回の増刷に当たっては、刊行後の法令改正、制度変更などを必要に応じて反映させる内容改訂を行った。

　　2016年8月

　　　　　　　　　　　　　　　　　　　　執筆者を代表して　　佐藤　徹

目 次

はしがき　iii

序章　教職Q&A　1

第1章　教師とは何か　15
　1. 「教師」という言葉・概念　16
　2. 教師に求められる役割　18
　3. 優れた教師とは　19
　4. 教師の資質能力　22
　5. 今，教師に求められていること　26

第2章　生徒指導　31
　1. 児童生徒の心理と行動　32
　2. 生徒理解　38
　3. 問題行動と社会規範　45
　4. 学級活動と生徒指導　56

第3章　学習指導　65
　1. 学習指導のあり方　66
　2. カリキュラムと学校教育課程　67
　3. 学校教育課程と学習指導要領　76
　4. 学習指導要領の改訂　90
　5. 授業力をつける　100

第4章　教育行政　117
　1. 教育行政の仕組み　118
　2. 教員の養成と任用　127
　3. 教員の研修　132

4. 服務制度　138
　5. 教員の勤務条件　144

第5章　学校の組織と運営　151
　1. 学校教育　152
　2. 学校の組織　155
　3. 学校運営　158
　4. 学校運営への協力　165
　5. 学校運営への参画　167

第6章　教育の今日的課題　175
　1. 道徳教育　176
　2. クラブ・部活動　188
　3. キャリア教育　197
　4. 開かれた学校づくりと評価活動　205
　5. 学校と家庭・地域との連携　212
　6. 学校間の教育接続　225

補章　日本の学校教育の歴史　233
　1. 戦前期の学校教育　236
　2. 戦後教育改革と教育の普及　243
　3. 第3の教育改革　249

巻末資料　257
　①教育委員会法提案理由　258
　②教育基本法［新旧対照表］　259
　③教育に関する第4次答申（最終答申）について　265
　④欧米諸国の学校体系　267
　⑤学校化・情報化の進行と「教育問題」の変遷　269
　⑥IEA調査結果　269
　⑦「教育病理」現象の量的推移　270
　⑧米・英・日における教育改革のあゆみ　270
　⑨中学校・高等学校学習指導要領の変遷・概要　272

索引　273

コラム　教師十戒　27
コラム　摂食障害　35
コラム　携帯電話と情報モラル教育　49
コラム　ゼロトレランス（zerotolerance）　53
コラム　個人情報の保護・管理　60
コラム　自己評価と他者評価のギャップ　99
コラム　「研究授業」―日本独特の研修スタイル　116
コラム　許される？　許されない？　143
コラム　チャータースクールとコミュニティ・スクール　172
コラム　クラブ活動と部活動の変遷　189
コラム　学校段階におけるキャリア教育の推進　203
コラム　「学校の地域化」と「地域の学校化」　213
コラム　欧米の高校と大学との教育接続　231

教職雑学コーナー・教師は五者たれ　18
教職雑学コーナー・金八先生タイプ　40
教職雑学コーナー・大人になりたくない症候群　50
教職雑学コーナー・腐ったリンゴ理論　54
教職雑学コーナー・モンスターペアレンツ　57
教職雑学コーナー・週休日と休日はどう違う？　146
教職雑学コーナー・バーナードの組織論　165
教職雑学コーナー・甲子園の心　192
教職雑学コーナー・学校支援ボランティア　219

装丁：中野達彦
カバーイラスト：北村公司

序章
教職Q&A

Q1　教職とはどんな職業ですか？

A1　一定の知識や技能を教える人を，世間では一般的に「先生」「教師」と呼んでいますが，学校教育の専門家としての「教員」は，知識や技能を教えるだけの職業ではありません．人格の完成を目指すという教育の目的（教育基本法第1条）にもあるような，児童生徒の全人的な発達をサポートすることが仕事の内容です．この意味では，教室の中だけではなく児童生徒の様々な活動や友人関係・家庭環境などにも目配りし，望ましい環境や人間関係づくりをさせることなども，大切な仕事です．また，こうした仕事は，本来，教員一人で担うだけでなく同僚教員との良き協同によって一層高い成果が得られるので，チームワークを取る必要がある職業です．

Q2　職業としての教職の魅力は何ですか？

A2　進路として選択する場合，考えられる魅力は2つあります．

1つは，子どもの人間的形成にかかわれるおもしろさです．仕事を通して色々な人にかかわり，尽くすことで，それらの人から後々まで感謝されることなど，普通の職業では経験できません．

2つめは，身分の安定性です．公立学校教員は公務員であり，私立学校教員も，助成・補助金などで支えられる私立学校は，待遇や身分保障などが公務員に準じていることが多いといえます．企業と違って学校（この場合は私立学校のことですが）がつぶれたという話は聞きません．景気の良い民間企業の社員に比べれば，決して高収入とはいえませんが，それでも賃金や身分が安定していることは，教育という仕事に取り組む上で大事なことだと思います．

なお，女性にとって生涯続けられる職業としての魅力もあると思います．女性が教職に就くことは，戦前でも各府県の師範学校には女子部（のちに女子師範学校）が設置されたり，女子の高等教育が普及していなかったときにも高等女子師範学校が数校設置されているほど，認められて

いました．学校は，男女の賃金，職務内容，昇進などに差がないところであり，結婚や出産後も引き続いて勤務しやすい環境です．

Q3 教職が自分に向いている職業なのか，まだよくわからないのですが？

A3 教職課程の授業を取り始めたばかりの大学生などは，少し前までは高校生であったのですから，いきなり教員の立場として考え・振る舞うことは困難です．生徒の立場で接していた教員の姿・仕事は，教員の全体像のごく一部です．こうした意味からも，教職への適性が自分にあるかどうかは，考えて答えが出るものではないと思っています．教職のイメージがつかめるよう，教職課程の授業だけではなく，学校教育に関心を持って，色々なニュースに接したり，学校ボランティアなどにも取り組んで欲しいと思います．1つの目処としては，4年次での教育実習があります．この実習を通じ，いままでそれほど関心がなかった教職を進路の1つとして真剣に考えるようになったり，逆に今まで教職志望であった人が，自分には向かないと考えが変わる例などがあります．

Q4 教員になるために，どうしたらよいのでしょうか？

A4 公教育を行う学校（幼稚園，小・中・高等学校，特別支援学校など）の教員は，教員免許所有者であることが前提です．教員免許は基本的には大学に在学して教職課程を履修し大学所定の単位をすべて修得すれば，大学が本人に替わって所在地の教育委員会に免許の一括申請を行い，交付されます（小・中学校教員の普通免許状申請には，併せて介護等体験実習の証明書の提出が必要）．

大学在学中に教職課程の科目等をすべて履修できず，卒業後に科目等履修生となって必要な科目を履修して単位を追加取得する場合などは，個人での申請となります．実際に教員として採用されるためには，公立学校の場合は都道府県（政令指定都市を含む）の教育委員会が行う採用

試験，私立学校の場合は個々の学校法人が行う採用試験を受けて合格・採用となります．都道府県の私学協会が統一の「適性検査」を実施して，加盟校に成績資料の提供をするところもあります．また，私立学校の場合は，公募試験を行わない採用もあります．

*介護等体験実習
　義務教育諸学校の教員免許取得には，平成10年度から社会福祉施設や特別支援学校での7日間の介護等の体験が義務づけられるようになった．

Q5　教員の仕事の内容にはどんなものがありますか？

A5　教員の主たる任務は「児童の教育をつかさどる」という法的規定（学校教育法第37条第11項）がありますが，ここでいう「教育」の職務としての範囲については，特に法令では定められていません．副校長（副園長），教頭，主幹教諭，養護教諭などの教員についても設置や大まかな職務の規定はありますが，その学校ごとの職務の範囲・内容等については，校長が校務分掌として決定することになっています．教諭の場合には，大きくいえば，学習指導，生徒指導，学校経営への参加などが大きな職務だといえます．

Q6　公立学校の教員と私立学校の教員に違いはありますか？

A6　私立学校には，各学校ごとに独自の教育方針や建学の理念があり，それらに基づく特徴ある教育活動や運営が行われています．教育活動上の自由度は公立学校よりも広く，例えば，宗教法人が母体になって設置されている学校では，公立学校で禁じられている宗教教育を行うことができるなど，教育課程の独自性が見られます．私立学校教員の身分は基本的に民間企業の社員と同じであり，雇用者（学校法人）と雇用契約を結んでいる労働者ですから，公立学校教員には禁じられている争議行為などもできます．ただ，私立学校は入学金や授業料などが学校収入の基

本財源なので，入学者数の増減が学校の維持に大きくかかわってきます．教職員が一体となって募集活動に当たるなどしています．私立学校教員には，基本的に異動がないので，卒業生と教職員のつながりが長く保たれていくというのも特徴の1つです．

Q7 特別支援学校の教員の仕事は，ほかの学校の教員の仕事と違いますか．

A7 特別支援教育は，特別支援学校や小・中学校などの特別支援学級に在籍する児童生徒のほかにも，小・中・高等学校の通常の学級に在籍する，障害のある児童生徒，学習障害（LD），注意欠陥・多動性障害（ADHD），高機能自閉症の児童生徒への対応も含んで行われるものです．その意味では，特別支援学校の教員と小・中・高等学校教員の仕事がまったく別なものであるという考えは成り立たなくなっています．実際に，特別支援学校には，障害の種別ごとに幼稚部・小学部・中学部・高等部が置かれ，それぞれ幼稚園，小学校，中学校，高等学校に準じた教育と，自立するため必要な知識技能を身に付けさせる教育を行っています（入学する児童生徒には複数の障害が重複している場合もある）．少子化にもかかわらず，近年，特別支援学校の設置が増え，その教員への需要数は増加しています．ただ，特別支援学校教員の養成課程を設けている大学は非常に少ないので，特別支援学校教員採用試験を実施している都道府県では，小・中・高等学校の教員免許しか持たない人でも受験を認めています．また，実際に小・中・高等学校の教員採用試験受験者の中から特別支援学校教員の合格者を出す場合もあります．

＊学習障害（Learning Disorders（Disabilities），LD）
　基本的には全般的な知的発達に遅れはないが，聞く，話す，読む，書く，計算するまたは推論する能力のうち特定のものの習得と使用に著しい困難を示す様々な状態を指すもの．
＊注意欠陥・多動性障害（Attention Deficit / Hyperactivity Disorder, ADHD）

多動性，不注意，衝動性を症状の特徴とする発達障害もしくは行動障害．注意力を維持しにくい，時間感覚がずれている，様々な情報をまとめることが苦手などの特徴がある．

*高機能自閉症

3歳位までに現れ，他人との社会的関係の形成の困難さ，言葉の発達の遅れ，興味や関心が狭く特定のものにこだわることを特徴とする行動の障害である自閉症のうち，知的発達の遅れを伴わないものをいう．

Q8 今の大学では中学校と高等学校の教員免許しか取れませんが，小学校教員の免許を取るにはどうしたらよいですか？

A8 中・高等学校教員免許しか取れない大学の学生で，どうしても教員になりたい人や，実家のある地域に帰るため採用数の多い小学校教員の採用試験を受けたいという希望を持つ人が多いようです．方法的には2つあります．

1つは，文部科学省が6つの大学で実施する小学校教員資格認定試験を受験・合格し，合格証書をもとに居住地の都道府県教育委員会に小学校教諭二種普通免許状授与を申請する方法です．受験資格は，高等学校卒業者，大学入学資格保有者ですから，大学生は在学中でも受験できます．試験科目，試験問題過去問，合格者数などは，独立行政法人教職員支援機構ホームページの「教員資格認定試験」のページで調べられます．

もう1つは，中・高校の教員免許取得後（すなわち卒業後）に，通信教育課程で取得する方法です．小学校教員免許と中・高等学校教員免許では，必要とされる教職科目の種類や単位数が異なるので，所要年数は小学校1種免許状で2年が必要です．2種免許状は最短1年でも取得できますが，教員採用試験を免許取得見込みで受験する場合，地域によっては条件が付く場合もあるので，受験希望地域の試験要項をよく調べておく必要があります．

Q9 「生徒指導」が教員の仕事のなかで重要だと聞きましたが，自分に「生徒指導」ができるか自信がないのですが？

A9 生徒指導という言葉からは，高校生までの時代にいじめ，遅刻や怠学，盗難，暴力事件などで，生徒指導部の先生や担任教師から，学校の集会や個人面談で指導を受けたことなど思い出すことでしょう．それらが生徒指導のすべてだと思うと，自分がそんなことを指導できるだろうかという疑問を持つかも知れません．生徒指導の目的は児童生徒に自己指導力を育成することだといわれています．叱ることが指導のすべてではありません．子どもを本当に成長させたいという使命感がしっかりしていることが，生徒指導の基本です．児童生徒に親しみを持たれようと，生徒と同じような言葉使いや振る舞いをする学生がいますが，それを「先生らしくない」と受け取る児童生徒も多いのです．

Q10 学校の教員も，塾の教師のような授業を求められるのでしょうか？

A10 塾や予備校の授業と学校の授業の違いは，授業の受け手である生徒集団の違いがまずあります．進学塾や予備校に来る子どもは，お金を払って試験の成績を上げ，志望校の試験に合格したいという目的意識を持っています．また，補習塾に来る子どもは，学校の授業をより理解したいという目的で来ます．塾・予備校は，子どもの多様な学習ニーズに応えるように授業をしますが，基本的には，（試験）問題をどう解くかというノウハウを教えることが中心になることは否定できません．

一方，学校の授業は，学習指導要領に掲げる目標や内容に沿って編纂された教科書を使用して，全員に知識や技能をしっかり身に付けさせる，学習そのものに意欲や関心を持たせることが目的になります．そのため，能力の高い子どもには，授業が遅くてやさしい感じを持たせるかも知れません．ただ，塾の教師自身から，学校での基礎教育がしっかりしているからこそ，自分たちの応用的な内容の授業が成立するのだという話を

聞いたことがあります．学校の教員が塾の教師の教え方から学んで，塾に行く子どもの学習ニーズに応えられるような工夫も，習熟度別授業や課外講習などで試みてもいいと思います．

Q11 最近キャリア教育という言葉をよく聞きますが，どんなことをするのですか？

A11 キャリア教育は，教科指導も含めすべての学校教育活動の中で，児童生徒の勤労観や職業観を育て，それを通して社会人・職業人としての自立を図ることを目的にしています．以前は「進路指導」という仕事がこれに相当するとされましたが，進学先や就職先を決めさせるガイダンス，「出口指導」に片寄る傾向がありました．何のために進学・就職するのかを卒業学年の前から考えさせるような指導が十分でないと，進学しても不本意入学であったり，早期の離職につながります．また，在学中に進路の決定ができないまま卒業し，フリーターになってしまう若者も多くなり，正規雇用の職に就けないまま，不安定な生活を送っています．あらゆる教育活動を通して，児童生徒に自己の個性を理解させ，働くことの意義や，色々な職業への就き方など職業に関する知識や技能をを学ばせることが必要だとされています．指導者側にも社会や職業の変化，学問の動向などに関する幅広い知識や経験が必要であり，教科指導中心に考えがちな教員にとっては，保護者や企業，大学のスタッフなど，外部の人の知識・経験との連携なども重要です．

Q12 教員の採用や待遇は，他の公務員や一般企業の社員と比べてどう違いますか？

A12 一般企業や公務員（国家公務員・地方公務員）の採用は，大学（大学院）新卒者の一括採用がまだ主流です．教員の場合は，新年度からの一括採用は変わりませんが，非常勤講師や臨時的任用講師（病気，出産，育児休業などで欠員となる専任教員の補充の職．いわゆる「臨

採」）などの教職をすでに経験している者や民間企業の勤務経験者が多いのが特徴です．公立学校新規採用教員に占めるその比率は約55％です（2018年度）．

採用のスケジュールは，おおよそ以下のようになっています．
①募集要項配布→②出願→③１次採用試験→④１次試験合格発表→⑤２次採用試験→⑥２次試験合格発表（次年度教員採用候補者名簿登載）→⑦採用校での面接等→⑧採用校内定→⑨新規採用教員として赴任（４月）

教員採用試験に合格して教員採用候補者名簿に登載されても必ず採用されるわけではないことや，名簿の有効期間は１年なので，採用がなければ，また翌年，再受験しなければなりません．しかし，優秀な人材を確保したいという狙いから，最近では，名簿登載者で不採用だった人や２次試験の不合格者に対して，教育委員会が非常勤講師や臨時的任用教員としての登録を勧めるケースが多くなっています．なお，私立学校も，最近では自校の非常勤講師などを経験した者の中から採用するところが多くなっています．

Q13 都会の大学の学生ですが，卒業後，実家のある地域の教員になろうと思っています．地方で教員になるのは難しいですか．

A13 平成21（2008）年から平成30（2018）年の10年間の全国の公立学校教員採用試験を見ると，小中高等学校では受験者数は漸減していますが採用者数は漸増しています．したがって競争率は低下して広き門になりつつあります（詳細は文部科学省のHP「平成30年度公立学校教員採用選考試験の実施状況について」参照）．しかし，大都市圏のある都府県の教員採用数に比べそれ以外の道県の採用数は元々少ないため，どうしても地方の教員採用は狭き門になってしまいます．こうした地域でどうしても教員になりたいということで，臨時採用教員（非常勤講師など）を続けながら，採用試験を受け続けるという方法もあります．また，教職に早く就くために採用数の多い都府県で採用試験を受けて正規教員になり，キャリアを積んでから教職経験者優遇措置を利用して，再度受

験する方法もあります．

Q14 教員にぜひなりたいと思っています．大学在学中に，どんなことをしておいたらよいでしょうか？

A14 入学当初には，取りやすい資格を取得しようという気持ちで教職課程の履修を始める人が多数います．その後，多数の教職科目履修の負担や，教職の内容を授業を通じて知るようになってから，履修を止める学生が年次が上がるごとに多くなります．教職課程を置く大学では教職について知る機会を数多く提供していますから，まず自分の教職への意思をしっかり固めることが必要です．普通，3年次で履修する教科教育関係の科目を学ぶことで教えることのイメージが形成されます．また，多くの人が，4年次で教育実習を学校で行うことで，最終的に教職への適性を判断するといわれます．教職に就く意思が固くなったら，授業以外にも教職の内容をつかむために，学校ボランティアなどによって，学校に入り教育活動に参加してみることを勧めます．大学近隣地域の教育委員会や小・中学校などが直接学校ボランティアを募集する機会は，非常に増えていますので，大学の掲示板などでチェックしたり，あるいは自宅に近い学校を直接訪ねて，教職志望者であることを告げて，ボランティアの機会がないか問い合わせることをしてもよいでしょう．

Q15 教職に就くかどうか決めていないのですが，大学卒業後でも社会人になってから教員になれますか？

A15 官公庁や一般企業では，新規採用者のほとんどは大学（大学院）新卒者で占められています．一方，新規採用教員（公立学校）に占める新卒者：既卒者の割合はそれぞれ30.9％：69.1％（2018年度）です．それは，まず社会人となった後に採用試験に挑戦して合格する人が多いからです．面接試験などで見ても，どうしても教員・講師の経験者や職歴のある社会人に比べると，一定の配慮はされるものの新卒者が経験不足

であることは否定できません．採用試験が難しいからと教職に就くことをあきらめて，企業などに就職するというケースは少なくありません．しかし，一方で，就職してから，やはり教職に就きたいと思い，採用試験を受ける人も少なからずいます．英語や理数系教科の教員には，こうした経歴の人が他教科より多いと思います．

Q16 教員採用試験は，公務員採用試験や一般企業の就職試験とどこが違いますか？

A16 とにかく幅広い内容で行われることが，教員採用試験の特徴です．1次試験では筆記試験が中心であり，ここである程度絞り込んだ志望者に対して，2次試験以降で人物を見る面接や，指導力を見る模擬授業・場面指導などが行われます．子どもに対して人格的な影響を与える仕事でもありますから，2次試験ではどの都道府県でも人物重視の選考が行われます．

Q17 教員採用試験の準備はいつ頃から始めればよいのですか？

A17 具体的な準備は，その年の教員採用試験がほぼ終わる9月頃から始める人が多いようです．筆記試験の準備が主になりますが，一般教養，法規などの教職教養，教科の専門的知識に関する専門教養試験など，広範囲の内容なので，少しずつ計画的に取り組むことが必要です．

〈参考資料〉
①中学校・高等学校普通免許状の免許教科（教育職員免許法施行規則第4条・第5条）

中学校

国語	社会	数学	理科	音楽	美術	保健体育	保健	技術	家庭	職業
職業指導	英語	宗教								

高等学校

国語	地理歴史	公民	数学	理科	音楽	美術	工芸	書道	保健体育	保健	看護
家庭	情報	農業	工業	商業	水産	福祉	商船	職業指導	英語	宗教	

②普通免許状の種類・基礎資格・修得に必要な最低単位数（教育職員免許法別表第1・第2）

免許状の種類													所要資格
特別支援学校教諭			高等学校教諭		中学校教諭			小学校教諭			幼稚園教諭		
二種免許状	一種免許状	専修免許状	一種免許状	専修免許状	二種免許状	一種免許状	専修免許状	二種免許状	一種免許状	専修免許状	二種免許状	一種免許状	専修免許状	
小学校、中学校、高等学校又は幼稚園の教諭の普通免許状	学士の学位及び小学校、中学校、高等学校又は幼稚園の教諭の普通免許状	修士の学位及び小学校、中学校、高等学校又は幼稚園の教諭の普通免許状	学士の学位	修士の学位	短期大学士の学位	学士の学位	修士の学位	短期大学士の学位	学士の学位	修士の学位	短期大学士の学位	学士の学位	修士の学位	基礎資格
			五九	八三	三五	五九	八三	三七	五九	八三	三一	五一	七五	教科及び教職に関する科目（大学において修得することを必要とする最低単位数）
一六	二六	五〇												特別支援教育に関する科目

養護教諭						免許状の種類
二種免許状		一種免許状			専修免許状	所要資格
ハ 保健師助産師看護師法第五十一条第一項の規定に該当することにより免許を受けていること、又は同条第三項の規定により免許を受けていること。	ロ 保健師助産師看護師法第七条第一項の規定により保健師の免許を受けていること。	ハ 保健師助産師看護師法第七条第三項の指定する養護教諭養成機関に半年以上在学すること。	ロ 保健師助産師看護師法第七条第一項の規定により看護師の免許を受け、文部科学大臣の指定する養護教諭養成機関に一年以上在学すること。	イ 短期大学士の学位を有することまたは文部科学大臣の指定する養護教諭養成機関を卒業すること。	イ 学士の学位	修士の学位	基礎資格
四二	二二	一二	一二	五六	八〇	大学又は文部科学大臣の指定する養護教諭養成機関において修得することを必要とする養護及び教職に関する科目の最低単位数

序章　教職 Q&A　13

③教科及び教職に関する科目の種類と最低修得単位数

高等学校教諭		中学校教諭			小学校教諭			
一種免許状	専修免許状	二種免許状	一種免許状	専修免許状	二種免許状	一種免許状	専修免許状	
二四	二四	一二	二八	二八	一六	三〇	三〇	教科及び教科の指導法に関する科目
一〇(四)	一〇(四)	六(三)	一〇(六)	一〇(六)	六	一〇	一〇	教育の基礎的理解に関する科目
八(五)	八(五)	六(四)	一〇(六)	一〇(六)	六	一〇	一〇	道徳，総合的な学習の時間等の指導法及び生徒指導，教育相談に関する科目
五(四)	五(四)	七(五)	七(五)	七(五)	七	七	七	教育実践に関する科目
一二	三六	四	四	二八	二	二	二六	大学が独自に指定する科目

(教育免許法施行規則　第3条・第4条・第5条)

＊ 各教科の指導法（情報機器及び教材の活用を含む），教育課程の意義及び編成の方法（カリキュラム・マネジメントを含む），教育の方法及び技術（情報機器及び教材の活用を含む），道徳の理論及び指導法，総合的な学習の時間の指導法並びに特別活動の指導法は，学習指導要領に掲げる事項に則し，育成を目指す資質及び能力を育むための主体的・対話的で深い学びの実践に向けた授業改善に資する内容並びに包括的な内容を含むものとする．

第1章
教師とは何か

1.「教師」という言葉・概念

　学校の教員には,「先生」,「教師」,「教員」,「教育職員」,「教諭」などの言葉ないし概念があるが,本節では,これらの微妙に異なる意味合いを探ってみる.

　「先生」とは,『広辞苑〔第六版〕』によると,「学徳のすぐれた人.学校の教師.医師,弁護士など,指導的立場にある人に対する敬称など」とある.つまり,「先生」とは,教師のほかに,政治家,弁護士,医師などや,あるいはその道に長けた専門家などの指導的な役割を果たす人に対し使われる敬称である.

　また,幼稚園,小学校,中学校の教師は「先生のいっていることをよく聞きなさい」と,自らを「先生」と呼ぶように,自称語としても使われる.一般的には「先生」は学校の教員を意味しているが,敬称語,自称語,職業名という3つの意味を持っている.

　「教師」とは,『広辞苑〔第六版〕』によると,「学術・技芸を教授する人.公認された教員資格をもって児童・生徒・学生を教育する人.宗教上の教化をつかさどる人」とある.「塾の教師」,「茶道の教師」などというように,知識・技能あるいは宗教など,何らかのものを教授する立場にあるものを教師と呼ぶ.また,法定用語ではないが,一般的に,学校の教員のことを教師と呼ぶ.

　「教員」とは,法定用語で幼稚園,小学校,中学校,高等学校,中等教育学校,特別支援学校や大学などにおいて,公的に認定された資格を持っていて,児童・生徒・学生たちの教育に専門的に従事する人をいう.日常語としては,「教師」も「教員」も同義に使われることが多いが,「教員」は公人としての,「教師」は私人としてのそれぞれの側面を強調する概念である.

　「教育職員」とは一般的には,学校の教員を指す法定用語で,教育職員免許法,人材確保法,教職給与特別法などにおいて使われているが,それぞれの法律により,その意義,範囲などが異なっている.教育職員免許法では,「学校教育法第一条に

人材確保法
学校教育の水準の維持向上のための義務教育諸学校の教育職員の人材確保に関する特別措置法で,小・中学校の教育職員を一般公務員よりも給与上優遇するための法律である.

定める，幼稚園，小学校，中学校，高等学校，中等教育学校及び特別支援学校の主幹教諭，指導教諭，教諭，助教諭，養護教諭，養護助教諭，栄養教諭及び講師」をいう．人材確保法では，「校長，副校長，教頭など」，教職給与特別措置法では，「実習助手，寄宿舎指導員など」を含む．また，「教職員」という場合には，教員のほかに事務職員や栄養職員も含む．

「教諭」も法定用語で，例えば，学校教育法では，児童・生徒の「教育をつかさどる」（学校教育法第37条第11項）ことを職務とし，幼稚園，小学校，中学校，高等学校，中等教育学校，特別支援学校に必ず置かれ，免許状の種類としては，幼稚園教諭，小学校教諭，中学校教諭，高等学校教諭，特別支援学校教諭があり，教育活動に直接携わる教員の職名のことをそう呼んでいる．なお，佐藤晴雄は「教師」の類似語を次のように示している[1]．

表1-1 「教師」の類似語

広い↑意味↓狭い		
	先　生	学校教員だけでなく，政治家，医師，保育士，専門家などに対して用いられる敬称．また教員や保育士など子どもを相手にする職業の場合には自称語としても用いられるが，普通，職業名としては教員に限られる．
	教　師	普通，学校教員を意味するが，法定用語ではなく，家庭教師などのように，俗称として使用される．また，単に教員を意味するだけでなく，何らかの価値観を含んだ言葉として使われることが多い．
	教　員	教育関係機関に所属し，広く人に対して一定の知識・技術等を教える役割をもつ人に対して，雇用者が認知した職名を指す法定用語である． なお，教官という言い方は，従来国家公務員の身分を有する用語であった．
	教育職員・教職員	主として学校に勤務する教師等を意味する法定上の用語である．免許法や人材確保法などでは教育職員，国庫負担法などでは教職員の用語が用いられている．教育職員は校長，副校長，教頭，指導教諭，主幹教諭，教諭，助教諭，養護教諭，養護助教諭，栄養教諭，講師等の教師に意味が限定されるが，教職員という場合には事務職員や栄養職員も含んでいる．
	教　諭	学校教育法1条校のうち高専並びに大学を除く学校に属する教員の職名を指す．つまり，校長，副校長，教頭，指導教諭，主幹教諭，教諭，助教諭，講師という職層上の一つの職名を意味する．

1) 佐藤晴雄，『教職概論―教師を目指す人のために』学陽社，2015年，p. 20.

2. 教師に求められる役割

「学校は教師次第」（As is the teacher, so is the school）といわれるように，教育効果は教師によって左右される．したがって，教師の役割は重く，学校教育の中心的役割を占めている．その教師の役割は大きく分けて次の2つがある．
①知識・技能の伝達者（教科担任）としての役割
②人間形成への援助者（人間担任）としての役割

教育基本法第1条では，「教育は，人格の完成を目指し，平和で民主的な国家及び社会の形成者として必要な資質を備えた心身ともに健康な国民の育成を期して行われなければならない」と教育の目的を規定している．人格の完成については，教育基本法制定の要旨に「人格の完成とは，個人の価値と尊厳との認識に基き，人間の具えるあらゆる能力をできる限り，しかも調和的に発展せしめることである．」（文部省訓令，1947年）とある．

人格の完成を目指す学校教育での教師の主な役割は，教科指

教職雑学コーナー●教師は五者たれ

昔から「教師は五者であれ」といわれている．
一 学者たれ……よく学び，専門分野を深めなさい．
二 医者たれ……子どもをよく診て，観察し，しかるべき治療を施しなさい．
三 易者たれ……子どものそれぞれ持っている長所を見抜き，成長への道筋をつけなさい．
四 役者たれ……子どもをひきつけ，楽しい授業が展開できるようにしなさい．
五 芸者たれ……子どもを楽しませる術を身につけ，子どもの心をひきつけなさい．

このように，教師は五者の側面を併せ持つ総合的資質と力量が要求される職業である．日々研修が必要なゆえんであろう．

導を通して教科の基礎的・基本的な知識や技能の発達を目指す「教科担任」の役割と，基礎的な生活指導，道徳的価値や社会的行動様式など，生き方を教える「人間担任」の役割があり，教科にかかわる指導力量と人間的成長にかかわる実践的力量が必要で，両者は車の両輪である．

しかし，「九九を教えるのは上手であるが，心を豊かに育てることは苦手である」，「英語を教える指導技術は県下有数の教師であるが，生き方の指導ができない」など，こうしたことはよく聞くことである．

だが，教育の目標が知・徳・体の調和的発達を図りながら，人間形成を目指すことであることから，教師は2つの役割をバランスよく果たさなければならない．

その2つの役割を果たす教師になるには，日ごろから研修に努めなければならない．研修とは「研究と修養」のことを意味している．そのため，教師は単に知識・技能だけではなく，常に人格的要素を研鑽しなければならない．「研究と修養」（研修）は職責を遂行するための不可欠な要素である．

ヨハン・ハインリッヒ・ペスタロッチ（Pestalozzi, J. H.）は，教師は人間形成者としての資質（personality）である真実に満ちた「人間愛」と「教育愛」を持った「人格性」の上に，自己の専門教科の学問的実力（ability）と教授方法（skill or technique）を持つべきであるとしている．

3. 優れた教師とは

（1）中教審義務教育特別部会答申における「優れた教師の条件」

2005（平成17）年10月の中央教育審議会義務教育特別部会の答申「新しい時代の義務教育を創造する」では，学校の教育力としての「学校力」，教師の力量としての「教師力」を強化し，そのことを通じて子どもたちの「人間力」を豊かに育てることを国家的改革の目標と位置づけている．この中で，教師力の基

ヨハン・ハインリッヒ・ペスタロッチ
(1746〜1827) スイスの教育思想家・教育実践家．ルソーの影響を受け，孤児の救済，民衆の教育に生涯を捧げた．代表著書に『隠者の夕暮れ』，教育小説『リーンハルトとゲルトルート』，『シュタンツ便り』などがあり，近代教育の理論の基礎を築き「近代教育の父」と呼ばれている．

中央教育審議会（中教審）
文部科学省に置かれ，教育・スポーツ・生涯学習などの重要事項について，文部科学大臣の諮問に応じて調査審議を行ったり，文部科学大臣や関係行政機関の長に意見を述べる審議会のことである．教育制度，生涯学習，初等中等教育，大学，スポーツ・青少年の5つの分科会が置かれている．

盤として，同答申は「優れた教師の条件」について，以下の3つの要素を重視している．

①教職に対する強い情熱，②教育の専門家としての確かな力量，③総合的な人間力．具体的に述べると，

①教職に対する強い情熱

　教師として一番大切なことは「私がやらずにして，誰がやる」といった，教師の仕事に対する強い使命感や誇り，子どもに対する愛情や責任感などである．さらに，教師は著しく変化する子どもたちに的確に対応するために学び続ける向上心を持つことが重要である．情熱は基本中の基本であり，これなくして教職の仕事は成立しない．

②教育の専門家としての確かな力量

　教科担任としての教師力の根幹をなすものは「授業」である．教育のプロとして最も力量が求められるのが「授業づくり」である．そして，「よい授業づくり」の根幹となるものは，子ども理解，児童・生徒指導力，集団指導の力，学級づくりの力，学習指導・授業づくりの力，教材解釈の力などである．これらが十分に機能して，初めて総体として，質の高い授業を展開できるのである．

③総合的な人間力

　人間形成を援助する人間担任としての教師は，豊かな人間性や社会性，常識と教養，礼儀作法をはじめ，対人間関係能力，コミュニケーション能力などの人格的資質を備えていることが求められる．それだけに，教師自身人間として高潔でバランスの取れた人格を高める努力を惜しんではならない．人間として常に磨き高めることが優れた教師の必須条件となる．

（2）プロ教員

　金子信夫（前秦野市教育委員会教育長）はプロ教師の条件として，

　意欲・知識・技術は足し算であるが，人間性，人柄，品性は掛け算であり，意欲・知識・技術がいくら優れていても，人間

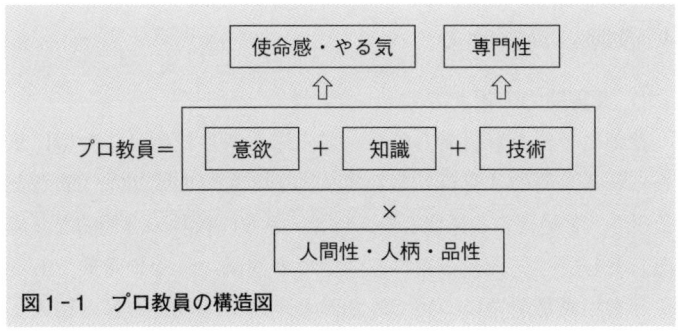

図1-1 プロ教員の構造図

性，人柄，品性がゼロであれば，すべてゼロになってしまうと，人間性，人柄，品性の大切さを指摘している．教師の専門性としての「教師の授業力」は重要であるが，専門性のもう1つの側面である「人間性」はもっと重要であるということである．

19世紀の英国の教育学者ウィリアム・アーサー・ワード（William Arthur Word）は優れた教師の例として，次のように述べている．

　・The mediocre teacher tells.
（凡庸な教師はただしゃべるだけである）
　・The good teacher explains.
（少しましな教師は説明しようと努める）
　・The superior teacher demonstrates.
（優れた教師は自らやってみせる）
　・The great teacher inspires.
（本当に優れた教師は心にやる気の火をともす）

プロとしての教師はやはり「授業のプロ」でなければならない．教えるということは，知識を伝えるだけではなく，自分からやってみせ，さらにやる気を起こさせることが「プロ教師」である

4. 教師の資質能力

(1) 資質能力の捉え方

　教師に必要な資質能力について，津布楽喜代治は，教師に求められる人間的「資質」として，①子どもへの愛情，②若さと公平さ，③絶えざる探究心をあげて，さらに教科の専門的な「能力」として，①教える教科についての知識，②その対象である子どもの成長発達についての知識と理解，③教育内容の編成と指導の技術があると指摘している[2]．このうち，「若さ」とは，単に年齢的なことをいっているわけではなく，「子どもの立場に立って考え，子どもとともに生活する」ことができるという意味で用いられている．ここでは資質と能力が区別されながら，前者（資質）を人格的な側面にかかわる要素とし，後者（能力）については専門的・技術力量にかかわるものとして論じている．

　以上のことから，教師の資質能力は，人格的側面と専門的・技術的側面に大別することができる．

(2) いつの時代にも求められる資質能力

　1987（昭和62）年12月の教育職員養成審議会答申「いつの時代の教員も求められる資質能力」では，教員の資質能力について次のことをあげている．

　①教育者としての使命感．
　②人間の成長発達についての深い理解．
　③幼児・児童・生徒に対する教育的愛情．
　④教科等に関する専門的知識．
　⑤広く豊かな教養．
　⑥これらを基盤とした実践的指導力．

　上述したような資質能力を身につけることは，いつの時代にも教師に求められるが，時代は常に変化しているのである．時

---

[2] 津布楽喜代治．「求められる教師像」．『日本教育行政学会年報』．第13号，1987, pp.12-16.

代の変化に応じた教師の資質能力を身につけることは重要である．ここでは，特に「実践的指導力」が強調されている．

(3) 今後，特に求められる具体的資質能力

1997（平成9）年7月の教育職員養成審議会第一次答申「新たな時代に向けた教員養成の改善方策について」では，1987年答申が指摘した教師の資質能力を踏襲すると同時に，図1-2のように，「(2) 今後特に教員に求められる具体的資質能力」という枠組みを新たに設けて，①地球的視野に立って行動するための資質能力，②変化の時代を生きる社会人に求められる資質能力，③教員の職務から必然的に求められる資質能力をあげている．具体的に見ていくと，

①地球的視野に立って行動するための資質能力

世界の人々の日々の営みは国境を越えて様々に影響を及ぼし合うようになってきている現在，子どもたちには，日本国民であるとともに「地球市民」であることが求められている．したがって，教師にもそれに応じた資質能力が不可欠である．

②変化の時代を生きる社会人に求められる資質能力

教師は教職という専門的職業に従事するものであるが，それとともに社会人でもある．

現代社会に生きる社会人に共通して求められる第1のものは，創造力や応用力などに裏付けられた課題解決能力である．さらに，それを生涯にわたって高めていくことのできる自己教育力である．

第2に人間関係を円滑に保つ能力が重要である．子どもたちはもとより，上司や同僚教師や地域住民などと良好な人間関係を形成・維持することは重要なことである．

第3に，国際化・情報化など社会の変化に対応する能力として，外国語によるコミュニケーション能力やコンピュータの基礎的な活用の能力が求められる．

③教員の職務から必然的に求められる資質能力

これは教師という職務の上で，必然的に必要となる資質で，

教育職員養成審議会（教養審）
初等・中等学校の教員養成・研修などについての審議を行うことを目的とする文部大臣（当時）の諮問機関として設置されていた審議会のことである．中央省庁再編により，現在は教育課程審議会（教課審）などとともに，中央教育審議会の中に位置づけられている．

幼児・児童・生徒
学校教育法では，幼児とは幼稚園に在籍して就学前教育を受けているもの，児童とは小学校などの課程に在籍して初等教育を受けているもの，生徒とは中学校や高等学校などの課程に在籍して中等教育を受けているものを呼ぶ．

```
┌─────────────────────────────────────────────┐
│ 地球的視野に立って行動するための資質能力  │
└─────────────────────────────────────────────┘
├─ 地球,国家,人間等に関する適切な理解
│   例:地球観,国家観,人間観,個人と地球や国家の関係についての適
│     切な理解,社会・集団における規範意識
├─ 豊かな人間性
│   例:人間尊重・人権尊重の精神,男女平等の精神,思いやりの心,ボ
│     ランティア精神
└─ 国際社会で必要とされる基本的資質能力
    例:考え方や立場の相違を受容し多様な価値観を尊重する態度,国際
      社会に貢献する態度,自国や地域の歴史・文化を理解し尊重する態度

┌─────────────────────────────────────────────┐
│ 変化の時代を生きる社会人に求められる資質能力 │
└─────────────────────────────────────────────┘
├─ 課題解決能力等に関わるもの
│   例:個性,感性,創造力,応用力,論理的思考力,課題解決能力,継
│     続的な自己教育力
├─ 人間関係に関わるもの
│   例:社会性,対人関係能力,コミュニケーション能力,ネットワーキ
│     ング能力
└─ 社会の変化に適応するための知識および技能
    例:自己表現能力(外国語のコミュニケーション能力を含む),メデ
      ィア・リテラシー,基礎的なコンピュータ活用能力

┌─────────────────────────────────────────────┐
│ 教員の職務から必然的に求められる資質能力  │
└─────────────────────────────────────────────┘
├─ 幼児・児童・生徒や教育のあり方に関する適切な理解
│   例:幼児・児童・生徒観,教育観(国家における教育の役割についての
│     理解を含む).
├─ 教職に対する愛着,誇り,一体感
│   例:教職に対する情熱・使命感,子どもに対する責任感や興味・関心
└─ 教科指導,生徒指導等のための知識,技能および態度
    例:教職の意義や教員の役割に関する正確な知識,子どもの個性や課
      題解決能力を生かす能力,子どもを思いやり感情移入できること,
      カウンセリング・マインド,困難な事態をうまく処理できる能力,
      地域・家庭との円滑な関係を構築できる能力
```

図1-2 今後特に求められる具体的資質能力の例
(出典:教育職員養成審議会・第1次答申「新たな時代に向けた教員養成の改善方策について」1997年.)

第1に幼児・児童・生徒観,教育観といった子どもの教育に対する適切な理解である.学校においては,いじめ・不登校など様々な深刻な問題が生じている中で,教師には子どもや学校に対するしっかりとしたものの見方ができることが重要である.第2は,いつの時代にも求められる資質能力と同様に教職に対する情熱・使命感,子どもに対する責任感,興味・関心といった事柄である.第3に,当然のこととして,教科指導,生徒指

導などを適切に行うための実践的指導力である.

また，この答申では，教員それぞれの「得意分野づくりと個性の伸長を進めることが大切である」としている.

(4) これからの教員に求められる資質能力

2012（平成24）年8月の中央教育審議会答申「教職生活の全体を通じた教員の資質能力の総合的な向上方策について」では，これからの社会で求められる人材像を踏まえた教育の展開，学校現場の諸課題への対応を図るためには，社会からの尊敬・信頼を受ける教員，思考力・判断力・表現力等を育成する実践的指導力を有する教員，困難な課題に同僚と協働し，地域と連携して対応する教員が必要である等から，これからの教員に求められる資質能力について，次のことをあげている.

① 教職に対する責任感，探究力，教職生活全体を通じて自主的に学び続ける力（使命感や責任感，教育的愛情）
② 専門職としての高度な知識・技能
- 教科や教職に関する高度な専門的知識（グローバル化，情報化，特別支援教育その他の新たな課題に対応できる知識・技能を含む）
- 新たな学びを展開できる実践的指導力（基礎的・基本的な知識・技能の習得に加えて，思考力・判断力・表現力等を育成するため，知識・技能を活用する学習活動や課題探求型の学習・協働的学びなどをデザインできる指導力）
- 教科指導，生徒指導，学級経営等を的確に実践できる力

③ 総合的な人間力（豊かな人間性や社会性，コミュニケーション力，同僚とチームで対応する力，地域や社会の多様な組織等と連携・協力できる力）

取り組むべき課題として，今後，このような資質能力を有する，新たな学びを支える教員を養成するとともに，「学び続ける教員像」の確立が必要である等をあげている.

（5）これからの学校教育を担う教員の資質能力

2015（平成27）年12月の中央教育審議会答申「これからの学校教育を担う教員の資質能力の向上について」では，情報通信技術の発展とそれに伴う知識基盤社会の到来，社会・経済のグローバル化や少子高齢化の進展など，我が国の社会は大きく変化してきている中で，教育の直接の担い手である教員の資質能力を向上させることは最重要課題であると指摘している．そして，学校が抱える多様な課題に対応し，実践的な指導力を身に付けるためには，教員自身が探求力を持ち，学び続ける存在であるべきであるという「学び続ける教員像」の確立と「学び続ける教員像」を具現化していくための教員政策を進めていく必要があると提言している．具体的には，教員研修，教員採用，教員養成に関しての改革の方向性を提示している．

5. 今，教師に求められていること

ここでは，前述の中央教育審議会等の答申が指摘している望ましい教師像のほかに，筆者の経験などを通して今，あるべき教師像を3点述べてみる．

（1）地域の教師でありたい

学校というところは外部に対して壁をつくっているといわれている．だからこそ，独自の学校文化が創られてきたが，これからは地域住民との協働による学校づくりを進めることが大切である．教師は地域に無関心の間は地域が見えてこない．地域に積極的に出て行き，地域住民と語り地域を理解することは重要なことである．中教審答申（平成24年8月28日）でも，これからの教員に求められる資質能力の一つとして，地域や社会の多様な組織等と連携・協力できる力をあげている．教師は連携・協力することによって，自分の学校が豊かになるとともに，地域も豊かになるように努めたい．

（2）常識のある社会人でありたい

「教師は世間を知らない」とか「学校の常識は社会の非常識」とかいわれている．教師である前に常識のある人間・社会人として自らを高めなければならない．学生時代から様々な人

> **コラム 教師十戒**
>
> 　戦中，戦後にかけて，40年間長野県で小・中学校の教員を務めた，毛涯章平先生が自分の教員生活を通じて自戒の言葉として，まとめられた「教師十戒」をあげてみる．飾り気ない言葉であるが，「教師としてどうあるべきか」という問いかけに対する1つの回答があるように思える．
> 一，子どもを，こばかにするな．教師は無意識のうちに子どもを目下の者として見てしまう．子どもは，一個の人格として対等である．
> 二，規則や権威で，子どもを四方から塞いでしまうな．必ず一方を開けてやれ．さもないと，子どもの心が窒息し，枯渇する．
> 三，近くにきて，自分を取り巻く子たちの，その輪の外にいる子に目を向けてやれ．
> 四，ほめることばも，しかることばも，真の「愛語」であれ．愛語は，必ず子どもの心にしみる．
> 五，暇をつくって，子どもと遊んでやれ．そこに，本当の子どもが見えてくる．
> 六，成果を急ぐな．裏切られても，なお，信じて待て．教育は根くらべである．
> 七，教師の力以上には，子どもは伸びない．精進を怠るな．
> 八，教師は「晴明」の心を失うな．ときには，ほっとする笑いと，安堵の気持ちをおこさせる心やりを忘れるな．不機嫌，無愛想は，子どもの心を暗くする．
> 九，子どもに，素直にあやまれる教師であれ．過ちはこちらにもある．
> 十，外傷は赤チンで治る．教師が与えた心の傷は，どうやって治すつもりか．
> （出典：毛涯章平『肩車にのって』第一法規出版，1985年）

と接するとともに，ボランティア活動，自然体験活動など豊かな体験活動をして欲しい．また，教師になってからもできるだけ異職種の人たちと付き合うことは大切である．

（3）若いときから自省と研鑽を怠らない教師でありたい

　教職経験が浅いときから研究会や研修会に積極的に参加し，研修に励む習慣を身に付けておくことは重要である．特に，全国から熱心な先生方が参加する大規模な研究大会などに参加すると優れた教育実践家や教育研究者に出会い，学ぶことがたくさんある．知り合えた先輩教師たちと後に資料や情報交換をすることは，大変有意義なものである．

　昔から芸道の世界では，修行の過程を「守・破・離」という言葉で表している．新卒から数年は「守」の段階では，優れた先輩教師の教えを守り，教えどおりにスキル・アップしていく．20代が終わるころには「破」の段階へ進む．この段階では，先輩教師の教えをあえて破り，自分なりの方法を模索して，自分なりの発展を試みる．30代の初めには「離」の段階へ進んで欲しい．自分なりのやり方を確立し，先輩の教えから離れて自分流（オリジナリティ）を創り出していくのである．

　日々，自省自戒し研鑽と精進を続け，心の財産を増やす教師でありたい．

自習の手引き・ガイド

① 「先生」、「教師」、「教員」などの言葉・概念を理解することができたか。
② 今、教師に求められている資質能力について理解することができたか。
③ 本章を参考にして、あなたが考える理想的教師像をまとめてみよう。

〈参考文献〉
柴田義松，宮坂琇子，森岡修一編『教職基本用語辞典』学文社，2004年．

望月國男『地域協働による「心の教育」の創造』東海大学出版会，2007年．
佐久間裕之編『教職概論』玉川大学出版部，2012年．
佐藤晴雄『教職概論』（第4次改訂版）学陽書房，2015年．
南本長穂編『新しい教職概論』ミネルヴァ書房，2016年．

第2章
生徒指導

1. 児童生徒の心理と行動

生徒指導の基礎は生徒理解である．児童生徒を理解する上で，発達段階に応じた心理状態や行動様式を踏まえることが必要である．

（1）発達課題との関係

発達課題による区分は様々な説があるが，ハヴィガーストは6つの段階に分けた．日本の学校教育に当てはめると，小学校段階（6〜12歳）を児童期とし，中学校・高校段階（12〜18歳）を青年期とした．

児童期は幼児期の生活と異なり，小学校における学校生活が生活の中心になる．そこで，人間的成長や社会適応などの実現のための課題解決が求められる．生徒指導的機能では，学校生活に必要なルールの遵守，良好な人間関係の構築，集団生活での協調性の確立，自主的態度の育成，心豊かで健全な生活態度の育成など，様々な発達課題がある．

小1プロブレムという言葉に代表されるように，幼児期には経験しない解決すべき課題があり，児童期である小学校段階での生徒指導は，児童の実態を十分考慮して進める必要がある．

青年期には児童期の発達課題をより高めると同時に，生徒は青年期特有の発達課題に直面する．例えば，自分らしさの希求，自分のあり方生き方についての思考，集団内での自己有用感の模索，自己の存在意義の確認，大人社会への興味関心，人間関係の構築，異性に対する感情の高まりなどがある．

上記の中から2点について言及してみる．1点目は自分自身に関することである．自分とは何か，社会や学校における自分の存在意義など，自我の確立に向かって悩み考える時期である．子ども社会へのなつかしさ，大人社会への不安と仲間入りへの期待が錯綜しつつ，その経験をもとに自分の人生を真剣に考え始める時期である．

2点目は性意識の高まりについてである．異性との人間関係，

発達課題
小学校低学年，中学年，高学年，中学校，高校での各年齢段階において，人間として成長するために身につけるべきあり方生き方に関する具体的内容である．例えば，中学校の学習面では科学的理論に基づく思考が理解できるようになる．生活面では社会的役割を体験し自己の存在意義を考える．進路面では進路選択を考え将来の目標を模索し始める等で，発達課題に対して適切な指導が必要である．

性的衝動のコントロールなど，この時期に学校教育で指導すべき大切な内容がある．特に異性関係は，青年期に限らずすべての人についていえることであるが，そこには人生の喜怒哀楽が凝縮される．生徒の学校生活にとっても大きな影響があるので，一人ひとりに対して的確な指導が望まれる．

（2）学校生活における適応，不適応

児童生徒は学校生活において様々な教育環境や人間関係の中で生活している．適応とは，環境や他者と調和のとれた良い関係にある状態をいう．不適応とは，適応行動がうまくいかず，学校生活において欲求不満の状態に陥っていることである．日々の学校生活では，適応状態の場面や時間もあれば，自分の思い通りにいかず不適応状態の場面や時間もままある．

生徒指導上は，不適応状態に対しての対応がより重要である．他人にとっては些細なことであっても，本人は重大なこととして受け止め，その結果，不満が蓄積したり，不安がつのったり，焦燥感にさいなまれる，劣等感を感じるなどの影響が現れる．

受け止め方の軽重は個人差があり，状況の違いも児童生徒が10人いれば十通りであり，画一的に考えず対応することが必要である．また，児童生徒によっては社会的問題行動につながる

合理化	自分の発言や行為を無理矢理正当化するため，理由づけを行う．また，自分の失敗や能力のなさを認めず，その原因を他人のせいにし気持ちを落ち着かせる．
攻撃	自分が抱いている問題に対しての対象者を，行為や言葉で直接的に攻撃し心の安定を図る．また，対象者以外に対して八つ当たりする，間接的な攻撃もある．
同一視	自分の劣っている部分を解決する方法として，自分より優秀な人を自分と同一視することで，自分の存在価値を高めようとする．
代償	自分の目標が達成できない場合，目標のレベルを下げたり，達成可能な別の目標に変えることにより，目標を達成し満足する．

図2-1　主な適応機制

ケースもあり，一人ひとりの状況を的確に把握することが大切である．

人間は不適応状態に陥るとストレスを和らげ，自己を適応状態にし安定を図ろうとする．これが適応機制（防衛機制）で，一般的に見られる適応機制を4点あげてみる．

適応機制は不適応の解消として一時的なものであり，本質的な解決にはつながらない．児童生徒の適応状態が日常的，継続的に保たれるよう指導や援助を行う必要がある．

（3）不適応への指導

児童生徒は学校生活のみならず，日常的な家庭生活や社会生活において不適応状態を抱え生活している．不適応状態は外的不適応と内的不適応がある．外的不適応は学校生活では，他者との協調性や協働性に欠ける，人間関係がぎくしゃくする，集団での自分の位置や存在意義が希薄であるなどである．一方，内的不適応は身体的に劣等感を持つ，自己受容に際し不安感を抱く，精神的に安定性を欠く状況に陥るなどである．

不適応状態に陥り解決が困難になると，様々な行動や症状が現れ社会的問題行動につながる．反社会的問題行動として暴力行為，いじめ，窃盗，喫煙や飲酒など，非社会的問題行動としてひきこもり，緘黙，摂食障害，不登校などである．

ここでは，学校生活に関して不登校について考えてみる．文部科学省は不登校を「何らかの心理的，情緒的，身体的あるいは社会的要因，背景により，児童生徒が登校しないあるいはしたくともできない状況にあること（ただし，病気や経済的理由によるものは除く）をいう」としている．文部科学省の平成26年度の学校基本調査によると小学校不登校者数の全児童数に占める割合は0.39％，中学校不登校者数の全生徒に占める割合は2.76％である．

文部科学省は不登校の態様を①学校生活の影響，②あそび，非行，③無気力，④情緒的混乱，⑤意図的拒否，⑥複合，⑦その他に分類し，指導や援助の視点として以下の5点をあげている．

協働性

教育活動での効果を高めるためには，教員間，生徒間，教員と生徒，学校と保護者，学校と地域社会などでお互いに協力し教育活動を展開することが望まれる．生徒が集団活動を行う際，良好な人間関係を基盤とし協力体制を作り，目標達成を目指す．また，教員間でも全教員が一体となる指導体制を構築し，指導内容によっては保護者や地域社会との連携協力を図ることもことも必要である．

緘黙

他人との話を避けたり，一緒にいても話をせずだまりこむこと．集団生活では人間関係形成力が求められ，会話で人間関係を結んだり，他者を理解したりする．学級の中で緘黙が続くと，独りぼっちになり孤立してしまう．教員として原因を把握し会話の糸口を見つけたり，周囲の生徒には会話のキッカケを作ることを指導することにより，集団生活になじませる必要がある．

長期欠席
文部科学省は学校基本調査の際，長期欠席の理由として病気，経済的理由，不登校，その他に分類している．日数的には年間30日以上の欠席である．長期欠席の理由は小学校では従来，病気が多かったが，平成20年度から不登校が最も多くなった．中学校と高校では不登校が最も多い．

思春期外来
思春期は小学校高学年から高校生ぐらいまでの時期である．個人差があるが一般的には身体的変化，心理的動揺が大きくなる時期で，様々な悩みや焦燥感を抱き発達障害や精神的に不安定状態に陥り，ケースによっては治療が必要な場合もある．思春期外来は思春期への対応を専門とする診療科で，精神科や内科の医師が診察治療にあたる．医師の他に臨床心理士，作業療法士，ソーシャルワーカーなど専門的知識を有している人々がグループで治療にあたる．

- 社会的自立に向けた支援．
- 連携ネットワークによる支援．
- 自立のための学校教育の役割．
- 働きかけ，関わりの重要性．
- 保護者の役割と支援．

不登校の要因や背景は一人ひとりで違いがあり，その違いをきちんと認識し指導や援助を行うことが求められる．そのためには，適切に対応するための実態把握，専門的知識の習得，教

コラム 摂食障害

摂食行動の異常を主な症状とする障害の概念である．食べ物を受けつけない拒食症と，逆に食行動を自分でコントロールできない過食症がある．また，好き嫌いが激しく，自分の好きな物しか食べない食生活の片寄りも，広く考えれば摂食障害と言えるだろう．

特に思春期の女子に多く見られ，拒食と過食を繰り返すケースもある．拒食が極端に進むと入院加療が必要なケースもあり，専門家との連携が不可欠である．摂食障害の要因は多様であるが，性格的に共通することとして，がんばり屋で何事にも一生懸命取り組む，まじめで完璧主義的傾向が強い，無口でおとなしい性格などが指摘されている．

学校生活では友達の何げない一言を気にしたり，友達との体型を比較してこだわるなど，摂食障害のきっかけになることが日常的に存在している．また，家庭生活の中での緊張関係がきっかけになることもある．

著者がかつて経験した拒食症の生徒の場合は，短期間のうちに極端に拒食状態が進み，学校としての対応が難しくなり，本人，保護者との相談の上，思春期外来での診察後，心療内科に入院し治療を行った．この生徒の場合は，有名人の体型へのあこがれが発端であり，思春期特有の心理状況から治療は始まった．

症状の軽重にもよるが，専門的知識を有する関係諸機関や専門家などとの連携の重要性，摂食障害に対する知識の必要性を強く感じた．

育相談的手法の習得，関係諸機関や専門家との連携など学校としての指導体制の確立が不可欠である．

（4）教育活動上の指導や援助

生徒指導は学校生活での様々な活動の基礎的要素を形成する．従って，各活動にわたる横断的，総合的指導や援助が必要である．心理的，行動的側面への指導や援助を学校教育の基本である「知徳体」の面から考えてみる．

1）学習面では

一人ひとりが意欲的に学習活動に取り組み，学力の向上を目指すための指導や援助である．学力の向上は児童生徒の学習意欲との関係があり，教員が充分な準備をして授業に臨んでも，児童生徒に学習意欲がなければ教育的効果は期待できない．また，他者との比較で不安や焦燥感を抱き，自分を追い込む傾向も見られる．学習活動に自信を持ち学習意欲を喚起するためのポイントを，児童生徒の心理，行動の面から捉えてみると，例えば以下のような点が考えられる．

①学習習慣の確立→計画的学習の必要性
②学習スキルの獲得→自分に適した学習方法の工夫
③生活学力の理解→受験学力重視からの転換
④学習活動での達成感→実感できる向上結果

2）社会規範面では

学校教育は集団生活（集団活動）が基本であり，そこには全員が守るべき約束事がある．それ以前に，一人の人間として守るべき社会規範があり，そのことは学校生活でも求められる．集団生活で体得していく社会規範は，学校生活や社会生活でも不可欠なものである．指導のポイントとして例えば以下のような点が考えられる．

①自己中心的思考の改善→他者受容の必要性
②対等な人間関係の構築→対人関係スキルの獲得
③ボランティア活動，奉仕体験活動の実践→社会性，道徳性の育成

奉仕体験活動
自発的意志によって社会的・公共的行為を代価を求めず無償で行うことである．社会とのかかわり方，人間関係の構築，社会のルール遵守など，奉仕体験活動から得られることは多い．学校教育法は社会奉仕体験活動などの充実に努めることを求めている．また，学習指導要領でも道徳教育，特別活動，総合的な学習の時間で積極的に取り入れ，実践することの重要性が示されている．

3）身体健康面では

　児童生徒が心豊かに健全な学校生活を送ることは，すべての教育活動に好影響を与える．同時に，学校教育で培った心身の健康に関する知識は，家庭生活や社会生活で生涯にわたり参考となる．体系だった指導や援助は学校教育の時期だけといっても過言ではない．指導のポイントとして例えば以下のような点が考えられる．

　①健康状況の管理→健康管理に関する知識
　②健全な生活習慣の確立→規則的生活習慣や食生活の確立
　③精神的安定の保持→学校生活への積極的取組み
　④ストレスの解消→自分流の解消方法の工夫

　学校の教育目標や目指す生徒像などに，児童生徒の心理や行動をきちんと把握し発達課題を見据えた生徒指導の指導体制や指導計画を明記し，実践する必要がある．

自習の手引き・ガイド

不登校

　下記の不登校の事例について，どのように指導するか事例演習形式で考えてみて下さい．事例の内容は，高校生の不登校に対する保護者からの相談に対しての指導です．

相　談　内　容	
	友達ができず人間関係がうまくいかず，登校できなくなった
事情	4月に入学した高校から父親の転勤で2学期に転校した．子どもは12月頃から学校に行くようすに変化がでてきた． 　「以前通学していた高校が良かった」，「友達がなかなかできない」などの話をしていた．その内，学校のことは話をしなくなった．その時期から朝になると元気がなくなり，体調不良を訴えるようになった． 　その度に，励ましたり，話をして登校させていた．1月になり学校から連絡があり，欠席がかなり多いことを知った．家を出ても学校には行ってなかった．友達関係で悩み，傷ついていたことを知った． 　進級の規定との関係もあり，このままの状態では困るのでどうしたらよいでしょうか．

この事例に対して担任としてどのような指導しますか．考えるポイントとして次の点を参考にして下さい．①背景，原因の把握と分析，②生徒本人に対しての指導，③ホームルームの生徒に対しての指導，④家庭との連携，⑤関係諸機関との連携（必要に応じて），⑥その他などである．事例演習としての勉強では，事例に対しての内容だけでなく，生徒指導全般の視点も併せて考えて下さい．

2. 生徒理解

(1) 生徒理解の原理

　学校教育における生徒指導は，生徒が社会的自己実現を図るための資質，能力を身につけるための指導や援助である．言葉をかえると，自己指導力の育成ともいえる．

　自己実現に向っての指導や援助を行う場合，一人ひとりの状況の違いを把握する必要がある．A君が目指している自己実現の内容と，B君の内容は違うはずである．画一的な指導に陥らず，個々に応じた指導を目指すには，まず一人ひとりに対する的確な理解が求められる．そこで，生徒理解の原理として個別性と総合性，集団性という点を考えてみる．

1) 個別性を認識した理解

　十人十色という言葉があるように，十人を理解するときに個別性を認識した理解が必要である．生徒一人ひとりは性格や資質が違い，家庭環境も生育歴も違っている．思考形態，行動様式，興味関心，学力，進路希望など，個別性として認識すべき要素は多々ある．その1つひとつが積み重なって現在の生徒（人間）が形作られているので，個々の要素の違いがあることを認識し，指導を行うべきである．

2) 総合性を考慮した理解

　生徒を理解する時，外面的な理解や部分的な理解で生徒の全体像と思い込むことがないだろうか．生徒を総合的に理解する

個人面接の留意点
面接で重要なことは相手の話に一生けん命耳を傾けるという面接者の姿勢である．面接の事前準備として，相手を理解するための情報を把握しておくことが大切である．質問項目では心を閉じてしまうような項目，「はい」「いいえ」の答えしかできないような項目は避けて，心を開き内面を引き出す項目が求められる．時間的配慮も必要で，矢つぎばやの質問は答えにつまる．沈黙の時間での待ちの姿勢も大切である．

ことで全体像が見えてくる．生徒は学校で日々様々な教育活動を行っている．その教育活動，例えば学習活動，学級（ホームルーム）活動，係・委員会活動，部（クラブ）活動などを1つひとつ別々に見るのではなく，トータルとして見ることにより，本来の生徒像が浮かび上がってくる．

3）集団性を活用した理解

学校生活は集団生活である．そこでの集団活動の機能を活用した理解として集団面接に関しての提案を行ってみる．他者と一緒の対応の中で，個人面接では把握することができない面を生徒から引き出すねらいがある．学校での面接は多くの場合個人面接であるが，集団面接を取り入れてみたらどうか．一人で先生と話をするより，内容によっては友達と一緒という心のゆとりから，本音を聞けることもあるだろう．逆に友達と一緒だから本音で話をしないということも考えられる．実施する場合は，教育的効果の是非を考慮し，ケースバイケースで判断を誤らないようにすべきである．

（2）生徒理解の視点

生徒の本質的かつ全体的な姿を把握することは，なかなか難しい面がある．生徒は自らを全面的にさらけ出すことに抵抗を感じる．それゆえ，教員の方から生徒に積極的に関わる場面や時間を作ることが望ましい．その際，生徒理解の大切な視点として，①日常的な理解，②継続的な理解，③内面性の理解，④客観的立場の理解，⑤共感的な理解，⑥共有的な理解を考えてみる．

①日常的な理解

生徒は毎日自分の周囲での出来事に敏感に反応する．青年期は精神的に不安定な時期であり，友達の何げない一言が本人にとっては大きく影響することもある．それくらいのことという教員の意識と，生徒の意識のずれは生徒理解を難しくする要因である．意識のずれを小さくするためには，日々の変化を感じ取ることが大切である．

②継続的な理解

　教員は生徒指導が必要な時だけ，あるいは必要な内容についてだけ把握に努めようとする．必要な時だけでなく，継続的な理解の方が理解内容の精度は高まる．また，継続的な理解は，生徒の変化を早めに捉えることにもつながり，後追い指導にならない利点もある．

③内面性の理解

　生徒理解では，教員は把握しやすい外面的要素（家族構成，趣味，特技など），他の生徒と比較しやすい数量的要素（学力，体力など）に目を向けがちである．しかし，生徒の本質に迫るには内面的要素（思考力，欲求など）を把握しなければならない．それゆえ生徒の内面的要素に迫る姿勢を持ち続けることが求められる．

④客観的立場の理解

　生徒への理解が深まれば深まるほど，思い込みによる理解や私情に流された判断に陥りやすい．客観的立場での理解や冷静に受け止める態度を身につけていないと，本質を見誤る結果となる．また，理解内容の公的な部分と私的な部分を混同しないことも大切である．

⑤共感的な理解

　生徒は教員の対応には敏感である．自分が否定されていると感じた時には，教員の前では自分の真の姿を見せなくなる．生

教職雑学コーナー●金八先生タイプ

　先生のタイプは様々である．生徒理解では生徒の輪の外側から生徒を見ているより，輪の中に入った方がより理解は進む．金八先生は生徒の目線で，ある意味，生徒と友達関係のような立場で接している．あなたは金八先生タイプの先生をどう思いますか．（『３年Ｂ組金八先生』は1979年から2011年まで断続的に制作・放映された学園ドラマシリーズ）

徒の考えや行動を一概に否定するのではなく，生徒を受容し共に歩む姿勢を示すことによって生徒は打ち解けてくる．そこから生徒は，教員に理解してもらいたいという意識になり理解が深まる．

⑥共有的な理解

　学校では一人ひとりの生徒を全教員で指導する方向性を持つことが，より適切な指導につながる．しかし，指導にあたり担任任せや担当者任せの傾向が見受けられる．指導内容の大小，対象生徒の多少にかかわらず常に全教員で指導にあたるという意識を持つべきである．その際，生徒一人ひとりについての理解を日頃から共有しておくことが，協力して指導する前提となる．

（3）生徒理解の困難性

　「生徒が何を考えているのかよくわからない」，「生徒には今までの常識が通じない」などという話をよく耳にする．生徒を理解する上での戸惑いの言葉である．教員が描いている生徒像と実際の言動のギャップに失望し，生徒理解に自信をなくすケースもあるだろう．生徒理解を難しくしている要因は何なのか．その要因の解消に努力することが生徒理解をすすめることになる．

　社会の変化や技術の進歩はめざましい．生徒はその流れに沿った生活様式が身についている．その観点から困難性の要因を考えてみると，1点目は生徒の変容についていけない現状があげられる．価値観の変化に伴い，生徒の判断基準や行動基準は多様化し，今までの尺度では測れない面がある．よく若者文化という表現が使われるが，その内容は若者特有の価値観によって形成され，大人社会とは別の世界という感がする．

　2点目は情報化時代に伴うネット社会での生徒の動向である．携帯電話やインターネットの使用は，生徒の日常生活の一部になっている．メールや書き込みは自分を隠しての行為が可能である．また，別人格の自分を演出してそれも自分であるかのよ

うに感じてしまう．そこには学校生活では想像できない姿があり，生徒理解の難しさやとまどいを感じることになる．

教員として若者文化の認識を深める機会を持つ，携帯電話やインターネットの法的あるいは技術的知識を習得するなどのことを，学校の研修活動として行う必要がある．また，学校外でのようすを把握するため家庭や地域社会との連携，専門的知識を必要とするため，専門的知識を有している関係諸機関や専門家との連携も重要である．

(4) 生徒理解の方法

生徒指導を行う上で，生徒を理解するための資料を得ることが不可欠である．そのための具体的方法を考えてみる．生徒理解の方法は，この方法が絶対ということはなく，いくつかの方法の結果を重ね合わせて理解することが大切である．以下，観察法と検査法について述べてみる．

観察法は，学校生活での日常行動を観察して生徒理解を進める方法である．生徒は観察されているという意識を持つと，普段の自分とは違う言動をとるので，ごく自然に何気なく接しなければ意味がない．全体像の理解が必要な場合と，部分的な理解が必要な場合がある．部分的な理解の場合は，特定の言動を注意深く観察することになる．また，意図的に観察場面を設定して行う実験的観察法もある．例えば，対人関係の理解の場合，グループ学習を行いグループの学習状況を通して観察を行う．その際，グループメンバーの組み合わせを考慮し，把握したい状況を作り出す．実験的観察法もその意図が生徒にわかってしまうと，教員への不信感が生まれるので，十分に注意して行わなければならない．

検査法は，検査を行ってその結果を分析し生徒理解に役立てる方法である．心理的特徴を見る心理検査，社会的技能を見るソーシャルスキル検査をはじめとして，様々な検査がある．質問紙を用いる場合が多いが，その分析を正確に行わないと，誤った結果を導き出してしまう．従って，検査についての知識を

観 察 記 録 票						
年　組　番 氏名	月　　日（月）〜　　月　　日（金）					
^	学習活動	学級活動	教員関係	友達関係	その他	
月　日（月）						
月　日（火）						
月　日（金）						

図2-2　観察記録票の例

有することが求められ，専門家にその分析と結果のまとめを依頼する学校が多い．また，検査法は結果が出るまでに時間がかかる場合もあり，検査してすぐ活用できるとは限らないので，生徒指導の全体計画や年間指導計画の中に位置づけておいて，計画的に活用できるようにしておくべきである．

　上記以外の方法として，生徒の作文や詩，絵画などの作品によって，生徒の状況を理解する作品観察法，面接によって生徒の考え方や気持ちなどを聞き，理解を深める面接法などがある．

　観察結果を生徒指導に役立てるためには，把握した内容をきちんと整理しておく必要があり，記録票の使用をすすめたい．記録票は使いやすく簡単に記入できる形式がよい．詳細な記入項目の設定や記入欄を複雑にすると，記入が面倒になり長続きしない．観察法での観察記録票を例示してみる（図2-2）．

自習の手引き・ガイド

生徒指導の全体計画と年間指導計画

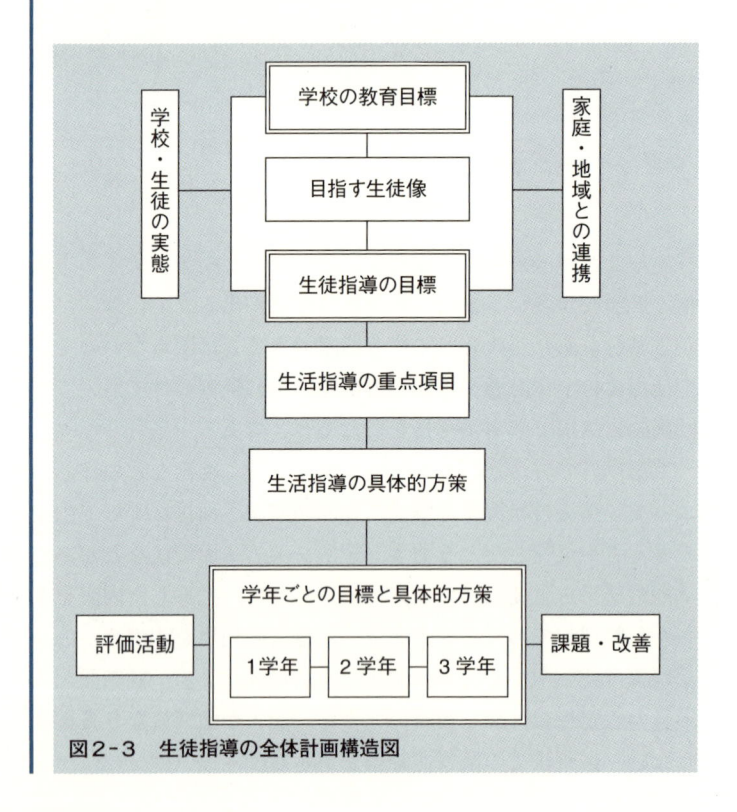

　生徒指導の年間指導計画を作成してみよう．生徒指導を行うにあたっては，毎年，全体計画及び年間指導計画を作成し，計画的に生徒指導を行うことが教育的効果を高める．学校や生徒の実態は毎年違うものである．そのため，常に改善すべき指導内容があり，前年踏襲型は避けるべきである．また，計画により生徒指導の目標などが明確になり，教員の共通理解の指針ともなりえる．

　全体計画は，学校教育での位置づけや共通理解の基になる計画で，年間指導計画は教育活動に即して，各活動領域で行う具体的指導内容を時期別や学年別に記したものである．年間指導計画を例示した．一度作成してみて下さい．

図2-3　生徒指導の全体計画構造図

表2-1　生徒指導の年間指導計画例

活動領域	年間目標	月目標 4月	3月
学校行事		入学式　始業式 新入生歓迎会 健康診断	
全体活動	学校生活を豊かにするための態度形成に努める.	学校生活での活動領域別目標の決定	
学習活動	学習意欲を高め学力の向上に努力する.	より良き学習態度の確立	
学級活動	人間関係を構築し心豊かな生活態度をつくる.	望ましい学級集団や人間関係の形成	
特別活動	集団活動を通し実践的能力を育成する.	各活動分野への積極的参加	
健康安全活動	学校生活での健康安全を重視し健全な心と体をつくる.	基礎体力づくりや食生活の指導	
家庭生活	家庭との連携をすすめる.	家庭生活の把握	
備　考	体験活動を重視し自主的態度の育成を大切にする.	年度初めの生徒指導の大切さの認識	

不良交友

非行少年には該当しないが，自己又は他人の徳性を害する少年を不良行為少年と呼び，行為内容は飲酒，喫煙，家出，深夜はいかい，不良交友など多岐にわたる．警察庁の統計によると，不良交友での補導人数は平成16年の約4万5000人が平成25年には約1万1000人に減少した．児童生徒は友達関係が生活環境に影響するため，学校での様々な活動を通して，健全な人間関係の構築，自己の行為に対する善悪の判断力を身につけさせることが必要である．

3. 問題行動と社会規範

(1) 問題行動の現状

　生徒指導が必要となる問題行動は，反社会的問題行動と非社会的問題行動に大別することができる．反社会的問題行動とは社会での規則やモラルなどを無視したり，学校のルールを破ったり暴力行為を行うなどの行動である．具体的には，窃盗，恐喝，障害，暴力行為，凶器所持，飲酒，喫煙，不良交友，いじめなど，多くの行動がある．非社会的問題行動とは，社会的関係や対人関係がうまく結べず人や学校を避けるような行動である．具体的には，対人恐怖，自閉，ひきこもり，緘黙，不登校，怠学などがあげられる．

反社会的問題行動を暴力行為の発生件数の推移で見ると表2-2のようになる．文部科学省は暴力行為を対教師暴力，生徒間暴力，対人暴力，器物破損に分類している．平成26年度の小学校の発生件数のうちでは生徒間暴力が62％，対教師暴力が18.8％である．中学校では生徒間暴力が57.4％，対教師暴力が17.1％である．高等学校では生徒間暴力が68.3％，対教師暴力が8.4％である．

　図2-4は学校内における暴力行為発生件数の推移である．平成9年度から調査方法を変更したので，それ以前と単純には比較しにくいが，小学校は増加傾向で平成24年度には高等学校の発生件数を上回った．中学校は年度による差が見られるが減少傾向にある．高等学校も減少傾向にある．また，平成18年度か

表2-2　学校内外における暴力行為の発生件数の推移

	小学校	中学校	高等学校	計
平成9年度	1,432	21,585	5,509	28,526
10年度	1,706	26,783	6,743	35,232
11年度	1,668	28,077	6,833	36,578
12年度	1,483	31,285	7,606	40,374
13年度	1,630	29,388	7,213	38,231
14年度	1,393	26,295	6,077	33,765
15年度	1,777	27,414	6,201	35,392
16年度	2,100	25,984	5,938	34,022
17年度	2,176	25,796	6,046	34,018
18年度	3,803	30,564	10,254	44,621
19年度	5,214	36,803	10,739	52,756
20年度	6,484	42,754	10,380	59,618
21年度	7,115	43,715	10,085	60,915
22年度	7,092	42,987	10,226	60,305
23年度	7,175	39,251	9,431	55,857
24年度	8,296	38,218	9,322	55,836
25年度	10,896	40,246	8,203	59,345
26年度	11,468	35,683	7,091	54,242

注：調査対象は，平成17年度までは，公立小・中・高等学校，平成18年度からは，国・公・私立の小・中・高等学校，中等教育学校（中学校には中等教育学校前期課程，高等学校には中等教育学校後期課程を含む）．発生件数はのべ数，発生学校数は実数．
資料：文部科学省「児童生徒の問題行動等生徒指導上の諸問題に関する調査」

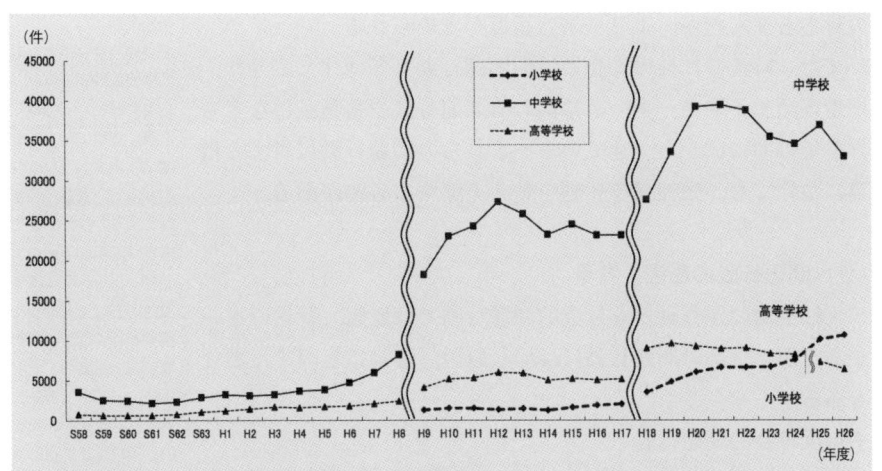

注：平成8年度までは，公立中・高等学校を対象として，「校内暴力」の状況について調査．平成9年度からは，公立小学校を調査対象に加えるとともに，調査方法などを改めている．平成18年度からは，国・私立学校も調査．
資料：文部科学省「児童生徒の問題行動等生徒指導上の諸問題に関する調査」

図2-4　学校内における暴力行為の発生件数の推移

ら小中高とも国立・私立学校も調査対象としたため，小中高とも増加した．

　一方，非社会的問題行動の現状を高校の中途退学で見てみる．文部科学省の「平成19年度生徒指導上の諸問題の現状について」の調査結果によると，平成19年度の中途退学は全高校生数（約350万人）の2.1％で，平成12年度以降減少傾向にある．中途退学の事由は「学校生活・学業不適応」38.8％，「進路変更」33.2％で両方で全体の7割以上を占めている．次いで「学業不振」7.3％，「問題行動等」4.9％となっている．学年別では1年生が多く，中1ギャップと教育内容の違いはあるが，高校版高1ギャップの状況が見受けられる．

　問題は中途退学後の生活に関してである．学校生活の失敗が対人関係の障害や人間不信，無気力状態，自信喪失，自閉傾向，劣等感情などをもたらし，その後の家庭生活や社会生活，再入学後の学校生活の適応に影響を与えることもある．そのことを考えると，中途退学は一人ひとりのあり方生き方に関わってくる問題である．高校の多様化，弾力化などが進み，中途退学へ

の対応も進んだが，より一層の指導が求められる．

　また，時代や社会の変化に伴い問題行動も多様化してきた．携帯電話やインターネットに関わる問題行動や薬物乱用なども青少年の間に広がってきている．これらの問題行動に対する指導についても，生徒指導体制を整え充実する必要がある．

（2）問題行動の原因，背景

　反社会的問題行動と非社会的問題行動では原因，背景の違いがあるが，一部の問題行動には同じ原因，背景に起因する場合もある．

1）反社会的問題行動

　反社会的問題行動の原因，背景として考えられる要因を社会的要因，個人的要因，家庭的要因，教育的要因に分けて見てみる．

　　社会的要因→価値観の多様化，社会規範の軽視，競争社会からの脱落など
　　個人的要因→心理的不安定，欲求不満，発達段階の遅れなど
　　家庭的要因→養育放棄，過保護，過干渉，しつけの欠如など
　　教育的要因→受験教育偏重，生活指導の不徹底，学校・教師の指導力の不足など

　原因，背景は1つではなく，いくつかが複合しているケースが多い．「子ども社会は大人社会を投影している」とよく言う．社会のあり様や人生の価値基準の変化は，子どもの心理状況や行動様式に大きく影響している．また，家庭生活の面で，親子関係が成り立たないなどで家庭教育の機能が低下している．学校教育は進学重視のあまり，指導の重点が学力向上に傾き，基本的生活習慣や社会規範の遵守の指導が二の次になっている傾向もある．学校としては，児童生徒の学校生活における基本的事項の指導の徹底を図ると同時に，家庭や地域社会との連携を密にして，学校外での生活にも気を配りきめ細かい指導を心がけるべきである．

薬物乱用
薬物は向精神薬としての睡眠薬や鎮痛剤と，化学物質としての麻薬，大麻，覚せい剤，有機溶剤，違法ドラッグなどがある．警察庁の統計によると少年の薬物事犯は昭和50年代後半がピークで，平成26年度は過去最少となった．背景としては，学校教育における薬物の危険性についての指導が改善されてきたのが大きい．薬物乱用防止の指導状況は文部科学省の調査で，平成16年度に指導を実施したのは，小学校82.8%，中学校91.1%，高校93.0%にのぼっている．

コラム 携帯電話と情報モラル教育

　携帯電話は児童生徒の日常生活で不可欠なものとなっている．携帯電話の使用状況について「中高生は携帯漬け」という表現が使われている．

　2008（平成20）年の文部科学省の調査では，携帯電話の所有率は小学校6年生が25％，中学校2年では46％，高校2年では96％となっている．使用状況を見ると「携帯漬け」という表現そのままである．通話よりメールの使用が中心で，中学校2年では1日の送受信10件以上が61％，そのうち50件以上は20％となっている．これだけの使用状況なので中学校2年で食事中に25％，入浴中にも10％が使用している．1日のメール件数が多くなり，ネット利用の時間が長くなれば，家庭での学習時間や睡眠時間に影響がでてくる．

　最近は携帯電話やインターネットによるいじめをはじめとして，問題行動やトラブルも目立ってきている．児童生徒の使用状況を考えると，情報モラル教育を学校教育で推進する必要性を強く感じる．その際，教員は使用に関する機能的知識や法的知識を習得しないと対応が難しい．

　情報モラル教育の推進は，学校だけでは不十分な面があり，家庭，関係諸機関，関連企業，専門家などとの連携が不可欠である．

　　例えば，
　　家庭　→　家庭での使用のルールを設けることの要請
　　教育委員会　→　研修会の実施と参加
　　　　　　　　　使用の手引きの作成と活用
　　警察　→　問題行動やトラブルの事例などの資料の提供と活用
　　関連企業　→　使用に関する携帯電話教室の実施
　　専門家　→　使用状況や使用の仕方に関する講演会の実施など
　　現在の状況は見すごすことができない時期になっている．早急な指導が学校には望まれる．

2）非社会的問題行動

　非社会的問題行動の原因，背景は反社会的問題行動と重なる部分もあるが，非社会的問題行動の原因，背景として指摘される心理的不安や緊張感，人間関係が上手く構築できないなどの観点から，前述の4つの要因について考えてみる．
　　社会的要因→対人関係への不安，社会的孤立感など
　　個人的要因→精神的未熟さ，情緒的障害，自己の存在否定など
　　家庭的要因→家庭問題の精神的負担，親の期待感など
　　教育的要因→失敗経験からくる回避傾向，自己有用感の喪失など
　原因，背景が行動につながる過程は複雑で個人差がある．例えば，学級内での出来事に関してA君は特に気にしないことでも，B君にとっては不安に感じたり緊張感を持つケースもある．また，友達関係についても様々なタイプの友達を受容することが望ましいが，ごく限られたタイプの友達しか受容できない児童生徒もいる．非社会的問題行動は心理的，精神的側面が大きく影響することを認識し，時間がかかっても焦らず児童生徒の立場も理解し指導する必要がある．

教職雑学コーナー●大人になりたくない症候群

　現代社会の状況を見て否定的側面を強く感じ，大人の仲間入りをしたくないとか社会に出たくないと思っている若者の状況である．また，「親のスネ」をかじりもう少し楽をしたいという安易な考えで，まだ大人の仲間入りをしたくないと考えている若者も見受けられる．
　大人としての責任感と義務をしっかり認識し，自立して生きていくことができる人間，その基礎をつくることも学校教育の大きな役割である．さて，皆さんは大人になりたくない症候群の若者をどう考えますか．

(3) 問題行動に対する指導

　反社会的問題行動と非社会的問題行動の指導について，著者の経験に基づいて考えてみる．

1) 反社会的問題行動

　反社会的問題行動を起こす生徒の指導経験からすると，生徒は社会常識や価値を受け入れず，自分の考え方や行動を正当化する傾向が強い．また，集団での自己存在感を示すために，周りとは違う行動をとり指導の対象になることを承知で，自己の存在をアピールすることもある．教員からすれば問題行動と判断することも，生徒にとっては自分を適応状態にするための行動と考える場合もある．指導の観点を以下にあげてみる．

①日常的，継続的な情報収集とのコミュニケーションにより，生徒の状況を的確に把握する．特に，生徒とのコミュニケーションを密にすることは，信頼関係を構築することで生徒が心を開くことが期待できる．

②生徒は自分の行動を常に周りとの関係で判断する．したがって，生徒の所属している学校や学級の状態が影響するので，心豊かに落ち着いた雰囲気で学校生活が送れる学級づくりが求められる．

③問題行動によっては専門的知識が指導上必要である．学校内では養護教諭や教育相談の知識を有している教員などと連携協力することが，効果的指導につながる．

④家庭や地域社会，関係諸機関（54頁，表2-3）との連携も不可欠である．家庭の協力なしでは十分な指導が望めないケースがほとんどであろう．また，関係諸機関は豊富な事例を有し，学校教育とは違う視点での対応が期待できる．

2) 非社会的問題行動

　非社会的問題行動は心理的側面，対人的側面の影響が強く，指導する上でより専門的知識が求められる．前述の①から④の指導の観点に照らして考えてみる．

①生徒が心を閉ざしているケースは，教員に対しても不安や緊張感を抱いている．教員が信頼にたる人であると感じた

ら，少しずつでも心を開いてくる．コミュニケーションが成り立つまで，粘り強く待つことである．
② 対人関係が上手く構築できないケースでは，学級内での仲間づくりが重要である．自分を受け入れてくれる友達がいれば，極端にいうと1人の場合でも改善の糸口になる．著者は学級活動でのワークショップやグループエンカウンターなどの活用が有効だった経験がある．
③ 非社会的問題行動は治療を必要とする場合も多くある．児童相談所や健康保険センター，病院などの専門家や医師の協力をあおぎ，助言を受けることが好ましい．中途半端な治療法の知識での指導は，逆効果になることもあり，気をつけるべきである．
④ 家庭との連携では，家庭問題が発端になっている場合の連携や保護者の自立が必要な場合は，学校が家庭や保護者の問題にどこまで関わるべきか判断が難しい．教員への不信感が生じないよう配慮する必要がある．

3）指導例としての生活ノートと事例検討会

　著者の問題行動に対する具体的指導例の中から，反社会的問題行動，非社会的問題行動に共通して，教育的効果があった指導例を2点あげてみる．

　1点目は生活ノートの作成である．ノート記入は生活目標が中心で，設定した生活目標に向っての努力は，今の自分を振り返ることになり，自己改善の一歩となる．たとえ小さな改善でも成就感を感じることは，生活意欲や学習意欲につながり，問題行動からの立ち直りのきっかけとなった．気をつける点は生活ノートのやりとりの仕方である．定期的がよいのか，期日を決めず自由な提出がよいのか，状況に応じて判断した．

　2点目は事例検討会の実施である．問題行動の内容が複雑であればあるほどその指導は困難であり，全教員の協力体制が求められる．担任や担当者では指導に限界がある場合もあり，抱え込んで隘路に陥ることもあった．事例検討会では様々な意見が出て，指導方法の選択の幅が広がった．また，指導の状況に

ワークショップ
参加体験型のグループ学習の一形態である．教員の一方通行的指導でなく，生徒が活動に主体的に参加し，作業（体験・討論など）を通して課題解決を図っていく．また，グループ学習の過程で自己指導能力や人間関係調整力なども身につき，自己変容や集団変容にもつながる実践である．また，教員の研修会や講習会でも活用され，双方向的コミュニケーションを図りながら，活動内容を深めていくのに役立っている．

グループエンカウンター
集団活動での人と人との出会いやふれ合いを通して，人間関係のあり方を体験し，自己表現や自己理解を深める活動である．また，集団での望ましい人間関係作りにも有効な実践である．活動ではエクササイズ（演習）を取り入れ，教員はファシリテーター（学習支援者）として適切な指導助言を行っていく．教育的効果を高めるため，グルーピングやエクササイズの種類を工夫し，振り返り（評価）を行うことが必要である．

ついて全教員が常に共通理解を持つことにより，直接的に関わりを持ってくれる教員もあった．

(4) 問題行動と規範意識

文部科学省，国立教育政策研究所の平成19年度の全国学力・学習状況調査によると，「学校のきまり（中学校「規則」）を守

> **コラム** ゼロトレランス（zerotolerance）
>
> 　児童生徒に基本的生活習慣を身につけさせ，生活規律を確立させる1つの方法として，ゼロトレランスの指導方法がある．トレランスの訳は「寛容，寛大さ」で，ゼロトレランスは「寛容度ゼロ」と訳している．
>
> 　1990年代後半にアメリカで広まった生徒指導の方法で，指導の初期の段階から徹底した生徒指導により，問題行動の防止に取り組む指導である．アメリカの学校では銃乱射事件も起こり，犯罪に対して毅然とした教育方針で臨むために，この指導方法を法制化している州もある．
>
> 　日本とアメリカでは社会組織や教育風土の違いがある．例えば，アメリカは契約社会なので，お互いに決めたことを守ることにより社会は成立している．学校でもルールは必ず守るという意識は徹底していて，破った場合はどういう処罰にするのか決まっている．その際，許される幅は極めて小さく，寛容度は限りなくゼロに近い．
>
> 　日本の学校は教育的配慮ということが指導の際よくいわれる．段階的に指導を行い，1回目はこの位の指導でとどめ，2回目3回目と問題行動をくり返すと徐々に厳しい指導に移っていくというのが，一般的な指導のように感じられる．しかし，日本でも問題行動の多発化や指導の困難性を背景として，ゼロトレランスの生徒指導が広がりをみせている．厳しい指導の結果，生徒は基本的生活習慣が身につき遅刻は減り，学習態度の変化にもつながってきているとの報告もある．一方，導入したが厳しさだけでは生徒指導に行きづまりを感じ，ゼロトレランスから方向転換をした学校も出てきている．

っていますか」という質問項目に対し，「どちらかといえば，当てはまらない」と「当てはまらない」の回答の計は，小学校6年生で13.8％，中学3年生で14.5％であった．きまりや規則は全児童生徒が守ることによって安定した学校生活が送れるのである．「規則は破るためにある」的な考え方は当然指導しなければならない．例えば，万引きをゲーム感覚で行うなど，問題行動を問題行動として認識しない（或は認識できない）現状が見受けられる．

最近の傾向として，守るべき社会規範や実践すべき道徳的価値に対する意識の希薄さが目立つ．学校において規範意識を育てることは，問題行動に対する指導の基本の1つであり，問題行動の防止につながる．規範意識の育成は，学校の全教育活動で行うべきであるが，特に，道徳教育と特別活動がその中心といえる．以下，この2点について指導との関連を考えてみる．

1）道徳教育

道徳教育は教育活動全体を通じて行うものであるが，その要は道徳の時間である．道徳教育では道徳的価値の認識，道徳的実践力の育成などが求められ，指導内容の中には社会的規範に関する項目も含まれている．中学校学習指導要領には，例えば以下のような指導内容が示されている．

・法やきまりの意義を理解し，遵守するとともに，自他の権

教職雑学コーナー●腐ったリンゴ理論

リンゴの箱の中に1つでも腐ったリンゴがあると，他のリンゴも腐ってしまうので，腐ったリンゴを早く取り出して，廃棄する方がよいという考え方である．集団にとって都合の悪い児童生徒がいる場合，腐ったリンゴを廃棄するのと同様に集団から排除するのか，あるいは，リンゴの腐った部分だけ取り除いて箱に入れておく，つまり，集団の一員として受け入れ改善の努力を一緒にするのか，どちらを選択しますか．

万引きは非行の入口

警察庁の統計では万引き，自転車盗，オートバイ盗などを初発型非行とよんでいる．初発型非行は犯行手段が容易で，動機が単純なことが特徴で，非行としての問題意識が低く，他の非行への入口になるケースもある．生徒の言動でささいなことでも問題行動への指導や規範意識の育成に関しては，き然とした指導姿勢が必要である．「このくらいのことは」と見逃すことが，次の段階へエスカレートすることにつながる．

高校の道徳教育

高校での道徳教育の必要性から高等学校学習指導要領には，総則で教育活動全体を通じ各領域の特質に応じ指導することを示している．道徳的価値の認識や道徳的実践力の向上などは，人間としての在り方生き方に関わる大切な教育内容である．平成21年に告示された新学習指導要領では，教育活動全体を通じて行うための全体計画を作成することを求めている．現在の青少年の規範意識の現況に照らし，高校では必要，不必要について様々な議論がある．

利を重んじ義務を確実に果たして，社会の秩序と規律を高めるように努める．
- 公徳心及び社会連帯の自覚を高め，よりよい社会の実現に努める．
- 正義を重んじ，だれに対しても公正，公平にし，差別や偏見のない社会の実現に努める．

道徳の時間の主題として，社会規範に関する内容を取り上げ，道徳的実践力の1つとして規範意識を育てる指導が可能である．

2）特別活動

特別活動の3分野（学級活動・高校はホームルーム活動，生徒会活動・小学校は児童会活動，学校行事）でも，活動の場面場面で規範意識の指導は可能である．中学校学習指導要領には特別活動の目標として，以下のようなことが記されている．

「望ましい集団活動を通して，心身の調和のとれた発達と個性の伸長を図り，集団や社会の一員としてよりよい生活や人間関係を築こうとする自主的，実践的な態度を育てるとともに，人間としての生き方についての自覚を深め，自己を生かす能力を養う．」

目標に記されている「集団や社会の一員」や「人間関係」，「自主的，実践的な態度」，「人間としての生き方」などをキーワードとして，各分野の年間指導計画の指導内容に取り上げ，特別活動の特質である集団活動や体験活動を通して規範意識を理解させ，深化させる活動が可能である．

自習の手引き・ガイド

問題行動に関する関係諸機関

学校における問題行動の指導は，問題行動の内容によっては学校だけでは十分対応できないケースもある．そこで，様々なケースを扱い，専門的知識を有している関係諸機関や専門家と連携協力することで，効果的な指導が可能となる．学校として連携協力を求める主な公的関係諸機関を表2-3にまとめた．

表2-3　主な公的関係諸機関

教育相談所	地方自治体の教育委員会が管轄している施設で，様々な教育相談にあたり，学校を援助している．
児童相談所	児童福祉法により設置されていて，相談や通告に基づき福祉上の援助を要する児童に対応する施設である．児童とは，満18歳に満たない者である．
精神保健福祉センター	地方自治体に設置されていて，精神保健福祉全般に関する相談を受けている．
警察署少年安全課	警察の少年安全課や少年サポートセンターで，青少年の非行やいじめなどの相談や指導，補導を行っている．
少年補導センター	地方自治体が設置している非行防止と健全育成を図るための施設である．
適応指導教室	地方自治体の教育委員会により設置されている施設で，主に不登校の児童を対象としている．

　上記以外にも様々あり，学校としてケースによって連携協力する機関のリストを作成しておくとよい．また，治療が必要な場合は，病院の心療内科や思春期外来との連携協力が効果的な指導に役立つ．

心療内科
学校では，学校生活への不適応，自己受容での不安感，家庭環境による精神的不安定など，十分対応できないケースがある．専門的知識を有する病院や諸機関，専門家達との連携協力が不可欠である．心療内科は病院の診療科の1つで，社会的・心理的要因が関わっている疾病の治療を行う．内科や精神科の医師と臨床心理士，カウンセラー，ソーシャルワーカーなどの専門的知識を有している人々がグループで治療にあたる．

4. 学級活動と生徒指導

（1）学級経営と学級活動

　学級（高校はホームルーム）経営とは，学級の教育目標の実現を目指して，学級の経営を図ることである．生徒の学校生活の基礎集団は学級である．それゆえ，生徒が日々心豊かに楽しく，充実した学校生活を送るためには学級集団づくりが重要である．学級集団の質は，生徒一人ひとりの人間的成長に関わってくるので，学級担任は学級経営の重要性を認識して，生徒の基礎集団である学級の質的向上に努力しなければならない．

　学級活動は学級担任として学級経営の目標を実現し，生徒を育成するための活動である．そのために学級経営の目標を明確にし，学級での活動すなわち学級活動を展開する．学級経営は

その学級目標を実現する観点から，次の6つの学級経営要素に分類できる．

①集団形成経営，②教育環境経営，③学習指導経営，④生徒指導経営，⑤学級事務経営，⑥連携協力経営．

6つの要素について，学級活動で求められる具体的項目をあげてみる．

①集団形成経営

基本的生活習慣の確立，望ましい人間関係の構築，学級集団への適応指導，コミュニケーション能力の育成など

②教育環境経営

機能的教室の整備，教室の環境整美の維持，係・委員会活動の充実など

③学習指導経営

学業生活への適応指導，意欲的な学習態度の育成，家庭学習の指導援助，自己実現に資する進路指導など

④生徒指導経営

自己指導能力の育成，自主的・実践的態度の育成，問題解決能力の育成，規範意識の育成，生徒変容の早期発見と対応など

⑤学級事務経営

各種公簿類の適正管理，計画立案能力の向上，広報活動の充実など

教職雑学コーナー●モンスターペアレンツ

学校や教員に対し強硬な意見を言ったり，過大な内容を要求する保護者のことである．場合によっては，社会常識からはずれた無理難題を持ち出すこともある．家庭との連携の必要性を認識し，日常的に学校の教育内容や児童生徒のようすや変容を伝えたり，家庭教育への支援を行うなど，きめ細かな家庭との連携を心がけ，学校教育への理解を得る努力を怠らないことである．あなたがモンスターペアレンツとの対応が必要になったらどのようにしますか．

⑥連携協力経営

校内組織との連携協力，家庭・地域の実態把握，家庭との連絡体制の確立，保護者・地域との会合・行事への参加など

(2) 学級活動と学級集団づくり

　生徒が毎日生活する基礎集団である学級の状況は，生徒にとって学校生活を左右することになる．また，学級集団の質は様々な学級活動に影響を与える．それゆえ，学級担任は学級活動を通して日常的，継続的に学級集団づくりをすすめる際，質の高い学級集団を目指すことが重要である．生徒の人間的成長は，学級集団の質と関わってくるともいえる．そこで，学級活動を通しての学級集団づくりについて考えてみる．

　中学校学習指導要領には学級活動の目標として，次の内容が記されている．

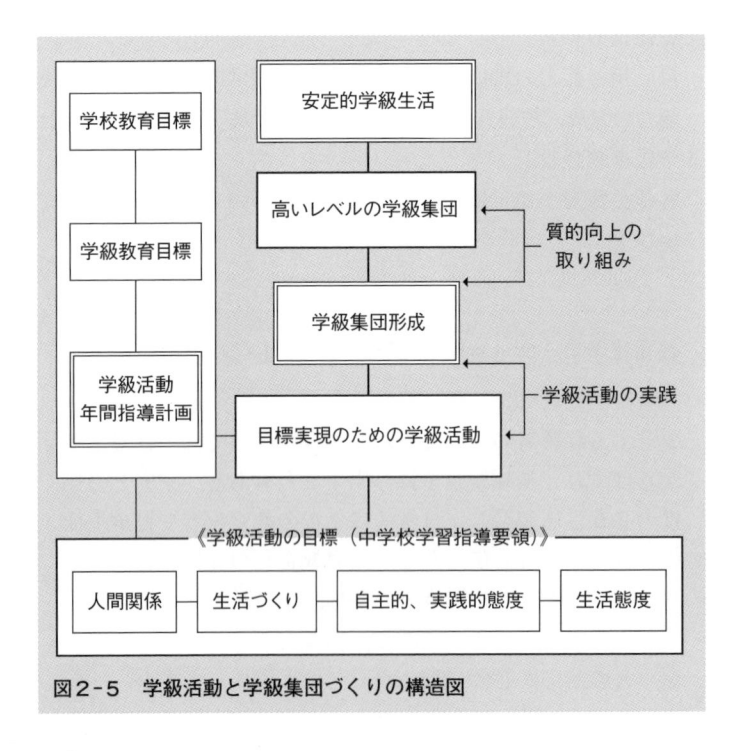

図2-5　学級活動と学級集団づくりの構造図

「学級活動を通して,望ましい人間関係を形成し,集団の一員として学級や学校におけるよりよい生活づくりに参画し,諸問題を解決しようとする自主的,実践的な態度や健全な生活態度を育てる」

目標として記されている①望ましい人間関係の形成,②よりよい生活づくり,③自主的,実践的態度の育成,④健全な生活態度の育成などを,活動の視点としておさえ年間指導計画を作成し,計画的に指導することが質の高い学級集団づくりにつながってくる.

(3) 学級活動における生徒指導

文部科学省は生徒指導資料第20集で生徒指導の目的について,①生徒の個性の伸長,②社会的な資質や能力・態度の育成,③社会的自己実現のための資質・態度を形成するための指導・援助であり,個々の生徒の自己指導能力の育成を目指すものとしている.

生徒指導は学校の全教育活動を通して行われるべきものであるが,日常的には学級がその中心となる.その意味では,学級は生徒指導の目的としている内容を実現する場として適しているといえる.学習指導要領で学級活動の内容として示されている項目を実践することにより,生徒指導の目指す生徒像を実現することが可能となる.

〈学級活動と生徒指導の関連性〉

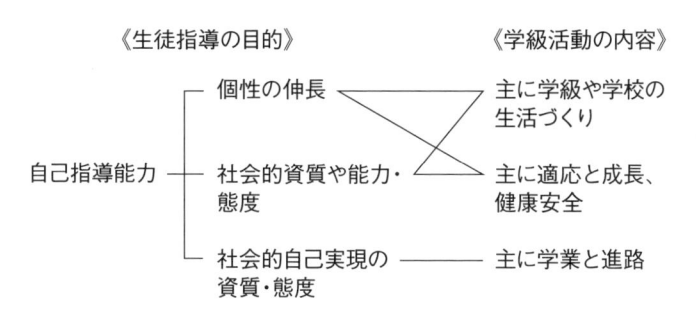

《生徒指導の目的》　　　　　　　《学級活動の内容》

自己指導能力 ─┬─ 個性の伸長 ────── 主に学級や学校の生活づくり
　　　　　　　├─ 社会的資質や能力・態度 ── 主に適応と成長、健康安全
　　　　　　　└─ 社会的自己実現の資質・態度 ── 主に学業と進路

学級活動で実践する生徒指導の1つとして，社会的自己実現の資質・態度の形成がある．学級活動の内容として指導する点を，中学校学習指導要領「特別活動」で見てみると，社会的自己実現に関しては次のような活動内容が示されている．
　学級活動2内容の（3）学業と進路
- 学ぶことと働くことの意義の理解
- 進路適性の吟味と進路情報の活用
- 望ましい勤労観・職業観の形成
- 主体的な進路の選択と将来設計

　生徒一人ひとりに将来に向けての目標を持たせ，上記の活動内容を指導することは，社会的自己実現を目指すための活動として重要である．その際，学級担任は学級活動に関わる指導計

コラム　個人情報の保護・管理

　2005（平成17）年よりいわゆる個人情報保護法が全面施行になり，個人情報の保護に関して厳しくなった．学校は様々な個人情報を扱う．学校における個人情報とは，学校や学級担任が児童生徒の指導上作成するものや，保護者から得る児童生徒や家庭の状況など，個人を識別できるものすべてである．

個人関係	氏名　生年月日　年齢　性別　住所　電話番号　家庭構成　メールアドレス　保護者の職業　学歴　居住家屋の種類　試験の点数　成績　友人関係など
公的関係	指導要録　学校日誌　学級日誌　出席簿　健康診断票　家庭調書　教務手帳　通知表　答案　生徒名簿　各種名簿　各種指導記録　諸費納入台帳　同窓会名簿など

　個人情報の保護・管理は教員の職責として非常に重要なことである．最近は個人情報を教員個人のパソコンに入力したり，入力データを学校外に持ち出すことで問題が起きている．また，学校のホームページや学年・学級だより，PTA広報紙などの広報活動の内容，文化祭作品や生徒会誌などの生徒作品にも十分注意を払う必要がある．

画を作成し活動の位置づけを明確にして，生徒が活動内容をきちんと理解し，自主的に取り組めるようにするため，より具体化した年間指導計画を作成し，指導援助を行う必要がある．

（4）学級活動と指導計画

指導計画は教育活動を展開していく上で，基準としての役割があるので，学校教育のすべての活動領域で作成するのが望ましい．学校教育目標を基にして，各段階の目標を設定し，それに対応する形で指導計画を作成する．

【学級活動指導計画作成の流れ】

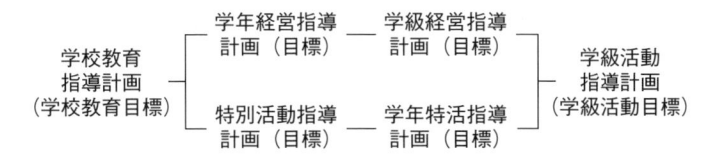

```
                    学年経営指導    学級経営指導
                    計画（目標）    計画（目標）
学校教育                                            学級活動
指導計画                                            指導計画
（学校教育目標）                                    （学級活動目標）
                    特別活動指導    学年特活指導
                    計画（目標）    計画（目標）
```

学級活動を展開していく上で，学級活動指導計画を作成し指導することが学級活動の教育的効果を高めるのに役立つ．以下，学級活動指導計画作成上の留意点と年間指導計画様式例をあげてみる．

- 学校教育目標の具現化
- 特別活動目標の具現化
- 学年，学級経営目標との関連
- 学年特別活動目標との関連
- 計画的，継続的指導の実現
- 意図的指導の実現
- 弾力的運用の可能性
- 学級や生徒の実態に応じた内容
- 自主的，主体的活動の助長
- 活動内容の重点化
- 発達段階への配慮
- 他教科，領域との関連

- 家庭，地域との連携
- 地域の教育力の活用

表2-4 学級活動年間指導計画様式例

学期	1	3
月	4	3
学校行事	入学式，始業式	
学期の目標	学校生活に慣れる	
月の目標	学級活動の基礎づくり	
指導内容	班編成，係委員の分担	
具体的活動内容	学級内の仲間づくりのための班活動	
備考	担任の活動方針	

　年間指導計画はあまり細部にわたる形式では，実践できず計画倒れになる場合もある．活動の主体は生徒であり，生徒の実態を考慮し無理なく活動できる計画を作成することが望ましい．

自習の手引き・ガイド

指導と評価活動

　「指導と評価の一体化」という言葉がある．指導と評価は表裏一体で，指導を行ったらその指導に対して評価を行うことが必要である．評価は評価のための評価にならないように，評価結果を指導の改善につなげることが重要である．

　　　指導→評価活動→評価結果→指導改善→指導

　評価はまた教員自身の指導の検証と同時に，生徒への指導の浸透度や理解度の把握も可能で，指導内容や指導方法を考えるうえでも役立つ．

　例示は学級活動の時間で話し合ったことに対する評価活動である．評価を行う場合，何を評価するのか（評価してもらうのか），つまり評価の視点を明確にし，それに対応する評価項目を設定することが望ましい．

【学級活動評価票例】

＊学級活動の時間の評価

＊文化祭（学芸発表会）の話し合いの時間

各項目について5～1で回答して下さい．

　　5：そう思う　4：だいたいそう思う　3：普通
　　2：あまり思わない　1：まったく思わない

〈活動内容について〉

　A1　活動内容に興味が持てた．　□

　A2　活動内容を通じ，他者のものの見方や考え方が学べた．　□

　A3　活動内容は自分自身の意見形成に役立った．　□

〈活動の進め方〉

　B1　担任の説明はわかりやすく，アドバイスも適切だった．　□

　B2　司会の進め方は良かった．　□

　B3　当日必要な資料・プリントなどは揃っていた．　□

〈あなたの活動への取り組み〉

　C1　授業の日までに出し物を考えておいた．　□

　C2　司会や記録係に対して協力的であった．　□

　C3　討論には積極的に参加した．　□

活動内容での改善点	
感　想 意　見	

　評価を行うのは面倒で大変だと考える傾向がある．例示した評価票は，評価を難しく考えずに，まず実施してみようということから，一般的で簡単な評価項目をあげて作成してみた．

　自分なりに工夫した評価票を作成してみて下さい．

〈参考文献〉

有村久春著『キーワードで学ぶ特別活動　生徒指導・教育相談』金子書房，2008年．

稲垣應顕・犬塚文雄編著『わかりやすい生徒指導論』改訂版　文化書房博文社，2000年．

河村茂雄編著『若い教師の悩みに答える本』学陽書房，2005年．
小林一也・永岡　順編『新学校教育全集12学級活動』ぎょうせい，1994年．
国立教育政策研究所生徒指導研究センター『生徒指導資料第1集（改訂版）』ぎょうせい，2009年．
国立教育政策研究所生徒指導研究センター『生徒指導資料第3集』東洋館出版社，2009年．
教育出版教育研究所『教師力アップへの挑戦　学級づくり編』教育出版，2007年．
文部科学省『小学校学習指導要領』東京書籍，2008年．
文部科学省『中学校学習指導要領』東山書房，2008年．
文部科学省『高等学校学習指導要領』東山書房，2009年．
中城進編『心理学』二瓶社，2003年．
小澤周三編『教育学キーワード』有斐閣，1991年．
仙﨑　武・野々村新・渡辺三枝子・菊池武剋編著『生徒指導・教育相談・進路指導』田研出版，2006年．
山口豊一編著『学校心理学が変える新しい生徒指導』学事出版，2005年．
山﨑英則・片上宗二編集代表『教育用語辞典』ミネルヴァ書房，2003年．

第3章
学習指導

1. 学習指導のあり方

　学習指導について学ぶというと，教科書・教材などをいかに活用して教育内容を子どもたちに効率的に伝えるかという，教授のスキルを学ぶことと受け止められるかも知れない．こうしたことは，学問的にも教授学（pedagogy）として，教育学という学問そのものを成立させる歴史的背景になっている．ただ，今日の学校教育を見ると，子どもの学習を成り立たせるためには，教師は教室で教える技術を磨けばよいというほど，状況は簡単ではない．

　日本の子どもの学習への意欲や態度の現状を示す例としてよく引用されるのは，IEA（国際教育到達度評価学会）の行ったTIMSS（国際数学・理科教育動向調査）の報告書である．2003（平成15）年に実施された同調査（TIMSS2003）では，小学校4年生と中学校2年生の算数・数学と理科の学習内容の習得状況に加えて，学習意欲や学習習慣に関する質問紙調査が行われた．表3-1は，中学校2年生が理科の学習状況について回答した結果をまとめたものである[1]．

　日本の子どもの理科や数学の学力の国際順位は，この調査で見ても依然世界のトップクラスであった．問題は，高い学力がある日本の子どもたちの，意欲や自信のなさなのである．

　今，学習指導に問われているのは，教育内容を理解させるだけでなく，学校教育期間が終わってからも学び続ける学習への意欲や学習習慣を育成することである．こうした学習指導は，1教科の枠内での教授学的な発想だけでは成立しない．学校全体での学習環境を整えることや，教育目標の下に教育内容を選択し，それらを分析して教育計画を立てること，さらに教育活動の結果を評価して教育計画の改善に生かしていくといった，

教授学（pedagogy）
教育に関する学問には，大別して教育そのものをどのように行うかの方法的な研究を扱うものと，教育を政治や経済と同じ社会現象と見て，教育の現実を客観的に分析・研究するものがある．歴史的にはコメニウス（1592～1670）などによる教授学が先に成立している．教職課程で履修する科目には，生徒指導論，教科教育法など教授学の系列に属するものが多い．しかし，社会階層による学力格差など，教育の社会的現実を実証的に研究する教育科学などにも関心を持って欲しい．

IEA，TIMSS
95頁脚注14）参照．

---

1) 文部科学省，2005．小学校理科・中学校理科・高等学校理科指導資料－PISA2003（科学的リテラシー）及びTIMSS2003（理科）結果の分析と指導改善の方向－．pp. 114-117．(http://www.mext.go.jp/a_menu/shotou/gakuryoku/siryo/05071301.htm より取得)

表3-1　中学2年生の理科学習状況調査（TIMSS2003）

理科の勉強は楽しい	「強くそう思う」と答えた生徒の割合(％)	「そう思う」と答えた生徒の割合(％)	「そう思わない」及び「まったくそう思わない」と答えた生徒の割合(％)
日本	19（8）	40（42）	41（49）
国際平均値	44（32）	33（47）	23（21）

希望の職業につくため理科で良い成績を取る	「強くそう思う」と答えた生徒の割合(％)	「そう思う」と答えた生徒の割合(％)	「そう思わない」及び「まったくそう思わない」と答えた生徒の割合(％)
日本	12（11）	27（31）	61（58）
国際平均値	38（33）	28（36）	34（31）

理科の勉強への積極性	高いレベル(％)	中間層(％)	低いレベル(％)
日本	17（10）	56（60）	27（30）
国際平均値	57（40）	31（49）	12（10）

理科の勉強への積極性	高いレベル(％)	中間層(％)	低いレベル(％)
日本	17（10）	56（60）	27（30）
国際平均値	57（40）	31（49）	12（10）

理科の勉強に対する自信	高いレベル(％)	中間層(％)	低いレベル(％)
日本	20	46	34
国際平均値	48	38	13

（　）は1999年の調査数値

> **カリキュラム・マネジメント**
> 学校がカリキュラムを主体的に開発して教育を改善していくためには，学校教育課程を，P(plan: 計画)-D(do: 実施)-C(check: 評価)-A(action: 改善)という一連の過程（PDCAサイクル）で捉える必要があるという経営的な考え．企業経営では，この過程をマネジメント・サイクルといっていたが，そうした考えが学校経営にも取り入れられたもの．

一連の過程が必要である．こうした一連の過程のプログラムを総称してカリキュラム（教育課程）と呼んでいる．学習指導では，教育課程への理解を踏まえ，教師一人ひとりが教育課程の開発や教育課程の管理（カリキュラム・マネジメント），さらに教育課程の評価を行う能力を持つことが問われているということを強調しておきたい．

2. カリキュラムと学校教育課程

（1）学習と学校教育

　学習とは，一般的には人間を含め動物などでも，個が主体となって，経験や練習の反復などにより，行動の持続的な変容が

生ずるとき，その過程や結果を指すといわれる．ただ，人間の場合には，近代学校制度の成立によりほとんどの子どもが就学する社会になると，学校という教育機関で知識や技能等を系統的に学ぶことが学習とみなされるようになった．

社会通念的には学習と学校教育という言葉が，同義的に用いられることすら多い．それは，学習がほとんど学校教育の場（最近では塾なども有力な学習の場になっているが）で行われる行為と思われているからである．学習者の子どもの側からいえば，学校以外では学習をしなくてもよいという理解，教えられることが学習することだという見方につながる．

2006（平成18）年の教育基本法の改正によって生涯学習の理念に関する規定が新設された（教育基本法第3条）．

「国民一人一人が，自己の人格を磨き，豊かな人生を送ることができるよう，その生涯にわたって，あらゆる機会に，あらゆる場所において学習することができ，その成果を適切に生かすことのできる社会の実現が図られなければならない．」

教育といえば，教育をする側（国家）から見られがちであったが，教育を受ける者（国民）は，学校教育を超えて生涯にわたる学習の機会が保障される必要があること，学校教育もそうした学習機会の1つであることが規定された．

教育が学習を支える手段であり，学習は基本的な人権の1つであるという考え方は，成人教育の普及に努めてきたユネスコが，広く提起してきたものであった．1985年のユネスコ国際成人教育会議では，個人の「学習権」が認められるべきであるという立場から，「学習権宣言」を採択した．

「学習権を承認するか否かは，人類にとって，これまでにもまして重要な課題となっている．

学習権とは，読み書きの権利であり，問い続け，深く考える権利であり，想像し，創造する権利であり，自分自身の世界を読み取り，歴史を綴る権利であり，あらゆる教育の手立てを得る権利であり，個人的・集団的力量を発達させる権利である．」[2]

ユネスコの学習権宣言の背景は，貧困，平和，環境など地球

ユネスコ国際成人教育会議

1949年の第1回会議以来ほぼ12年ごとに開催され，2009年にブラジルのベレンで第6回会議が開催された．学校教育を修了した「成人」（adult）を対象にした教育は，学校教育そのものが普及していない開発途上国などでは，経済的自立や社会の発展・安定にとって不可欠であるとして，ユネスコでは，早くからこの面での取り組みを行ってきている．学習権は，成人教育の前提ともいえる生涯学習を保障するための概念である．

人類的な課題の解決には，これらの課題を共有し解決を自ら図ろうとする知識や技能が広く人類に普及せねばならないという理念である．この宣言の中に学習権の1つとして「あらゆる教育の手立てを受ける権利」とあるように，今日では，教育は，個人の学習を生涯にわたって支える，社会的インフラと考えられている．

学習権宣言でいう「学習」は，個人的な趣味・教養を高めるための，カルチャースクールで学ぶような内容を指しているものでない．家庭や学校から社会に巣立った後，職場や地域社会で自立した社会・経済生活を送れる「生きる力」を持つ人間は，国家のライフラインを担う人間であり，自らのセーフティーネットを持つ人間でもある．こうした人間は，変化の激しい社会の中で変化に対応するため生涯学び続ける意欲や態度を持つ人間であり，学校教育の使命は，まさにそうした生涯学習の基礎に深く関わっていることを，理解しておかねばならない．

学習権はまだ理念の段階であり，教育権などのように国民の権利として憲法や教育関係法規で定められてはいないが，その考え方は，世界的に見ても国の教育政策や，教師の授業のあり方にも大きな影響を与えつつある．

（2）カリキュラムの概念
①学校教育の特徴

公教育としての学校教育では，人格すべてにかかわる教育が目標として掲げられている．学校教育は，単に，免許や資格の取得，入試の合格のみを目的とする教育ではないのである．

学校の具体的な教育目標として，「全人教育」（知識・感情・意志のいずれにも偏らない円満な人間の形成を目指す教育），「文武両道」（勉強もスポーツなどの部活動もともにがんばれる生徒の育成）などが掲げられているのも，学校教育に求められる本質を示している．

---

2) 国民教育研究所訳，2009．平成21年版解説教育六法．三省堂，p.131.

学校教育のように，人格的な面を含めて完成された人間を育てようとする教育は，高度に意識的・目的的な行為である．近代社会において，学校は，こうした人格の完成を目指し意識的・目的的な教育を行うために，国家が中心となって成立させた機関である．特に，19世紀の欧米・日本の学校は，国家形成の主体となる「国民」―知的能力・技能等を備え，教会の支配や封建的な社会慣行と決別した人間―を形成する社会装置として，国家的に設立されたものであったといえよう．そして同時に，私立学校の場合は，むしろ国家による画一的な教育に対抗して，独自の教育理念を持ち，その実現を目指す団体・個人が，成立させていった．

　学校は，高度に意図的な教育を実施する機関であるため，当初から，教育活動について，何を（教育内容），いつ（どの学年のどの時期に），どのように（教育方法）行うかのプログラム（教育計画）を持つものとされていた．このプログラムが今日，カリキュラムとか教育課程と呼ばれるものの原型である（カリキュラム（curriculum）という言葉は，元々はヨーロッパ中世の大学で学生が学問を学んでいく上での手順を示す言葉として発生した．それが近代学校制度の成立後，学校が教育を行うための手順，プログラムを指すことに一般化したものである）．

②カリキュラムの考え方

　日本の学校教育の現場では，学校教育課程とカリキュラムは同義語として考えられる場合が多い．しかし，学校教育課程は新年度が始まる前に学校が教育委員会に事前に届け出る教育計画であるが，カリキュラムの概念は，国際的には，計画以外の要素も含んだ，より広いものである．

　数学・理科の国際学力調査を行っているIEAが用いている定義によれば，数学・理科のカリキュラムとは，次の3つの次元のものからなる．

- 意図したカリキュラム（Intended Curriculum）

　国家または教育制度の段階で決定された数学や理科の内容であり，教育政策や法規，国家的な試験の内容，教科書，指導書

教育資源
一般的には，学校外の，教育に役立つものや人を指す．地域の自然環境は理科教育の，史跡や歴史的建造物，特徴ある地形・気候などは社会科教育の資源になる．図書館，博物館，美術館などの社会教育施設，官庁・企業・大学・団体などが教育用に開放している施設，来校して講演・実演・実技指導をしてくれたり，子どもの登下校時の安全パトロールをしてくれる住民の人々，卒業生なども，貴重な教育資源である．

などに示されており，数学や理科の概念，手法，態度などに記述されている．

- **実施したカリキュラム**（Implemented Curriculum）
  教師が解釈して生徒に与える数学や理科の内容であり，実際の指導，教室経営，教育資源の利用，教師の態度や背景などが含まれる．
- **達成したカリキュラム**（Attained Curriculum）
  生徒が学校教育の中で獲得した数学や理科の概念，手法，態度などである．

日本の場合でいえば，意図したカリキュラムは，学習指導要領によって代表され，教師にとっては教科書がそれに当たる．

実施したカリキュラムは，教科書などを前提にして，学校，学級，子どもの状況を勘案し，教師が実際の授業で子どもたちに与える内容である．

達成したカリキュラムは，実施したカリキュラムを通じて，子どもたちが獲得する内容である[3]．

さらに日本の学校教育の現実に即していうと，教育委員会に届け出る計画としての教育課程（学校教育課程）が「意図したカリキュラム」であり，実際に授業や行事を行うために教師が計画・実施したものが「実施したカリキュラム」である．

一方，教育の対象となる生徒たちが，授業評価・行事評価をする際に想起するのは実際の授業・行事内容や自分のそれらへの関わり方であって，教師の計画ではない．こうした実際の教育活動によって生徒にもたらされるものが「達成したカリキュラム」である．

教師自身の授業や行事への評価と生徒の評価が食い違うことがある．これは，カリキュラムは本来計画された1つのものだけではないこと，カリキュラムの次元の違いによって引き起こされたと考えねばならない．実施した教育活動の成果が予想ど

---

[3] 田中耕治, 2005. 今なぜ「教育課程」なのか. 新しい時代の教育課程（田中耕治・水原克敏・三石初雄・西岡加名恵著）. 有斐閣, p.13.

おりだった場合は，その理由を理解しやすい．しかし，予想以上の成果があった場合または失敗した場合などは，何らかの潜在的なカリキュラムが存在したと考えて，それをカリキュラムの中に取り込む（顕在化させる）工夫が必要である．

今日では，学校評価の一環として，学校教育課程の評価とその結果の外部への説明が強く求められている．教育課程の評価というと，プログラムの成否だけに目が向きがちであるが，実際は，子どもに起こったあらゆる変化を結果と見て広く柔軟に捉え，評価を進めねばならない．そのような意味では，カリキュラムという視点で学校教育課程の実施結果を観察・記録・アンケートなどによりできる限り可視化し，次年度に向け，反省的に捉えていく態度が，学校にも教員個人にも必要である．

(3) 学校教育課程

学校教育課程は，教育行政上，次のように説明されている．

「学校において編成する教育課程とは，学校教育の目的や目標を達成するために，教育の内容を生徒の心身の発達に応じ，授業時数との関連において総合的に組織した学校の教育計画である」[4]

学校教育法では，小学校，中学校，高等学校，中等教育学校，特別支援学校の教育課程に関する事項は，同法が定める各学校種の教育の目的，教育の目標の規定に従い，文部科学大臣が定めるとしており，その内容は，学校教育法施行規則にある次の3つである．

- 教育課程を編成する要素（教科（国語，数学等），領域（道徳，特別活動，総合的な学習の時間等））
  （教育課程の作成は，法令上，「教育課程の編成」と呼ばれる）
- 授業時数
- 教育課程の基準（学習指導要領）

戦前の日本の学校教育には教育課程（もちろんカリキュラム

潜在的カリキュラム (hidden curriculum) カリキュラムの意味を広く捉え，学校や教師の目標や意図とは関わりなく，非意図的に子どもたちを方向づける作用を潜在的カリキュラムという．具体的には，子どもが学校や学級生活に適応する過程で，無意識的，結果的に体得している価値観，態度，社会的規範などの文化や行動様式である．子どもは，学校や学級生活における生徒間あるいは教師との相互作用を通じて，学校という特定の集団内での対処の仕方を学んでいく．また，教師が子どものどの面を評価しているかに反応して，特定の行動様式を身につける．そこに，計画的で明示的な顕在的カリキュラムとは異なる潜在的カリキュラムの側面が存在する．潜在的カリキュラムは，人間関係，雰囲気，風土，伝統，会話等を通じて，暗黙のうちに伝達され，受容される．

---

4) 文部科学省，2008. 中学校学習指導要領解説総則編，ぎょうせい，p.9.

も）という言葉はなく，学科課程がそれに当たる．明治20年代頃には，学科課程の管理の仕組みがほぼ完成した．小学校を例に取ると，学科課程編成の基準として小学校教則大綱が文部省令で定められ，それを基に各府県知事が小学校教則を定めた．各学校では，教則をもとに，校長・首席教員が教授細目という形式で学科課程を作成し，一般教員はさらに教授細目に従って教案や教授週録を作成するという仕組みになっていた．教授細目は教科指導の計画であり，今日のように特別活動などの領域は含まれていない．

　届出が必要な，この教授細目が，現在の学校教育課程にほぼ相当した．戦前の小学校では教科書が国定であったため，教授内容や教授の順序も全国一律であり，今日のように学校が教育課程を編成する主体であるという法律的位置づけはなかった．

　敗戦後の教育改革において，教育の国家統制が排除されるとともにアメリカからカリキュラムの概念が伝わってきた．教育のナショナルスタンダードのないアメリカにおいては，学校の教育計画は伝統的に自らが工夫開発するものであり，お手本どおりにどこの学校でも一律に同じ内容の教育活動を行うというものではない．政府は，教育内容の例や教育課程編成の大まかな指針のみを示すとするその方式が，日本にも導入されたのである．

　昭和22年に文部省が発表した学習指導要領（試案）では，学校自身が教育計画を立てることの意義について，戦前の教育への反省を踏まえ，次のように説明している．

　「これまでの教育では，その内容を中央できめると，それをどんなところでも，どんな児童にも一様にあてはめて行こうとした．だからどうしてもいわゆる画一的になって，教育の実際の場での創意や工夫がなされる余地がなかった．このようなことは，教育の実際にいろいろな不合理をもたらし，教育の生気をそぐようなことになった．たとえば，四月のはじめには，どこでも桜の花のことをおしえるようにきめられたために，あるところでは花はとっくに散ってしまったのに，それをおしえなく

てはならないし，あるところではまだつぼみのかたい桜の木をながめながら花のことをおしえなくてはならない，といったようなことさえあった．また都会の児童も，山の中の児童も，そのまわりの状態のちがいなどにおかまいなく同じことを教えられるといった不合理なこともあった．しかもそのようなやり方は，教育の現場で指導にあたる教師の立場を，機械的なものにしてしまって，自分の創意や工夫の力を失わせ，ために教育に生き生きした動きを少なくするようなことになり，時には教師の考えを，あてがわれたことを型どおりにおしえておけばよい，といった気持におとしいれ，ほんとうに生きた指導をしようとする心持を失わせるようなこともあったのである．

　もちろん教育に一定の目標があることは事実である．また一つの骨組みに従って行くことを要求されていることも事実である．しかしそういう目標に達するためには，その骨組みに従いながらも，その地域の社会の特性や，学校の施設の実情やさらに児童の特性に応じて，それぞれの現場でそれらの事情にぴったりした内容を考え，その方法を工夫してこそよく行くのであって，ただあてがわれた型のとおりにやるのでは，かえって目的を達するに遠くなるのである．またそういう工夫があってこそ，生きた教師の働きが求められるのであって，型のとおりにやるのなら教師は機械にすぎない．」[5]

　昭和22年版の学習指導要領では，学校が立案する教育のプログラムのことを「教科課程」と呼んでいた．これは，学校の教育活動を，まだ教科指導のみと捉えていた，戦前の「学科課程」的な教育課程観の反映であった．しかし，昭和26年版学習指導要領では，次のように定義される教育課程という言葉が教科課程に代わって初めて用いられている．

　「教育の実際にとりかかろうとすると，これらの教科をただ児童や生徒にあてがいさえすればよいと考えることはできない．われわれは，児童や生徒の現実の生活やその発達を考えて，ど

---

5) 文部省，1947（昭和22）年．学習指導要領（試案）一般編．

の学年からどの教科を課するのが適当であるかを定めねばならない．そしてまた同一の教科であっても，その内容をどんなふうに学年を追って課するのが適当であるかという考慮も必要になる．また教科以外の教育的に有効な活動，あるいは特別教育活動も，児童や生徒の発達を考えて適切な選択が行われるようにしなければならない．このように児童や生徒がどの学年でどのような教科の学習や教科以外の活動に従事するのが適当であるかを定め，その教科や教科以外の活動の内容や種類を学年的に配当づけたものを教育課程といっている．」[6]

　昭和30年代以降，学習指導要領が文部大臣によって告示されるようになると，日本の学校では，国定の学習指導要領の影響が強まってきた．それを支配的な基準として作成される教育課程（学校教育課程）という言葉も定着してきた．しかし，教育課程という言葉が強調されるほど，その基準である学習指導要領と一体化してイメージされるところが強いので，実施以前のペーパープランの作成に学校の目が向きがちになった．

　教育課程は，本来は，毎年教育活動を継続する学校が，次年度に向けての改善を図るために，実際に子どもの学習活動を成立させ，子どもが全人的な成長を果たすため機能的に働いている教育内容でなければならない[7]．その意味では，計画よりも「開発」につながる視点や要素を持って作成されなければならないとされている．

　カリキュラムは，前述した3層のカリキュラム概念や，顕在的なカリキュラムと潜在的カリキュラムの双方を含むなど広い概念なので，学校において子どもが持つすべての教育的な経験を対象化すべきである．学校教育課程を，今後一層，教育活動の改善に役立つ機能的なプログラムとしていくためにも，カリキュラムの多角的・多層的概念の視点を踏まえていくことが必要である．

---

6) 文部省，1951（昭和26）年．学習指導要領（試案）一般編．
7) 山口満，2001．カリキュラム開発の今日的課題と方法．現代カリキュラム研究（山口満編著）学文社，pp.12-13.

3. 学校教育課程と学習指導要領

(1) 学校教育課程の実際（内容と構造）：東京都立高等学校を例に

学校教育課程は，学校の教育目標を達成するために，学年・学期・月などごとに教科，領域などの教育活動をどのように進めていくかの1年間の予定を学校が定めた計画である（領域は本来，教育課程における枠組みを示す概念なので教科も含まれる[8]．一般的には，特別活動や道徳など教科以外の活動を指して使われることが多いので，ここではその意味で使うこととする）．

地方自治体では，各学校がこの計画を学校の監督庁に届け出るよう規則等で定めている．届出先は，公立の小・中学校では区市町村の教育委員会，公立の高等学校は都道府県の教育委員会，私立学校の場合は教育委員会ではなく都道府県の知事（実際は知事部局の私立行政担当の部署）である．

届け出された教育課程は，学校の公約とも言うべきものである．東京都立学校の教育課程届けを例にして，学校教育課程に具体的に何が求められているか，以下，その内容と構造を見てみたい．

都立学校の監督庁である東京都教育委員会が定める「都立学校の管理運営に関する規則」においては，教育課程の届出に関し次のように定めている[9]．

第13条（教育課程の編成）

学校は，法にかかげる教育目標を達成するために，適正な教育課程を編成するものとする．

第14条（教育課程編成の基準）

学校が，教育課程を編成するに当たっては，学習指導要領及び委員会が別に定める基準による．

---

8) 田中耕治，2005．教育課程の思想と構造．田中・水原・三石・西原，前掲，p.143．教育課程における領域について，3つの定義により説明している．
9) 東京都教育例規集．東京都教育委員会のサイトから閲覧できる．

第15条（教育課程の届出）

校長は，翌年度において実施する教育課程について，次の事項を毎年3月末日までに，委員会に届け出なければならない．
1　教育の目標
2　指導の重点
3　学年別各教科・科目及び各教科以外の教育活動の時間配当
4　年間行事計画

第15条の2（年間授業計画等の作成）

学校は，年間授業計画（年度ごとの各教科・科目及び各教科以外の教育活動に係る学年別の指導計画をいう．）を，委員会が別に定めるところにより作成するものとする．
2　学校は年間授業計画に配慮して，週ごとの指導計画を作成するものとする

①各学校の教育目標

東京都立学校の例では，教育目標に関する届けは，次のような項目からなっている．

平成○○年度教育課程について（届）

このことについて，東京都立学校の管理運営に関する規則第15条に基づき，下記のとおりお届けします．

記

1　教　育　目　標
　（1）学校の教育目標
　（2）学校の教育目標を達成するための基本方針

2　指　導　の　重　点
　（1）各教科・科目の指導
　（2）特別活動の指導
　（3）生活指導
　（4）進路指導
　（5）総合的な学習の時間

3　教育目標達成のための特色ある教育活動等
　（1）教育目標達成のための特色ある教育活動
　（2）学校週5日制への対応

学校がどのような目標を持って教育活動を行うかは，学校が様々な要素を勘案して決めなければならないことであるが，決定に当たり日本の公教育を行う学校が等しく踏まえねばならないものは，次のような憲法・教育法令の規定である．

学校教育の目的に関する法令
日本国憲法　　第26条 2（普通教育）
教育基本法　　第1条（教育の目的）　第5条（普通教育）
学校教育法　　第29・45条（義務教育として行われる普通教育－
　　　　　　　　　　　　小・中学校）
　　　　　　　第50条（高度な普通教育・専門教育－高等学校）
　　　　　　　第72条（小・中・高等学校に準ずる教育と障害による学習上・生活上の困難を克服し自立を図るために必要な知識技能の教授－特別支援学校）

学校教育の目標に関する法令
学校教育法　　第21条（義務教育の目標－小・中学校）
　　　　　　　第51条（高等学校教育の目標）
(特別支援学校については，幼・小・中・高等学校に準ずる教育をするものとし，学校教育法には教育の目標に関する規定はない)
　　　↓　　　　　　　　　　　　　　　　↓
各自治体の教育の目標（教育委員会が制定）　↓
　　　↓　　　　　　　　　　　　　　　　↓
各公立学校の教育目標　　　　　　各私立学校が定める
　　　　　　　　　　　　　　　　　教育の目標

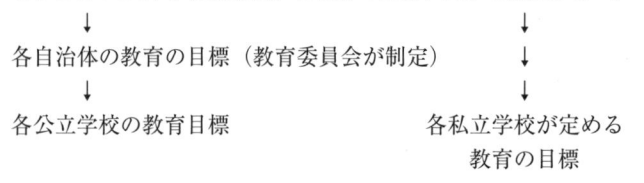

　目標は目的を実現する上での，具体的な手立てを述べたものである．教育に関する大きな目的は教育基本法や学校教育法などに規定されているので，各学校が考えねばならないのは「教育の目標」である．ただし，学校教育課程を編成する上での教育目標とは，学校や学級に掲げられる標語としての教育目標とは性格が異なるものである．
　標語としての教育目標は，その学校・学級の教育の向かうべき方向を一言でわかりやすく示したものである（例えば「自主自立」など）．一方，学校教育課程で届け出る目標は，その学校の教育に具体的に期待・要求され，学校の持つ人的・物的な教

育資源の現状から見て実現可能な事項であり，かつ，単年度での評価が可能なものでなければならない[10]．

学校への教育要求，入学する子どもたちの学力・行動様式，教職員の構成は，毎年変化している．学習指導要領の改訂，教育委員会の重点施策などの変化も考慮せねばならない外部条件である．これらの事情を考えれば，教育課程編成上の目標を長期間変えないことはあり得ないといえる．少なくとも2〜3年に1度は根本的に見直し，新たな状況に対応できる目標に改めるべきである．

教育の目標を，このように時限目標として捉えた上で，より細かく，教科・領域や，生徒指導，進路指導などの別に年次目標として「指導の重点」を決定する．

②学年別各教科・科目及び各教科以外の教育活動の時間配当

都立高等学校全日制課程の例で，学年別各教科・科目及び各教科以外の教育活動の時間配当についての届けの様式を見ると，80〜81頁の表3−2のようなものである．次年度に開設が予定される教科・科目，総合的な学習の時間，特別活動の週当たりの授業時数を，学年ごとに表として作成するものである（参考として中学校の様式例も82頁の表3−3で示した）．

高等学校の例なので，普通科高校でも，商業，工業等の専門高校でも科目数が多いが，表にある科目の大半は学習指導要領に記載されている科目である．学校独自に設定できる教科や科目を加えることもある．また，少人数授業や習熟度別の授業を行う場合にも，この表に記載することになる．ただし，それらは教育委員会と事前相談し認められた上で，届け出ることができるものが多い．

どの学校も生徒の要望に応えて多様な科目を設置することや，少人数クラス編成によるきめ細かい授業を実施することを

> **少人数授業・習熟度別授業**
> 少人数の学習集団による学習指導，習熟度に応じた学習集団編成による学習指導．いずれも児童生徒の理解力・習熟の程度，技能，興味・関心に応じた，きめ細かい指導が可能となる．例えば，英会話の授業を1クラス2展開，2クラス3展開などして，教師と生徒のコミュニケーションを取りやすい規模にするのは少人数授業（指導内容は同じ）．数学の授業の学習集団を生徒の希望や習熟の程度に応じて編成し，異なる内容で指導するのが習熟度別授業．習熟度別授業では3クラス3展開など教員の数を増やさずに実施する場合もあるが，教員を増やし2クラス3展開のような教師1人が担当する生徒数を少なくした習熟度別少人数授業として実施する方が効果は上がりやすい．

---

10) 田中統治，2009．カリキュラム評価の必要性と意義．カリキュラム評価入門（田中統治・根津朋美編著），勁草書房，p. 20．

表3-2　各教科, 科目, 特別活動及び総合的な学習の時間の週当たりの授業時数配当表

| 学校名 | 東京都立　　　　高等学校 | 課程 | 全日制 | 科コース | | （平成　年度入学生）学年：（　）学級数：（　） |

各教科・科目		学年類型必履修・選択	標準単位数	1学年		2学年		3学年			※科目ごとの履修単位総数
				必履修	学校必履修	必履修	学校必履修	必履修	学校必履修	自由選択	
国語	国　語　総　合		4								
	国　語　表　現		3								
	現　代　文　A		2								
	現　代　文　B		4								
	古　　典　　A		2								
	古　　典　　B		4								
地理歴史	世　界　史　A		2								
	世　界　史　B		4								
	日　本　史　A		2								
	日　本　史　B		4								
	地　　理　　A		2								
	地　　理　　B		4								
公民	現　代　社　会		2								
	倫　　　　　理		2								
	政　治・経　済		2								
数学	数　　学　　Ⅰ		3								
	数　　学　　Ⅱ		4								
	数　　学　　Ⅲ		5								
	数　　学　　A		2								
	数　　学　　B		2								
	数　学　活　用		2								
理科	科学と人間生活		2								
	物　理　基　礎		2								
	物　　　　　理		4								
	化　学　基　礎		2								
	化　　　　　学		4								
	生　物　基　礎		2								
	生　　　　　物		4								
	地　学　基　礎		2								
	地　　　　　学		4								
	理　科　課　題　研　究		1								
保健体育	体　　　　　育		7〜8								
	保　　　　　健		2								
芸術	音　　楽　　Ⅰ		2								
	音　　楽　　Ⅱ		2								
	音　　楽　　Ⅲ		2								
	美　　術　　Ⅰ		2								
	美　　術　　Ⅱ		2								
	美　　術　　Ⅲ		2								
	工　　芸　　Ⅰ		2								
	工　　芸　　Ⅱ		2								
	工　　芸　　Ⅲ		2								
	書　　道　　Ⅰ		2								
	書　　道　　Ⅱ		2								
	書　　道　　Ⅲ		2								

学校名	東京都立　　　　高等学校		課程	全日制		科コース			（平成　年度入学生）学年：（　）学級数：（　）	

各教科・科目	学　年類　型必履修・選択	標準単位数	1学年		2学年		3学年			※科目ごとの履修単位総数
			必履修	学校必履修	必履修	学校必履修	必履修	学校必履修	自由選択	
外国語	コミュニケーション英語基礎	2								
	コミュニケーション英語Ⅰ	3								
	コミュニケーション英語Ⅱ	4								
	コミュニケーション英語Ⅲ	4								
	英　語　表　現　Ⅰ	2								
	英　語　表　現　Ⅱ	4								
	英　語　会　話	2								
家庭	家　庭　基　礎	2								
	家　庭　総　合	4								
	生 活 デ ザ イ ン	4								
情報	社　会　と　情　報	2								
	情　報　の　科　学	2								
地理歴史	江戸から東京へ	1～2								
奉仕	奉　　　　　　仕	1								
普通教科・科目単位数計										
(多数の空白行)										
専門教科・科目単位数計										
総合的な学習の時間										
ホームルーム活動										
生徒一人当たりの履修単位数計										
習熟度別授業少人数指導授業										
備　　　　考										

表3-3 中学校の授業時間数配当表の例（神奈川県○○市立中学校）

区分		学年	1	2	3
各教科及び道徳等の学年別授業時数	教科	国　語			
		社　会			
		数　学			
		理　科			
		音　楽			
		美　術			
		保健体育			
		技術・家庭			
		外国語			
	道　徳				
	選択教科				
	総合的な学習の時間				
	小　計				
選択教科及び授業時数	種類	学年	1	2	3
	学級活動				
	生徒会活動				
	学校行事				
	（小　計）				
合　計					

願っている．これらを実施する場合，教員の配当数や学校予算が増加しない限り，教員の授業時間数増加や教科が教材購入する予算がないままで授業を行われねばならなくなる．つまり学校教育課程とは，単に学校の教育計画にとどまらず，教育委員会が次年度に学校に配置する人員数（数学教員○人，英語教員△人など）や，予算配付の根拠にもなる計画である．それだけに，「学校が編成する」となっていても，学校がフリーハンドで編成することは事実上ありえないと言ってよい．

予算や人員の増加，教科ごとの教員数の変更（例えば理数を重視した教育課程にしたいので理科・数学の教員を増員してほしい）などの要望は，教育課程を届けるまでに，教育委員会に理由を説明する資料などを用意し，事前相談が必要である．教員（主に教務部所属の教員）には，教育委員会に向けてのこうした資料作成や説明の仕事もある．

③年間行事計画

都立高等学校の例で，学校の年間行事計画の届けの様式を見ると，84～85頁の表3-4のとおりである．

行事計画の名称のとおり，生徒全員または学年全員を対象とする，儀式的行事，文化的行事，健康安全・体育的行事，旅行・集団宿泊的行事，勤労生産・奉仕的行事などを記載し届け出る．

欄外に学年別の授業日数を記入するが，これは年間総日数の中で休業日（夏季・冬季・春季の休業日や，土・日曜日，国民の祝日，開校記念日など）を除いて，実際に授業（行事も授業に含まれる）が行われる日数である．

「学年別各教科・科目及び各教科以外の教育活動の時間配当」（表3-2）の届けが，学校が「どのような教育活動をしているか」を示すものだとしたら，年間行事計画（表3-4）は「どれだけの教育活動をしているか」を示すものといえる．

高等学校学習指導要領には，1単位は1単位時間（50分）の授業を35回分（すなわち1750分）受けることを標準とするように定めている（小・中学校の場合には，学校教育法施行規則で定めている学年別，教科・領域別の標準授業時間数）．

これらの授業時間に関する基準を守ること（授業時間を確保すること）は，先の②の「学年別各教科・科目及び各教科以外の教育活動の時間配当」の届けの内容を守ることと並んで，いわば学校が児童生徒・保護者に果たすべき公約であり，学校教育では最も重視されねばならない事柄の1つである．

平成18（2006）年に高等学校の世界史未履修問題が発覚したことを契機に全国的に行われた調査では，中学校や高等学校

表3-4　年間行事計画及び年間授業日数（2013年度）

学校名	東京都立　　　　　高等学校	課　程		科コース	

(1) 年間行事計画

月日	4 曜	行　事	5 曜	行　事	6 曜	行　事	7 曜	行　事	8 曜	行　事	9 曜	行　事
1	月		水		土		月		木		日	
2	火		木		日		火		金		月	
3	水		金	憲法記念日	月		水		土		火	
4	木		土	みどりの日	火		木		日		水	
5	金	春季休業日終	日	こどもの日	水		金		月		木	
6	土		月	休日	木		土		火		金	
7	日		火		金		日		水		土	
8	月		水		土		月		木		日	
9	火		木		日		火		金		月	
10	水		金		月		水		土		火	
11	木		土		火		木		日		水	
12	金		日		水		金		月		木	
13	土		月		木		土		火		金	
14	日		火		金		日		水		土	
15	月		水		土		月	海の日	木		日	
16	火		木		日		火		金		月	敬老の日
17	水		金		月		水		土		火	
18	木		土		火		木		日		水	
19	金		日		水		金		月		木	
20	土		月		木		土		火		金	
21	日		火		金		日	夏季休業日始	水		土	
22	月		水		土		月		木		日	
23	火		木		日		火		金		月	秋分の日
24	水		金		月		水		土		火	
25	木		土		火		木		日		水	
26	金		日		水		金		月		木	
27	土		月		木		土		火		金	
28	日		火		金		日		水		土	
29	月	昭和の日	水		土		月		木		日	
30	火		木		日		火		金		月	
31			金				水		土	夏季休業日終		
備考												

(2) 年間授業日数

学　年	1	2	3	4
授業日数				

学校名	東京都立　　　　高等学校	課　程		科 コース	

月 日	10 曜	行　事	11 曜	行　事	12 曜	行　事	1 曜	行　事	2 曜	行　事	3 曜	行　事
1	火	都民の日	金		日		水	元日	土		土	
2	水		土	東京都教育の日	月		木		日		日	
3	木		日	文化の日	火		金		月		月	
4	金		月	休日	水		土		火		火	
5	土		火		木		日		水		水	
6	日		水		金		月		木		木	
7	月		木		土		火	冬季休業日終	金		金	
8	火		金		日		水		土		土	
9	水		土		月		木		日		日	
10	木		日		火		金		月		月	
11	金		月		水		土		火	建国記念の日	火	
12	土		火		木		日		水		水	
13	日		水		金		月	成人の日	木		木	
14	月	体育の日	木		土		火		金		金	
15	火		金		日		水		土		土	
16	水		土		月		木		日		日	
17	木		日		火		金		月		月	
18	金		月		水		土		火		火	
19	土		火		木		日		水		水	
20	日		水		金		月		木		木	
21	月		木		土		火		金		金	春分の日
22	火		金		日		水		土		土	
23	水		土	勤労感謝の日	月	天皇誕生日	木		日		日	
24	木		日		火		金		月		月	
25	金		月		水		土		火		火	
26	土		火		木	冬季休業日始	日		水		水	春季休業日始
27	日		水		金		月		木		木	
28	月		木		土		火		金		金	
29	火		金		日		水				土	
30	水		土		月		木				日	
31	木				火		金				月	
備考												

(3) 特記事項

で，こうした科目未履修や履修時間不足の事案が少なくないことが判明した．このような事態が起きた背景の1つには，平成14（2002）年から実施された学校週5日制による授業時数の縮減があるといわれている．

履修単位数の標準（高校）や標準授業時間数（小中）が縮減されても，児童生徒の学力向上のためには教科の授業時間は1時間も疎かにできないと考える教員は多い．

一方，教科の授業確保のため，「精選」の名のもとに，とかく削減の対象になりがちなのは，学校行事である．しかし，学校行事で子どもたちが活躍することは，学校活性化の源であり，保護者・地域住民からも期待されていることである．

こうした事情を背景として，各学校では，年間行事計画の作成・届出に当たり，時間割（正式には週時程表といわれる）の特定曜日の7時間目設置，50分の6コマ授業から45分授業の7コマ授業実施，夏休みなどの長期休業期間を短縮して授業日数を減らさない工夫，2学期制にして定期考査期間を1回分減らすなど，学校週5日制導入以来，様々な努力をしている．また，最近では「土曜授業」も様々な名目で認められるようになった．

④年間授業計画・週ごとの指導計画

年間授業計画（年度ごとの各教科・科目及び各教科以外の教育活動にかかる学年別の指導計画）は，どの学校においても，必ず学校教育課程の一環として作成されるものである．東京都立学校の場合は，いずれも各学校が様式を定めて作成することになっているので，届けを要するものではない．

週ごとの指導計画は，週案とも呼ばれ，各教師が週ごとに立てる授業の進度表である．授業が年間授業計画に即して進行しているか，教師が自己点検するための資料にもなるものである（届けないが作成する必要があるものとされている）．

最後に，学校教育課程の届けは，「報告」であって，承認許可を受けねばならないものではない．しかし，公立学校の場合は，学習指導要領や教育委員会が定める基準などに照らして誤りがないかなどのチェックを受けることになり，訂正を求められる

こともある.

　私立学校の場合は，届け出を受理する私学行政担当の部署に教育課程・学習指導等に関する専門職員である指導主事は配置されておらず，一般の行政職員は学習指導要領等に則しての内容的な精査をすることはほとんどない.

　なお，年度開始前に届け出た教育課程については，当該年度の教育活動が開始されてから突発的な事情等が生じない限り，変更することはできない．事情があって校長の責任で変更する場合にも，教育委員会（私立学校の場合は私学行政担当の部署）への変更届は必要である．

（2）学習指導要領の内容と構成

　学習指導要領は校種別に定められている．目次を比較したものが88頁の表3-5である．各校種の学習指導要領の内容は，総則，各教科，領域（特別活動，総合的な学習の時間，道徳（小・中学校），外国語活動（小学校））などからなるが，記述の分量では，どの校種でも「各教科」の「内容」部分が大半を占めている．

　「内容」は，大項目（(1)(2)……で記述される項目），中項目（アイ……で記述される項目），小項目（(ア)(イ)……で記述される項目）の3層から構成されている．

　学習指導要領は，1947（昭和22）年に初めて発表されて以来何度もの改訂を繰り返し，教科・領域の指導内容について，小・中・高等学校を通じた系統性と，各教科や領域相互間の関連性・構造性を考慮した，精緻な指導基準として，国際的にも高く評価されている．

　学習指導要領「各教科」の「内容」の項目は，学習指導要領に準拠する教科書が作成される場合，教科書の単元の基になっており，学習指導要領全体は，教科書検定の基準ともなっている．加えて，検定を受けて刊行される教科書は，高等学校・大学等の入試問題出題で最も重視される資料となっている．こうした社会的影響から見ても，学習指導要領は，日本の学校教育における教育内容の中核を構成しているといえる．

表3-5　学習指導要領の校種別の構成

(小・中学校は平成29（2017）年改訂告示，高等学校は平成30（2018）年改訂告示，特別支援学校は平成29（2017）年と平成31（2019）年に改訂告示)

小学校	中学校	高等学校	特別支援学校 小学部・中学部	特別支援学校高等部
第1章　総則	第1章　総則	第1章　総則	第1章　総則	第1章　総則
第2章　各教科	第2章　各教科	第2章　各学科に共通する各教科	第1節　教育目標	第1節　教育目標
第1節　国語	第1節　国語		第2節　小学部及び中学部における教育の基本と教育課程の役割	第2節　教育課程の編成
第2節　社会	第2節　社会	第1節　国語		
第3節　算数	第3節　数学	第2節　地理歴史		
第4節　理科	第4節　理科	第3節　公民	第3節　教育課程の編成	第2章　各教科
第5節　生活	第5節　音楽	第4節　数学		第1節　視覚障害者，聴覚障害者，肢体不自由者又は病弱者である生徒に対する教育を行う特別支援学校
第6節　音楽	第6節　美術	第5節　理科	第4節　教育課程の実施と学習評価	
第7節　図画工作	第7節　保健体育	第6節　保健体育		
第8節　家庭	第8節　技術・家庭	第7節　芸術	第5節　児童又は生徒の調和的な発達の支援	
第9節　体育	第9節　外国語	第8節　外国語		第2節　知的障害者である生徒に対する教育を行う特別支援学校
第3章　道徳	第3章　特別の教科 道徳	第9節　家庭	第6節　学校運営上の留意事項	
第4章　外国語活動	第4章　総合的な学習の時間	第10節　情報		
第5章　総合的な学習の時間	第5章　特別活動	第11節　理数	第7節　道徳教育に関する配慮事項	第3章　特別の教科 道徳（知的障害者である生徒に対する教育を行う特別支援学校）
第6章　特別活動		第3章　主として専門学科において開設される各教科		
		第1節　農業	第8節　重複障害者等に関する教育課程の取扱い	
		第2節　工業		
		第3節　商業		
		第4節　水産	第2章　各教科	第4章　総合的な探究の時間
		第5節　家庭	第1節　小学部	
		第6節　看護	第2節　中学部	第5章　特別活動
		第7節　情報		第6章　自立活動
		第8節　福祉	第3章　特別の教科 道徳	
		第9節　理数		
		第10節　体育	第4章　外国語活動	
		第11節　音楽	第5章　総合的な学習の時間	
		第12節　美術	第6章　特別活動	
		第13節　英語	第7章　自立活動	
		第4章　総合的な探究の時間		
		第5章　特別活動		

（3）学習指導要領の基準性問題：学力低下論争と平成15年の学習指導要領一部改正

　学習指導要領が学校教育課程を管理指導する行政の根本基準となっているだけに，学習指導要領の法的拘束性や基準性については，古くから議論があり，裁判などで争われたこともあっ

た．そうした経過を経て，現在では，学習指導要領は国が「教育内容の大綱的基準」を示したものとする解釈が一般化している．

この基準性は，教育内容の上限だと学校現場では長らく捉えられていたが，21世紀初めに文部科学省は「最低基準」であるということを明確にした．その背景になったのは，学力低下論である．

学習指導要領が示す教育内容の中には，それまで「歯止め規定」と呼ばれるものがあった．例えば平成10（1998）年版小学校学習指導要領は6年の算数の「内容の取扱い」で「展開図，立面図及び平面図は取り扱わないものとする」と規定していた．

文部科学省は歯止め規定について，「全員に教える必要がない事項」と説明してきたが，教育現場では長い間，「教えてはならない事項（学習指導要領を逸脱した事項）」と受け止め，ひいては学習指導要領全体を教える内容の上限と見なす考え方が強かった．また，文部科学省も教育現場のこうした考え方を，積極的に否定するような指導は行わなかった．

平成14年度からの学校週5日制導入に対応する小・中・高等学校の学習指導要領が告示された1998・99年以降，「ゆとり教育や薄い教科書が子どもの学力を低下させる」「漢字が読めない，計算ができない大学生」という，学力低下論がマスコミをにぎわすようになった．学習指導要領批判の強さに，文部科学省は新しい学習指導要領が全面実施される2002（平成14）年に「学びのすすめ」と呼ばれるアピールを発表し，翌2003（平成15）年には，極めて異例であったが実施されたばかりの学習指導要領の一部改正を実施した．この時「歯止め規定」の根拠になっていた記述も削除された．

「学習指導要領は最低基準」なので，余裕のある子どもにはより発展的な教育内容の学習指導を，理解の遅れる子どもには「最低基準」の内容が習得できる補充的な学習指導をといった，個に応じたきめ細かい学習指導を行うことが方向づけられた．

このような政策の変化により，義務教育段階の中学校でも「理解や習熟に応じた指導」，いわゆる習熟度別少人数授業が予算的

支援もあって広く普及した．個に応じた指導それ自体はもちろん評価されることであるが，義務教育段階での学力格差の拡大にならないよう，低学力層の底上げを推進する必要があることも強く主張されている．

また，この変化で特に注目されるのは，高等学校で義務教育段階の学習内容定着を図る指導が公認されたことである．平成21（2009）年告示の高等学校学習指導要領第1章総則第5款「教育課程の編成・実施に当たって配慮すべき事項」に初めて「(3) 義務教育段階での学習内容の確実な定着を図る工夫」が規定された．本来は高等学校段階での学習内容などを示す高等学校学習指導要領が，学校・生徒の実態に応じて義務教育段階での学習内容定着を目的とする学校設定科目等を認めることを示したものである．

4. 学習指導要領の改訂

(1) 学習指導要領の変遷

1947（昭和22）年に最初の学習指導要領が試案として文部省から発表されて以来，2018（平成30）年まで，小学校，中学校，高等学校，特別支援学校（前身の盲・聾・養護学校も含めて）の学習指導要領は8回の全面改訂がなされてきた．

学習指導要領は，教育内容の基準であることから，国家・社会の学校教育に対する要求を反映し，ほぼ10年に1回のペースでの改訂が重ねられてきた[11]．（学習指導要領の変遷の概要は，巻末資料272頁の⑨参照）

また，これまでの学習指導要領の改訂による教育内容の変化

---

11) 国立教育政策研究所の学習指導要領データベースインデックスに，全校種の，最初の学習指導要領から平成20年度改訂告示の学習指導要領までの全文がデータベース化されている．
http://www.nicer.go.jp/guideline/
参考文献　小林　恵，2020.「学習指導要領」の現在．学文社．

小中学習指導要領の改訂年	学習指導要領に見る学力観の変化と背景	改訂による教育内容等の変化
2017（平成29）	◆主体的・対話的で深い学び，アクティブ・ラーニング	⑧特別の教科 道徳（道徳の教科化）総合的な探究の時間（高等学校）
2008（平成20）	◆授業日数・授業時数の増加	⑦PISA型学力，基礎基本の習得と活用・探究，言語活動の重視
2003（平成15）	◆文部科学省「学びのすすめ」（学力低下論に基づく学習指導要領批判）	学習指導要領一部改正「確かな学力」を強調
1998（平成10）	◆生きる力，総合的な学習の時間導入，選択教科増加	⑥ゆとり教育（学習内容3割縮減），学校週5日制，絶対評価重視，発展的な学習，習熟度別学習の推進
1989（平成元）	◆臨教審答申の個性重視の教育，新学力観（関心・意欲・態度や思考力・判断力の育成），文化と伝統の尊重，国際理解教育推進（自立と国際化）	⑤生活科新設（小学校低学年の理社廃止），高校社会の地歴科・公民科への再編，世界史必修
1977（昭和52）	◆ゆとりと充実した学校生活，知・徳・体の調和，豊かな人間性，基礎基本の重視（石油危機以降の低経済成長）	④ゆとりと充実，教育内容精選，授業時数縮減，学校裁量のゆとりの時間設定
1968（昭和43）	◆調和と統一ある人間形成，教育の現代化（スプートニク・ショック，過度の受験競争による人間形成のゆがみ）	③道徳教育と体育の重視，数学・理科の教育内容改善，学校行事の重視
1958（昭和33）	経験主義（具体的事物や子どもの生活体験に即した問題解決法の学習を重視） ◆経験主義から系統主義への転換（基礎学力育成重視），法的拘束力を持つ学習指導要領，科学技術教育の重視（高度経済成長，基礎学力低下批判） 系統主義（学問・知識の体系に即した教育内容が中心）	②学問的系統性を重視した教育内容，道徳の時間の新設，進路に応じた教育（中高）
1951（昭和26）	◆教科構成の整理（学習指導要領は教師の手引きの位置付け）	①教科を4つの経験領域で表示（基礎教科（国・算），社会自然教科（社・理），創造的活動（音・図・家），健康保持教科（体育）），自由研究の廃止と特別教育の新設
1947（昭和22）	◆日本社会の民主化推進のため教育の民主化を推進（経験主義教育，修身の廃止など）	社会科・家庭科・自由研究の新設，問題解決学習，生活単元の例示

図3-1　学習指導要領の変遷と教育内容の変化
（原清治編著，2005，『学校教育課程論』，学文社，p.5をもとに作成）

を概観したものが，91頁の図3-1である．

　図3-1を見ると，経験主義の学習観から始まった学習指導要領は，その後，学問に接続する教科の系統性を重視した系統主義の学習観に徐々に向かう．しかしさらにその後，いわゆるゆとり路線のもとで総合的な学習の時間が設けられると体験活動などが重視され，初期の学習指導要領の学習観に近づいた．

　2008（平成20）年の学習指導要領改訂では，一転して基礎基本の習得重視や発展的学習の許容，授業時数等の増加などから，系統主義的な学習観に戻ったようにも見える．

　しかし，近年の学習指導要領改訂で強調されている教科等の授業における活用型学習重視，主体的・対話的で深い学び，アクティブ・ラーニングの視点からの授業改善，総合的な学習の探究学習としての性格付けの明確化（高等学校では総合的な学習の時間から総合的な探究の時間への名称変更）などの目指すところは，決して過去の知識重視の学習に戻ろうとしているわけではない．

　学習指導要領の改訂は，教育内容の変更や，それに伴う教科書の改訂などに反映するので，教員の日々の教育活動に大きな影響を及ぼす．しかし，なぜそのような変更が行われるか，現場では深く考えられる余裕がない．自分たちの知らないところでカリキュラムの基準が定期的に変更されているという受け止め方になってしまいがちである．直近の改訂である平成29（2017）年改訂に当たって出された中央教育審議会の審議報告では，「社会に開かれた教育課程」という改訂のねらいをうたっている．

　また，学習指導要領等が子どもたちと教職員だけではなく，家庭・地域，民間企業なども含めた関係者に幅広く共有されることで，多様で質の高い学びを引き出すことができるとして，「学びの地図」の役割を果たせることを目指すとしている．

　学校の教育活動を保護者・地域・同窓生などに支えてもらう際の学校の理論的な後ろ盾として，教員にも学習指導要領への深い理解が今後ますます必要になってくると思われる．

リテラシー（literacy）本来は「読み書きの能力」を指すが，転じて特定分野に関する使いこなせる知識や能力を指す語としても使用されるようになった．PISAの調査項目となったリテラシーは，95頁注13．

(2) 学力問題と学習指導要領の改訂：リテラシーの重視へ
①学力問題を契機とした3回の改訂

　学習指導要領の改訂には，学力問題が背景となって引き起こされたものが戦後3回ある．

　第1回目は，学習指導要領が初めて教育課程行政に導入された後，その経験主義的な新しい教育内容が子どもの学力を低下させたという批判である．当時の文部省対日教組の政治的対立も背景となったが，系統主義的な教育内容を復活させる1958（昭和33）年の第2次改訂を生んだ．

　第2回目は，高校進学率が90％を超えるような中等教育の普及のもとで「落ちこぼれ」「受験競争の過熱」が指摘される1970年代半ばの時期である．

　1977（昭和52）・1978（昭和53）年の第4次改訂で小・中学校に「ゆとりの時間」，高等学校に習熟度別学級編成が導入された．「ゆとりの時間」は，それまでの「学問中心主義カリキュラム」を教科の学習内容・授業時数を縮減し，教科指導を行わず学校裁量で教育内容を決定する活動であった．学習内容・授業時数を縮減する「ゆとり路線」は，その後の臨時教育審議会による教育改革にも継承され，学校週5日制導入に対応した1998（平成10）年（小・中学校）・1999（平成11）年（高等学校）の学習指導要領改訂にさらにつながっていった．

　第3回目は1999（平成11）年から火がついた学力低下論争が，このゆとり路線を激しく批判した[12]ことや，国際学力調査PISAの結果で日本の子どもの学力低下が検証された「PISAショック」が背景となった2003（平成15）年改訂，2008（平成20）年改訂である．

②PISAショックと新しい学力観

　学習指導要領の改訂にかかわる議論が，客観的根拠に基づいていないという批判は，学力低下論争が起きたとき，教育学者

---

12) 田中耕治, 2008. 学力と評価の新しい考え方，新しい学力テストを読み解く（田中耕治編著）. 日本標準, 13p.

から出された有力な批判であった．

　欧米各国では，1980年代からの教育改革の中で，日本のゆとり路線とは逆に，それまで定められていなかった教育内容のスタンダード（基準）を州や国が定め，それらに基づくカリキュラムが学校によって適切に実施され効果をあげているかを測る学力調査（成績をつけるためのテストではなく調査である）が併せて実施されるようになった（巻末資料270〜271頁，⑧参照）．

　日本では，1956（昭和31）年から1966（昭和41）年にかけて全国一斉学力調査を実施し，特に1961（昭和36）年から中学2・3年生を対象にした全国学力調査を実施した．この調査の実施を教員組合が阻止しようとして教員が訴追され，裁判も行われた．当時の文部省は，こうした反対運動もあり，調査の目的を達成したとして1966年を最後に全国一斉の学力調査を行わなくなった．その後，日本の子どもの学力実態を継続的に把握しその変化を分析するためのデータは蓄積されなくなった．21世紀初めの学力低下論争の中でも，論争自体が客観的な学力動向のデータに基づいて行われていないことが批判されるようになった．

　他方で，日本の子どもの学力問題には，PISA（Program for International Student Assessment：生徒の学習到達度調査国際学力テスト）[13]やTIMSS（Trends in International Mathematics and Science Study：国際数学・理科教育動向調査）[14]などの国際学力調査の結果からも一石が投じられた．

　日本はこれらの学力調査において2003年，2006年と連続して多くの分野で順位を下げていた．これはPISAショックと呼ばれ，とりわけ2002年から実施された新しい教育課程，いわゆる「ゆとり教育」に原因があるのではないかとマスコミなどで問題視された．

　国際学力調査の結果について，中央教育審議会は次のように分析し課題解決の必要を文部科学省に提言した．
- 全体としては国際的に上位にあるが，読解力や記述式問題に課題がある．

・読解力の調査では前回調査（2002年）に比較し成績中位層が減り，低位層が増えるなど成績分布の分散が拡大した．

　これらの要因として，国際比較において，日本の子どもの読解力や記述式問題の無答率が高いことがあげられた．これは学力の重要な要素である学習意欲や粘り強く課題に取り組む態度自体に個人差が広がっていることを示していると分析された[15]．

③「学力の3要素」に基づく「確かな学力」の育成

　文部科学省は国際学力調査で示された日本の子どもたちの学力状況への批判に応え，新たな学習指導の指針を立てるために，21世紀に入ってから大規模な学力調査を実施するようになった．（96頁，図3-2）

　まず，従来から行っている「教育課程実施状況調査」（学習指導要領の目標・内容に照らした学習の実施状況を，問題ごとの設定通過率との比較から判断しようとする学力調査）を，2002（平成14）年1～2月に小学5年生から中学3年生まで主要5

13）＊PISA　OECD（経済協力開発機構）が義務教育修了段階（15歳）の生徒（日本では高校1年生）の学習到達度を評価するため実施した調査．平成15（2003）年の調査は41カ国で，4つの調査項目で実施された．
　読解力（読解リテラシー）：自らの目標を達成し，自らの知識と可能性を発達させ，効果的に社会に参加するために，書かれたテキストを理解し，利用し，熟考する能力
　数学的リテラシー：数学が世界で果たす役割を見つけ，理解し，現在及び将来の個人の生活，職業生活，友人や家族や親族との社会生活，建設的で関心を持った思慮深い市民としての生活において確実な数学的根拠に基づき判断を行い，数学に携わる能力
　科学的リテラシー：自然界及び人間の活動によって起こる自然の変化について理解し，意思決定するために，科学的知識を活用し，課題を明確にし，証拠に基づく結論を導き出す能力
　問題解決能力：問題の状況が，①現実のものであり，②解決の道筋がすぐには明らかではなく，③1つのリテラシー領域内に限定されない場合に，問題に対処し解決する能力

14）TIMSS　IEA（国際教育到達度評価学会）が実施．小学校4年生，中学校2年生を対象に，学校のカリキュラムで学んだ知識や技能がどの程度習得されているかを評価する調査．平成15年調査の参加国は小学校25ヵ国，中学校46ヵ国．調査項目は，算数・数学・理科．

15）中央教育審議会答申「幼稚園，小学校，中学校，高等学校及び特別支援学校の学習指導要領等の改善について」（平成20年1月17日）（3．子どもたちの現状と課題）．

（学習指導要領の改訂）	（学力調査の実施状況）	
昭和52～53年改訂 （実施） 小学校：昭和55年度， 中学校：昭和56年度， 高等学校：昭和57年度 （学年進行）	昭和56年2月 昭和58年5月	○ TIMSS（第2回調査） 　対象学年：小5，中1 　対象教科：数学（昭和56年，中学校のみ），理科（昭和58年）
	昭和57年2月 昭和58年1～2月 昭和59年1～2月	○小中学校教育課程実施状況調査（昭和56～58年度） 　対象学年：小5～中3 　　（小学校：昭和56，57年度，中学校：昭和57，58年度） 　対象教科：国語，社会，算数・数学，理科，英語 　　（年度により2～3教科実施）
平成元年改訂 （実施） 小学校：平成4年度， 中学校：平成5年度， 高等学校：平成6年度 （学年進行）	平成6年2月 平成7年1～2月 平成8年1～2月	○小中学校教育課程実施状況調査（平成5～7年度） 　対象学年：小5～中3 　　（小学校：平成5，6年度，中学校：平成6，7年度） 　対象教科：国語，社会，算数・数学，理科，英語 　　（年度により2～3教科実施）
↓	平成7年2月	○ TIMSS（第3回調査） 　対象学年：小3，小4，中1，中2 　対象教科：算数・数学，理科
	平成11年2月	○ TIMSS（第3回追調査） 　対象学年：中2 　対象教科：数学，理科
↓	平成12年7月	○ PISA（第1回調査） 　対象学年：高1 　対象教科：読解力，数学的リテラシー，科学的リテラシー
↓	平成14年1～2月	○小中学校教育課程実施状況調査（平成13年度） 　対象学年：小5～中3 　対象教科：国語，社会，算数・数学，理科，英語
	平成14年11月 平成15年11月	○高等学校教育課程実施状況調査（平成14，15年度） 　対象学年：高3 　対象教科：国語，数学，理科，英語（平成14年度） 　　　　　　地理歴史，公民（平成15年度）
平成10～11年改訂 （実施） 小学校：平成14年度， 中学校：平成14年度， 高等学校：平成15年度 （学年進行）	平成15年2月	○ TIMSS（第4回調査） 　対象学年：小4，中2 　対象教科：算数・数学，理科
	平成15年7月	○ PISA（第2回調査） 　対象学年：高1 　対象教科：数学的リテラシー，読解力，科学的リテラシー， 　　　　　　問題解決能力
	平成16年1～2月	○小中学校教育課程実施状況調査（平成15年度） 　対象学年：小5～中3 　対象教科：国語，社会，算数・数学，理科，英語
	平成17年11月	○高等学校教育課程実施状況調査（平成17年度） 　対象学年：高3 　対象教科：国語，数学，理科，英語，地理歴史，公民
	平成19年4月	○全国学力・学習状況調査（平成19年度） 　対象学年：小6，中3（原則として全児童生徒） 　対象教科：算数・数学，国語
	平成20年4月	○全国学力・学習状況調査（平成20年度） 　対象学年：小6，中3（原則として全児童生徒） 　対象教科：算数・数学，国語
平成20～21年改訂（実施） 小学校：平成23年度， 中学校：平成24年度， 高等学校：平成25年度 （学年進行） （算数・数学及び理科は各校種とも1年前倒して実施）	平成21年4月	○全国学力・学習状況調査（平成21年度） 　対象学年：小6，中3（原則として全児童生徒） 　対象教科：算数・数学，国語

＊独自の学力調査を実施する自治体が増加（平成16年度：50都道府県・指定都市が実施）

図3-2　学習指導要領の改訂と学力調査

（文部科学省「平成15年度小・中学校教育課程実施状況調査分析結果のポイント」資料より作成）
http://www.mext.go.jp/b_menu/houdou/17/04/05042302/001.pdf から取得

教科について抽出調査（約45万人）で実施した（高等学校では約10万人の高校3年生を対象に2002年11月に実施）．

　それまでの学力調査は学習指導要領の改訂後に1回しか行われていなかったり，高等学校が対象になっていなかった．これに対し，学力問題が重視されるようになったことを背景に，「教育課程実施状況調査」は，2002（平成14）年の次は小・中学校は2004（平成16）年1～2月（約45万人）に，高等学校は2005（平成17）年11月（約15万人）に実施された．

　教育課程の調査はその後学力調査を切り離して「教育課程の編成・実施状況調査」として毎年度続けられている．

　児童生徒の学力調査は，2007（平成19）年4月，ほぼ40年ぶりに悉皆の学力調査「全国学力・学習状況調査」として復活した．これは，原則としてすべての小学6年生と中学3年生が参加する調査であり，約230万人の児童生徒が参加した．その後学力調査はほぼ毎年度抽出調査の形式などで，続けられてきている．このように学力の問題を根拠あるデータで論じようとする姿勢が教育界に定着してきている．

　また，国が全国学力調査を実施するようになってから，ほとんどの都道府県・政令指定都市などが，独自の学力調査を実施し，教育課程改善のための資料を得ようとするようになったことは大きな変化である．

　これらの最近実施されている学力調査の特徴は，単に教科の学力到達度を調べるだけではなく，学習状況を多角的に調査していることである．

　例えば，子どもたちの家庭生活の状況（朝食を摂っているか，家庭学習の時間を確保しているか，家族間での会話をしているかなど）も質問紙調査により調査し，その結果と個人別の正答率の相関関係を見ようとしている．これは，学習を継続するために学習習慣や学習意欲を，そのような外部的な条件と関連づけ，家庭や社会を巻き込んで学力向上を図る必要があるという考え方に立っているからである．

　2008（平成20）年・2009（平成21）年に改訂され学習指導要

領が2011～2013年に順次，新教育課程として実施された．新教育課程では，①基礎・基本的な知識・技能，②知識・技能を活用して課題を解決するために必要な思考力・判断力・表現力等，③学習意欲や学習習慣，を要素とする「確かな学力」の育成を目指すことが打ち出されている．

　こうした学力観に立って，学習指導では学習内容の理解を定着させ，学習への興味や参加を促すため探求学習やアクティブラーニング（AL）を積極的に取り入れる傾向が今後一層強まっていくと予想される．

　なお，2009年からはPISA調査の日本の順位は上昇している．これは，2008年改訂の「脱ゆとり」の学習指導要領に基づいて2011年から実施された新教育課程の効果がすぐに現れたとは考えにくい．むしろそれ以前から行われてきた「総合的な学習の時間」への各学校の取り組みなどが効果をあげてきたという分析が多い．

自習の手引き

1. 生涯学習や学習権の考えと，それらと学校教育との関連が理解できたか．
2. 教育基本法における教育の目的，学校教育法における学校教育の目的・目標の意味が理解できたか．
3. カリキュラムの概念と，実際の学校教育課程とを比較して，その相違が理解できたか．
4. 学習指導要領の目的，構造，内容を理解できたか．
5. 学習指導要領と学校教育課程の関係が理解できたか．
6. 学習指導要領の改訂は大まかにどのような変遷をたどったか，理解できたか．
7. 国際学力調査の結果などから，いま，日本の学校ではどのような学力形成を目指すべきだとされているのか．

〈参考文献〉
松本市『史料開智学校（第11巻授業の実態Ⅰ）』電算出版企画，1991年.

コラム 自己評価と他者評価のギャップ

　筆者がかつて勤務していた高校では，授業評価の設問の中に生徒と教員に同一内容で質問する項目を置いていた．この共通項目については，設問すべてを下図のようなダイヤグラムの形式にして教員との面接の際に示し，話し合いの材料にした．

　授業に自信のある教員は，当然，授業への自己評価が高い．しかし，生徒の方は，教員と違った受け止め方をしていることもある．

　教員が高度な内容を意欲的に教えたいと思って張り切って授業をしても，生徒の方は難しいと感じて，授業評価のポイントが低くなる傾向があった．教師の自己評価と生徒の授業評価が一致しない場合，どこに原因があるかを分析することや生徒の評価能力を高めるための工夫（ミニッツペーパーなどを利用しての毎時間の授業内容の振り返り実施）をすることが大切である．

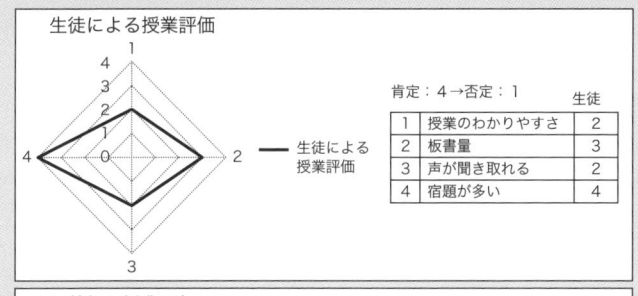

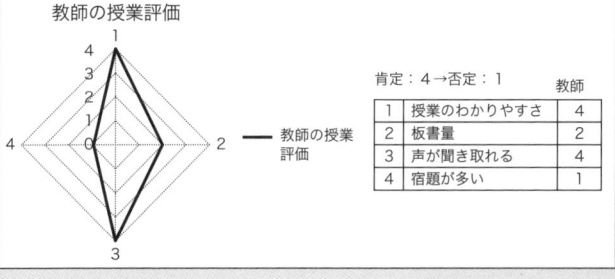

生徒による授業評価

肯定：4→否定：1　　生徒

1	授業のわかりやすさ	2
2	板書量	3
3	声が聞き取れる	2
4	宿題が多い	4

教師の授業評価

肯定：4→否定：1　　教師

1	授業のわかりやすさ	4
2	板書量	2
3	声が聞き取れる	4
4	宿題が多い	1

5. 授業力をつける

　教員は学校教育に携わるにあたり，その専門性の高さと，複雑多岐にわたる指導内容への対応が求められている．それは，教育の成果が一に学校教育の直接の担い手である教員の資質・能力に負うものだからである．

　児童・生徒の目から見ると，教員は自分たちの前で授業をし，共に思い悩みアドバイスしてくれる目の前の大事な先生の姿にしか映らないものである．その教員が児童・生徒や保護者から信頼される存在となる根本は授業の場においてである．したがって子どもの成長を願い，幸福を実現させる教育を推進するその中で，揺るぎない信頼を確立するための第一歩は各々の教科の指導力にかかっているといえる．自分が担当する授業の中で，児童・生徒の目が輝き，学ぶことがうれしい，学校が楽しいと児童・生徒に感じられて初めて教員への信頼が生まれるのである．その信頼感を感じることで教員自身に自信が生まれ，さらなる教育課題を追求し，児童・生徒とともに向上しようとするスパイラル構造の中に学びの精神を見出し，教員としての誇りを得られることになる．

（1）子どもの学力の現状

　子どもの学力の現状については，国立教育政策研究所が教育課程実施状況調査を行い，把握・分析を行ってきた．小・中学校について，最近では，平成5～7年度，平成13年度，平成15年度と実施されてきており，平成15年度実施の調査の結果においては，平成13年度実施の調査との同一問題の正答率の経年変化において，基礎的基本的な知識・技能の習得を中心に一定の成果が認められる．他方，国語の記述式問題の正答率が低下するなどの課題が見られた．高等学校についても，平成17年度実施の調査では，平成14，15年度実施の調査と比較して，例えば，英語の「聞くこと」に関する正答率が上昇する一方で，国語の古典については低下するなどの結果となっている．

2003（平成15）年に実施された国際的な学力調査（OECDのPISA調査および国際教育到達度評価学会（IEA））のTIMSS調査結果からは，わが国の子どもたちの学力は，全体としては国際的に上位にあるもの，
- 読解力や記述式問題に課題があること，
- PISA調査の読解力の習熟度レベル別の生徒の割合において前回調査（2000年）と比較して，成績中位層が減り低位層が増加しているなど成績分布の分散が拡大していること，

などの低下傾向が見られた．

（2）授業力という用語

各地方教育委員会は，目に見える形での成果があがる授業の工夫改善に取り組んでいる．中教審答申答申「新しい時代の義務教育を創造する」（平成17年10月）を踏まえ，教師に対する揺るぎない信頼を確立するために教師の資質向上への取り組みが各教育委員会においてさらに推進されたのである．例えば教員のキャリアを複線化し，学校経営に力を入れる管理職の育成や指導技術のエキスパートの育成に力を入れるなど各教育委員会が様々な工夫を凝らし，教員の育成を図っている．

岩手県（教頭（指導担当）），秋田県（教育専門監），茨城県（ティーチャー オブ ティーチャーズ），埼玉県（はつらつ先生），富山県（授業力向上アドバイザー），岐阜県（文化・スポーツ専門指導員），大阪府（指導教諭），広島県（エキスパート教員），愛媛県（えひめ授業の鉄人），宮崎県（スーパーティーチャー），京都市（スーパーティーチャー）等々である．

東京都教育委員会は，「授業力」を「良い授業を作る力」として公的に定義づけをした．学校教育の充実は教員の授業力の向上にあるとして，その方法をより具体的に設定し，授業力の向上にまい進することとした．それが教員の資質能力向上の基本と考え，様々な形で法定の研修制度に加え授業力を高める取り組みが始まっている．

大学における教職課程の単位認定においても，それぞれの教

> **法定の研修制度**
> 昭和63年度教育公務員特例法等改正により制定された1年目の教員が対象の「初任者研修」および平成14年度同法改正に基づき制定された「10年経験者研修」をさす（132〜133頁参照）．

科・領域に関わる学校教育の基礎基本が必修単位として設定され，教師教育の質の高度化も問われているのである．

（3）資質能力

「授業力」を考えるにあたり，「教員の資質能力」について考えてみたい．

平成17年の中央教育審議会（以下「中教審」という）の答申においては，社会を取り巻く諸々の激しい変化の状況から「教育活動の直接の担い手である教員に対する揺るぎない信頼を確立し，国際的にも教員の資質能力がより一層高いものとなるようにすることがきわめて重要であり」，国民から一人ひとりの教員に高い資質能力が求められていることが答申されている．

それ以前，平成9年の教育職員養成審議会（以下「教養審」という．）第一次答申等においては，教師の資質能力をいつの時代にも求められる資質能力と，変化の激しい時代にあって，子どもたちに〔生きる力〕を育む資質能力という2つの観点から以下のようにまとめている．

①いつの時代にも求められる資質能力
- ・教育者としての使命感
- ・人間の成長・発達についての深い理解
- ・幼児・児童・生徒に対する教育的愛情
- ・教科等に関する専門的知識，
- ・広く豊かな教養
- ・これらを基盤とした実践的指導力等

②今後特に求められる資質能力
- ・地球的視野に立って行動するための資質能力（地球，国家，人間等に関する適切な理解，豊かな人間性，国際社会で必要とされる基本的資質能力）
- ・変化の時代を生きる社会人に求められる資質能力（課題探求能力等に関わるもの，人間関係に関わるもの，社会の変化に適応するための知識及び技術）
- ・教員の職務から必然的に求められる資質能力（幼児・児童・

生徒や教育のあり方に関する適切な理解，教職に対する愛着，誇り，一体感，教科指導・生徒指導等のための知識，技能及び態度）

また，2005（平成17）年10月の中教審答申「新しい時代の義務教育を創造する」においては，優れた教師の条件について，大きく集約すると以下の3つの要素が重要であるとしている．
①教職に対する強い情熱
・教師の仕事に対する使命感や誇り，子どもに対する愛情や責任感など
②教育の専門家としての確かな力量
・子ども理解力，児童・生徒指導力，集団指導の力，学級づくりの力，学習指導・授業づくりの力，教材解釈の力など
③総合的な人間力
・豊かな人間性や社会性，常識と教養，礼儀作法をはじめ対人関係能力，コミュニケーション能力などの人格的資質，教職員全体と同僚として協力していくこと

以上のように資質能力について答申し，それは，教員自身の全人的な内容にまで及ぶものである．

変化の激しい時代だからこそ，変化に適切に対応した教育活動を行っていく上で，これらの資質能力を確実に身につけることの重要性が高まっているのである．

（4）授業力が問われる背景

2003（平成15）年6月に発表された「東京の教育に関する都民意識調査」の結果によれば，「教師に期待することは何か」という問いに対して，「子ども」・「大人」・「企業」ともに一番目は「子どもの興味・関心を引き出す授業ができること」，二番目は「子どもを適切に評価し伸ばしてくれること」の順で多く回答している（図3-3）．

さらに意識調査の中で教師や学校に関わる項目への回答結果は図3-4のようなものである．

これらの意識調査から読み取れることは，「自分の考えをもち

教師に期待することは何か

```
                                        0   10  20  30  40  50  60  70
                                                                    %
子どもの興味・関心を引き出す授業ができること                  53.9
                                                            60.0
                                                            58.2
子どもを適切に評価し伸ばしてくれること            39.4
                                                    50.2
                                                    47.9
子ども一人ひとりに平等に接すること              38.9
                                        31.1
                                  22.6
子ども一人ひとりの個性を尊重すること             38.4
                                        31.8
                                           36.4
勉強以外の相談にものってくれること        31.1
                                14.0
                                12.6
教育に情熱を持っていること             24.0
                                        39.2
                                        39.1
社会の基本的なルールやマナーを教えること   18.5
                                  21.5
                                                    47.9
受験のためのテクニックなど進学重視の授業ができること  13.2
                             1.2
                             1.5
地域の行事に積極的に参加すること       3.2
                             2.0
                             3.1
保護者と適切に情報交換ができること     1.2
                                19.6
                                16.9
その他                        4.4
                             1.9
                             1.9
無回答                        2.0
                                5.2
                             0.8
```

■ 子ども N=1046
□ 大人 N=2028
▨ 企業 N=261

図3-3 東京の教育に関する都民意識調査より

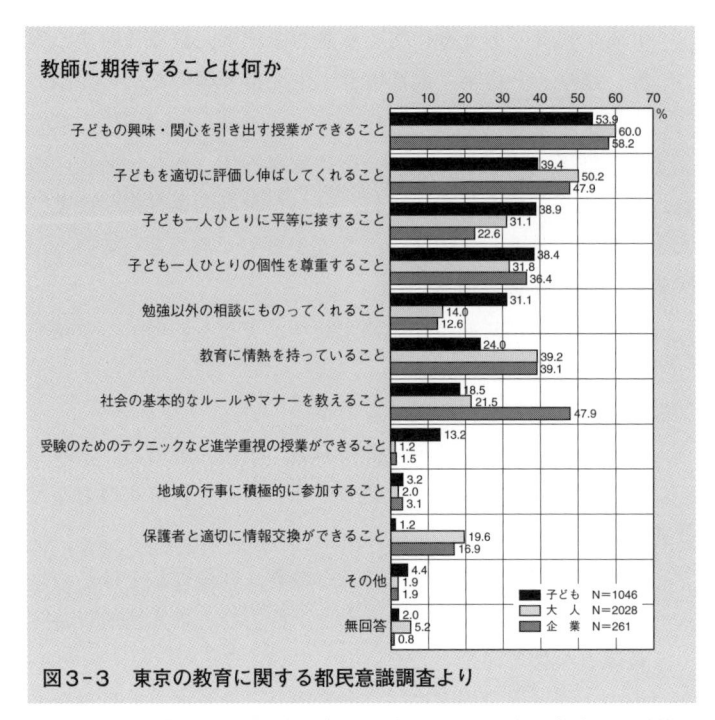

＊「子ども」・「大人」・「企業」（都に居住する，小学校5年生・中学校2年生・高校2年生とその保護者，乳幼児の保護者，一般都民，都内に事業所をもつ企業からの抽出調査）

実行する力を身につけさせること」と「思いやりのある豊かな心を身につけさせること」に期待が集まっている．豊かな心を身につけさせる教育を願うことは，各教科以外にも，道徳，特別活動なども含むすべての学校の授業において一層の質の高さを求められていると読み取ることができるのである．それは教員に対して質の高い授業の実践力が問われているということにほかならない．

これに関連して，現在の学校教育について，「教科の指導が充実していると思うか」「教師や児童・生徒相互の人間関係が円滑であると思うか」という問いに対する大人の回答は，肯定的評価（順に42.8％，46.1％）が否定的評価（順に28.8％，25.2％）を上回っている．

教育に関する基本的な考え方について

問1　21世紀をよりよい社会にするために，教育が子どもに果たす役割として期待することはどのようなことか．（MA3）

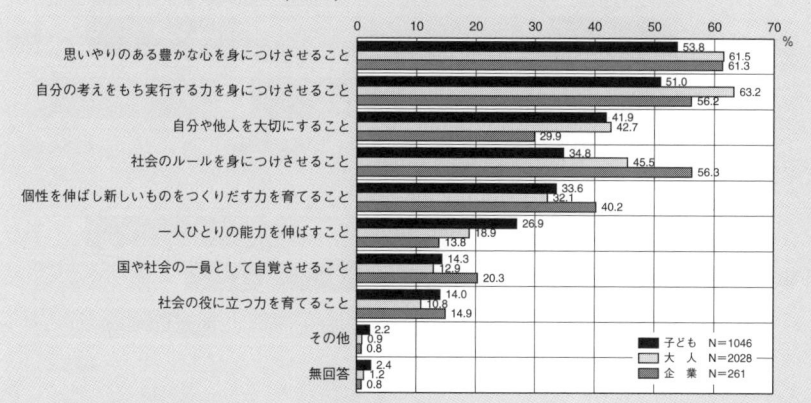

項目	子ども N=1046	大人 N=2028	企業 N=261
思いやりのある豊かな心を身につけさせること	53.8	61.5	61.3
自分の考えをもち実行する力を身につけさせること	51.0	56.2	63.2
自分や他人を大切にすること	41.9	42.7	29.9
社会のルールを身につけさせること	34.8	45.5	56.3
個性を伸ばし新しいものをつくりだす力を育てること	33.6	32.1	40.2
一人ひとりの能力を伸ばすこと	26.9	18.9	13.8
国や社会の一員として自覚させること	14.3	12.9	20.3
社会の役に立つ力を育てること	14.0	10.8	14.9
その他	2.2	0.9	0.8
無回答	2.4	1.2	0.8

問2　現在の教育の状況をどのように感じているか．
問2A　学校では一人ひとりの個性に応じた教育が行われていると思うか．（SA）

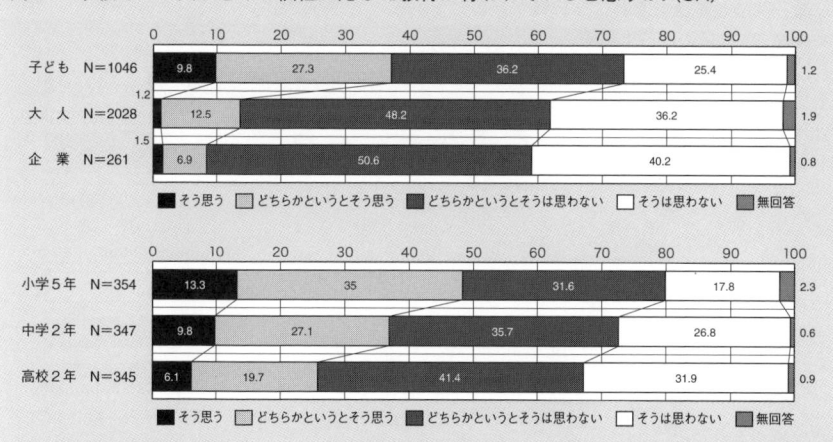

	そう思う	どちらかというとそう思う	どちらかというとそう思わない	そう思わない	無回答
子ども N=1046	9.8	27.3	36.2	25.4	1.2
大人 N=2028	1.2 / 12.5	48.2	36.2	1.9	
企業 N=261	1.5 / 6.9	50.6	40.2	0.8	

	そう思う	どちらかというとそう思う	どちらかというとそう思わない	そう思わない	無回答
小学5年 N=354	13.3	35	31.6	17.8	2.3
中学2年 N=347	9.8	27.1	35.7	26.8	0.6
高校2年 N=345	6.1	19.7	41.4	31.9	0.9

○否定的評価が高く，「大人」では8割，「企業」では9割を超える．「子ども」自身による評価でも，否定的評価が6割を超え，「大人」と「企業」では否定的評価が際立っている．子どもの内訳では，学齢が高くなるに従い，否定的な評価が多くなる傾向があり，「高校2年」では7割を超える．

図3-4　東京の教育に関する都民意識調査より

問1　お子さんが通学している学校について

問5A　教科の指導が充実していると思うか．(SA)

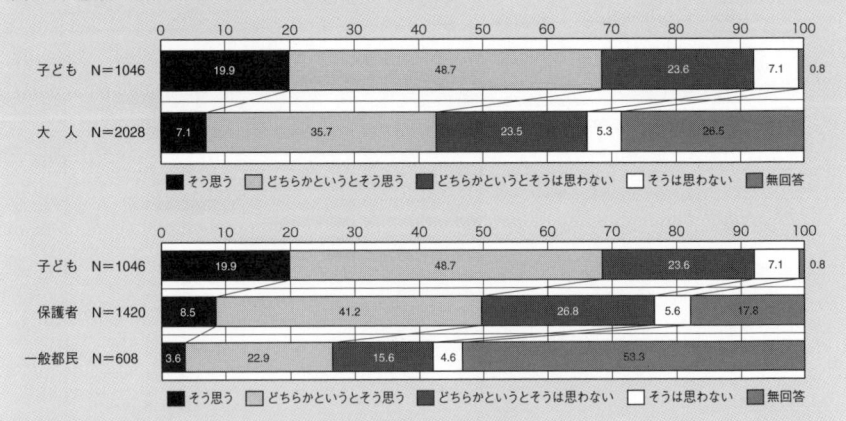

	そう思う	どちらかというとそう思う	どちらかというとそう思わない	そう思わない	無回答
子ども N=1046	19.9	48.7	23.6	7.1	0.8
大人 N=2028	7.1	35.7	23.5	5.3	26.5

	そう思う	どちらかというとそう思う	どちらかというとそう思わない	そう思わない	無回答
子ども N=1046	19.9	48.7	23.6	7.1	0.8
保護者 N=1420	8.5	41.2	26.8	5.6	17.8
一般都民 N=608	3.6	22.9	15.6	4.6	53.3

○「子ども」「大人」とも肯定的評価が否定的評価を上回る．特に「子ども」では肯定的評価が7割近くに達している．「大人」の内訳を見ると，「保護者」の1/2が肯定的評価を下している．

問5B　個性と創造力を育てる教育が充実していると思うか．(SA)

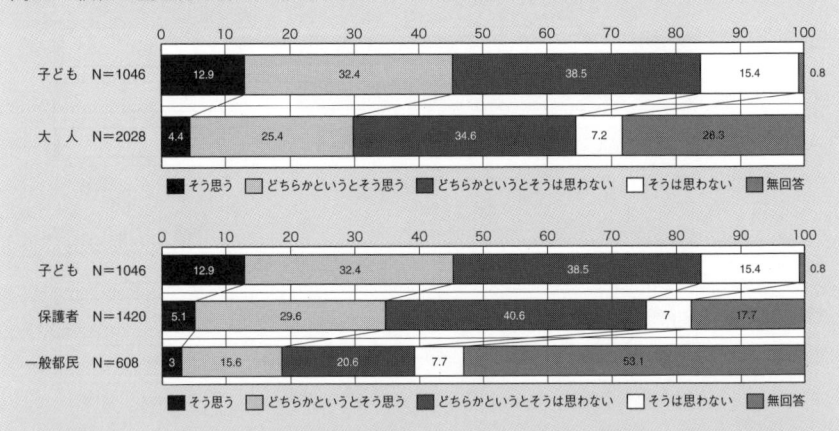

	そう思う	どちらかというとそう思う	どちらかというとそう思わない	そう思わない	無回答
子ども N=1046	12.9	32.4	38.5	15.4	0.8
大人 N=2028	4.4	25.4	34.6	7.2	28.3

	そう思う	どちらかというとそう思う	どちらかというとそう思わない	そう思わない	無回答
子ども N=1046	12.9	32.4	38.5	15.4	0.8
保護者 N=1420	5.1	29.6	40.6	7	17.7
一般都民 N=608	3	15.6	20.6	7.7	53.1

○「子ども」「大人」とも肯定的評価が否定的評価を上回る．特に「子ども」では肯定的評価が7割近くに達している．「大人」の内訳を見ると，「保護者」の1/2が肯定的評価を下している．

初任者研修，10年経験者研修

都道府県教育委員会が実施主体．学校内外でそれぞれ所定の研修日数・内容が決められている．初任者研修は学校内，週2日年間60日，学校外，週1日年間30日で学校の教育活動全般が研修対象．10年経験者研修は長期休業期間中20日程度，課業期間中20日程度を実施

一方，「子どもの興味や関心に応じた学習を重視していると思うか」「一人ひとりに応じた指導を重視していると思うか」という問いに対する大人の回答は，否定的評価（順に40.1％，49.0％）が肯定的評価（順に30.1％，21.1％）を上回っている．また，2003（平成15）年11月「義務教育改革に関する都と区市町村の連絡協議会」のまとめの中では，現在の教員に関する課題として，

- 先輩教員が若手教員を指導する姿や若手教員が先輩教員に指導を仰ごうとする姿勢が希薄
- 初任者研修から10年経験者研修の間に必修研修が実施されていない

という2点が指摘されている．

教員の自己研鑽による研究・研修は重視されなくてはならないが，それは，資質・能力の向上を個々の教員の自覚だけに任せるということではない．

これらの考えから，各地方教育委員会では授業力リーダーを育成活用した教員相互の研修システムを作り上げている．

（5）授業力の要素

東京都教育委員会では次のア～エを踏まえ，「授業力」を以下のように定義している．

ア　東京都教育委員会の望む教師像（各校種共通）
　①教育に対する熱意と使命感を持つ教師
　②豊かな人間性と思いやりのある教師
　③実践的な指導力のある教師
　〔平成17年度・東京都教員採用選考案内〕

イ　教育者としての使命感，人間の成長・発達についての深い理解，幼児・児童・生徒に対する教育的愛情，教科等に関する専門的知識，広く豊かな教養，そしてこれらを基盤とした実践的指導力
　〔昭和62年・教育職員養成審議会答申〕

ウ　・地球的視野に立って行動するための資質能力

図3-5 「授業力」（6つの構成要素）

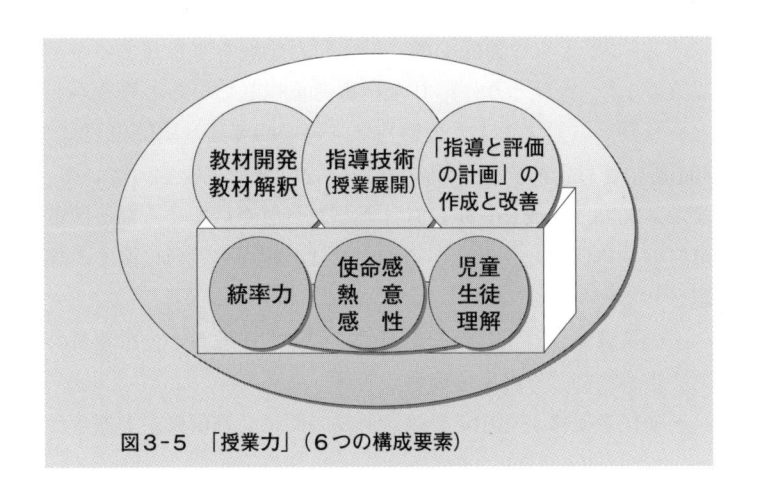

・変化の時代を生きる社会人に求められる資質能力
・教員の職務から必然的に求められる資質能力
〔平成9年7月・教育職員養成審議会答申〕
エ　教職への使命感と適性，子どもを理解する力，新たな課題に取り組む力，わかる授業ができる力，社会性や対人関係能力
〔2001（平成13）年8月・教員養成等における大学と教育委員会の連携の在り方に関する調査研究報告書・文部科学省〕

　これらを踏まえ，都教育委員会では，教員の資質・能力のうち特に実際の授業の場面において具体的に発揮されるものを「授業力」と捉え，その構成要素を次の6つに整理している．
①使命感，熱意，感性…豊かな感性を身につけ，教員の職責を自覚し，困難な状況・課題に挑む姿勢．
②児童・生徒理解…一人ひとりの児童・生徒を大事にしようとする愛情．
③統率力…児童・生徒の集団をまとめ，リードする力．児童・生徒をひきつける力．
④指導技術（授業展開）…「わかる授業」「もっと学習したくなる授業」を実現する技能．
⑤教材解釈，教材開発…教科や関連する学問等に関する深い識見．

教材解釈・教材開発
教材等の専門知識を深め，日頃から教材に関する幅広い情報を収集し，児童・生徒の実態等を考慮して，児童・生徒の興味・関心をもたせられるような教材の解釈や教材開発をする．

⑥「指導と評価の計画」の作成・改善…常に良い授業を求めていく，改善の意欲．

　すべての教員にとって基盤となるのは『使命感，熱意，感性』『児童・生徒理解』『統率力』であり，これらを踏まえて，『指導技術（授業展開）』『教材解釈，教材開発』『「指導と評価の計画」の作成・改善』の3つの構成要素が高まっていくと考えられているのである．

（6）授業力をつける

　具体的に「授業力」をつけるにはどのような方法があるだろうか．
- 校内組織を活用し，授業リーダーや研究主任を中心に校内で相互評価をできる体制をつくり，継続的な授業研究を行う．
- 校外研修機関を利用し，より多くの教員と関わり相互に学ぶ．
- 自主的な研究サークルをつくり互いに磨き合う．

　このような取り組み方で授業力について考え磨き伸ばしていくと，それは授業の方法論だけでは終わらなくなるのである．互いに学び合う中で，児童・生徒理解を深め，教材研究や教材開発を工夫し，評価観を磨くだけではとどまらず，その教科の学校全体の教育活動への位置づけ，学習環境づくり，地域の教材化など大きな視点，学校経営的観点から教育活動を捉えることに必然的に発展していくのである．

　さらには互いを切磋琢磨する中で，教員一人ひとりの世界観や人間観などを変える全人的な成長も期待できる取り組みとなる．

　以下に東京教師道場で授業力の課題解決を図った部員の2年間のまとめを紹介する．

> 例：自己の授業力の課題解決に向けた取り組み（東京教師道場部員A教諭）
> ●使命感・熱意・感性
> 　児童が意欲的に学習に取り組むための環境づくりや学習形態の工夫に力を入れた．また，教材研究に力を入れたこ

東京教師道場
東京都教育委員会が実施．4年次から10年次までの教員を対象に授業力リーダーの育成を目指す2年間の研修・研究．「授業力」について，全般にわたって他を指導できるレベルの資質・能力を育成する．特定の教科等における高い専門性の育成を図る．

とで，ねらいを明確にした授業や学習環境の工夫につながった．

　授業研究では，指導案検討や協議会での話し合いに自分の考えをもって臨み，授業改善のための自己の具体的な問題点を明らかにすることができた．

●児童・生徒理解
　ノートやワークシート，児童による自己評価などをもとに，一人ひとりの学習状況の把握に努めた．また，発言できない児童への声かけや個別指導に力を入れた．児童の立場に立って授業を作ることを心がけた．

●統率力
　基本的な学習ルールを定着させるため，様々な学習場面で指導を続けてきた．児童の自主的な行動は大きく評価し，意欲を高めながら，クラスの児童が互いのよさを認め学び合える活動の場や雰囲気づくりに力を入れた．

●指導技術（授業展開）
　「ねらい」を明確にした授業実践を日々心がけた．指導案には，発問計画や板書計画を入れ，具体的な授業の流れをつかむようにした．児童の実態をよく把握し，予想される反応を考えながら，ねらいに向かう児童の具体的な姿を描いて授業づくりを行ってきた．また，児童とともに学習課題をつくったり，全体で読み取ったことを掲示し，教室環境を教材化したり，児童の反応を生かした授業展開を工夫したりした．

●教材解釈・教材開発
　児童の実態を考慮して教材選びを行った．児童につけさせたい力をもとに多様な展開事例を参考にし，児童が意欲的，主体的に学習できるような単元構成を工夫した．研究授業後の協議会で，教材観や教材解釈について細かいところまで話題として取り上げられたことで単元の目標やねらいなどにも迫ることができた．

●指導と評価の計画の作成・改善
　具体的な評価規準や評価方法について，より具体的な児

童の姿を描きながら設定，計画するよう努力した．さらに，場面や方法を明確にした評価計画を立て，授業後は，計画について振り返り，見直しを図るよう心がけた．毎時間の授業の中でのワークシートやノート，児童による自己評価も，個に応じた指導を行う上で生かすことができた．

国語科における自己の実践紹介

〈ねらいを明確にした授業づくり〉

　その時間どんな力をつけさせたいのか，何を読み取らせたいのか，そのためにどのような学習課題を設定するか等，ねらいを明確にして授業づくりを行った．何のために音読をするのか，何のためにどんなことを書かせるのかなど，1つひとつの活動のねらいを明確にして，その時間の大きなねらいに迫るように活動も吟味する必要があることを実感した．

　また，児童の実態に即して，児童の初発の感想や思いを大切にして学習課題を設定し，学習意欲や主体性を高めるよう工夫した．

〈発問の吟味〉

　ねらいに迫るために，児童から引き出したい発言や言葉から発問を考えるようになった．児童の反応をできるだけ多く，具体的な児童の言葉で予想しながら発問を考えた．一時間の展開の中のどの場面で，何に気づかせたいのか，何を理解させたいのか，そのために，どこでどんな発問をすればよいのかということを意識して発問を吟味した．また，一問一答にならずに，児童の発言から広げていけるような発問を工夫した．

〈叙述を生かした「読むこと」の指導の充実〉

　思いつくままの想像や思いこみで登場人物の心情や場面の様子を想像したり，書かれていることに感想や自分の考えをもったりするのではなく，根拠を明らかにし，叙述に沿った読み取りを意識させるようにした．そのために，根拠となる叙述を書き出したり，本文にサイドラインを引かせたり，「○○という言葉から，想像した」「～と書かれて

いるから，…だと考えた」というような発言の仕方を指導したりした．また，叙述を生かした読みの充実のために，教材解釈に力を入れ，言葉にこだわって読み取りを行うようにした．

〈評価計画の作成〉

　その時間の評価規準，評価方法を明確にして授業をするようにした．児童の発言やワークシートに書かれた内容などからどのように評価するのかを，具体的な児童の姿から考えて評価規準を設定するよう心がけた．また，個に応じた指導の工夫として，日々の授業の中での簡単な支援計画を作成した．実際に，どう言葉かけをするか，どのタイミングでどのようなヒントを与えるのかなど，具体的な支援の方法を考えておくようにした．

終わりに

　教師道場での2年間は，実践を通して継続的に指導，助言を受けたり，部員同士で相互研鑽を行ったりしたことで，多くのことを学ぶことができた．自分ならどうするか，と考えながら事前の指導案検討や授業研究，協議会に臨んだことで，自己の具体的な問題点を明らかにすることができ，また，授業力の6要素をはじめ，研修で身につけた技能や知識をもとに，自己の授業についてふり返る視点も明確になった．研究授業後の協議会では，模擬授業を行ったり，ビデオでふり返ったりすることで，授業改善に役立てることができた．

　毎月の授業研究や協議会を通し，発問の仕方，板書の仕方，音読のさせ方，話し合い活動，意見の取り上げ方，評価の仕方など，具体的に日々の授業にどう生かし，取り組んでいけばよいのか，たくさんのヒントを得ることができた．

　今後は，これまでに学んだことを日々の授業に生かし，また，自己の課題を再確認してさらに研鑽を積んでいきたい．

　この記録から授業力を磨くための取り組みが以下のように明確になると考える．

評価規準

平成3年の文部省の指導要録の改訂通知に，観点別学習状況の評価が効果的に行われるようにするために，「評価規準を設定するなどの工夫を行うこと」とされ，学習指導要領に示す目標の実現の状況を判断するためのよりどころを意味するものとして，「評価規準」の概念が導入された．現行学習指導要領の下において，基礎・基本を重視し，自ら学ぶ意欲や思考力，判断力，表現力などの資質や能力の育成を重視する「新しい学力観」の趣旨を踏まえて，児童生徒が自ら獲得し身につけた資質や能力の質的な面の評価を目指したことによる．児童生徒の評価にあたっては，学習指導要領に則った各教科の評価の観点及びその趣旨，学年（又は分野）別の評価の観点の趣旨を踏まえて，「関心・意欲・態度」「思考・判断」「技能・表現」「知識・理解」の四つの観点ごとに「内容のまとまりごとの評価規準」という目標に準拠する絶対評価が行われている．

「児童・生徒理解に基づいた教材解釈・教材開発から，単元のみならず，毎時間のつけたい力，ねらい，評価規準を明確にし，発問を吟味する．児童・生徒の予想される反応，展開までの図面を用意し，応答を通して一人ひとりを大切にした授業を進める．まとめでは本日の学んだことの評価をして次回に生かす」これはどの教科にも通じる基礎基本である．

このことについて研究授業をしたとき，その後の協議会では検討したことについて必ず模擬授業をしてみることが大切である．

授業を観察した教員たちは事前に授業者から，課題を持つ児童・生徒について確認し，その反応やノートなど座席シートを作成しておき観察結果を協議や模擬授業に役立たせる．発問の吟味，児童・生徒の「わからない」をわかることは大きな役に立つからである．さらに参加した教員は模擬授業でそのクラスの児童生徒になりきり発問の趣旨を深め，吟味する．次回の授業ではその反省に立って，児童生徒の理解の変化を見取るのである．授業研究は後日の授業フォローも含めて進められなければならないのである．

協議の進め方はテーマを絞った話し合いにするため，気づいたことを短冊などに表記し，ＫＪ法などを活用して検討するのもよいし，授業者からの提示された課題や観察ポイントに基づいて協議を進めるのでもよい．

大学の教職課程においても，教科指導法，道徳指導法，特別活動，教育相談の方法論等実習を想定できる科目は学生同士の模擬授業や相談練習などを取り入れ参加型の授業に変わっていくことが，授業力の育成を図り，その基礎を培うためにも望ましいといえる．

実際の発問中心のみのミニ模擬授業体験（道徳指導法）ですら，学生から以下のような感想がある．

「道徳指導法の模擬授業実施後感想より」
◎今回模擬授業を初めてやって，授業するということの難しさを感じた．生徒に何かを伝えるということは，自分の

ＫＪ法
文化人類学者川喜田二郎（東京工業大学名誉教授）がデータにまとめるために考察した手法．東京教師道場では授業後の感想・意見等をカード（付箋紙）に記述し，カードをグループごとにまとめて，図式化し考察を深め，課題解決に向けた．

中で何を伝えるのかということや，効果的に授業を進める方法や計画がはっきりとしていなければ上手くいかないということを強く感じた．／ほかの人の授業をきき，自分は考えなかった視点や工夫がたくさんあり，参考になった．／生徒とのやり取りをしていく上で，コミュニケーション，質問の仕方などの工夫をするというような力もつけていかなければいけないと思った．（Y.H）

◎生徒の気持ちを考え，なおかつそれに応じた応答をすることの難しさを感じた．3人とも同じ読み物資料だったが，人によって資料の活用の仕方があるんだなと思った．これこそ「みんな違ってみんないい……‼」（R.U）

◎2回目だからみんな何が「要点」かというのをわかり始めていろいろ考える授業ができたのでよかったと思う．新しい方向から物事を考えることができたからまた新しいアドバイスが出てきたりしてよかった．（T.E）

◎道徳は数学のように間違いと正解が明確ではないぶん，下手に扱うと生徒の豊かな心を踏みにじって，人の意見を押し付けてしまいそうでこわいです．／普段の生活で「否定しないこと」を念頭においている私ですが，多人数を一度に相手にするととても大変ですね．自分自身，道徳心では「いろんな人がいろんな考えを持っている」ということを，小・中通して学べたと思います．できればそれを皆に伝えたい．短い資料の中に伝えたいことがたくさん入っており，とても教師としての個性や感性がでますね．やりがいのある授業だと思いました．（A.Y）

◎人の授業を受けることで勉強になることがたくさんあった．逆に自分が授業をしてみて思っていることと違う反応がきた場合は「こういう考えもあるんだ」と勉強になった．普段何気なく受けている授業だが，こんなに大変だとは思わなかった．改めて，教師という職業の大変さ，求められる質の高さがわかった．（J.S）

◎模擬授業で一番驚いたのは自分で考えた「予想される生徒の反応」と「実際の生徒の反応」が大きく異なること

> だ．それもあって，自分でシュミレーションしてきたとおりに発問と発問を繋ぐことができず，言葉に詰まることが多々あった．しかし，自分の想定した考えを無理に生徒に押し付けることは道徳ではない．もっと臨機応変に対応できる術を身につけなければと思った．また，模擬授業後の講評が大変有益だった．評価の大切さを改めて知った．／人の考えてきた授業を受けたり，指導案を見ることは，自分のスキルアップに大いに役立った．黒板の使い方や，グループでの話し合いを効果的に組み入れることは，やはり授業を向上させるのに必要だ．ただ，道徳の授業であるのに国語の授業になってしまいそうだ．特に論文風の読み物資料を使う場合は難しいと思った．また，論文は筆者の「こうである！」という意見を書いたものである．この意見を生徒に押しつけては，これもまた道徳に反する．（新田注：筆者の主張は主張で，筆者はそういう考え方だと押さえることは必要です．）
> ほかの人の授業を受けることで，また少し，道徳に対する認識が深まった．（M.F）
> ◎模擬授業をやってみて，まずははっきりとした「ねらい」をしっかりと持って授業に臨むべきなのだと思いました．／発問をし，生徒の答えを聞くときも「ねらい」を中心にしっかりもって進めていけるようにしないといけないと思いました．（新田注：生徒の発想意見は大切にしてください．）（K.T）

　互いが磨き合い，認め合うことが授業力以前の，授業力の基礎となるコミュニケーション能力の醸成につながっているのである．

　授業力を高めるための方法論として，模擬授業により効果的に取り組むことは，大きな力につながるといえる．

　「授業力をつける」ことは教員を続ける限り取り組まなければならない使命であると考える．それぞれの経験内容に応じた，よりよい研究の継続を考えていかなければならないであろう．

自習の手引き

- 「授業力」とはどのような力のことをいうのだろうか.
- 「教員に対する揺るぎない信頼」を求められている背景を考えよう.

コラム 「研究授業」―日本独特の研修スタイル

2001年,アメリカ合衆国のフルブライト財団から20人ほどの教職員団が日本へ教育視察に見えた.その際,日本の研究授業のあり方に賛辞が寄せられた.

一人の教員が授業をし,多くの教員達がその授業を見て,授業後研究協議をして高め合う方法はアメリカにはなく,とてもうらやましい限りだというのです.

受け止め方や言葉の発し方によって教員が傷ついてしまうことを恐れているのかも知れません.自分の課題をどのように自分で考え,捉えるかで受け止め方は違うと思いますが,今は日本の学校でもあまりやられなくなりました.これは,研修時間と多忙感の兼ね合いであったようにも思います.

フルブライト財団の派遣団で来られた校長先生は「総合的な学習の時間」について,当時アメリカは実施5年目で,ようやくよい軌道に乗ってきたと報告してくれました.日本はまだ本実施1年目でよちよち歩きでした.「先生方,5年間やってみてください」と力強くおっしゃっていただいたのが印象的でした.今は主体的に学ぶ姿勢が徐々についてきました.

第4章
教育行政

1. 教育行政の仕組み

統治機構の機関が教育に関する理念や制度・計画等について，意思を決定し，実現する行為を総称して教育行政という．国や地方公共団体は，立法機関によって成文化した法令を根拠にして，教育政策や施策を決定し実施している．

(1) 教育行政の基本原理
①戦後の教育行政
戦前の軍国主義的教育体制は，第二次大戦後に刷新された．戦後の教育行政の基本的なあり方を示したのは，1947（昭和22）年に施行された教育基本法（以下教基法）である．教基法は，1946（昭和21）年の「米国教育使節団報告書」に基づいて教育刷新委員会で集中審議され，施行されたものである．戦前の教育が国の強い支配のもとに置かれてきたことへの反省に立って，教育は行政権力などの圧力に屈することなく，国民の意思と結びついて自主的に行われなければならないとした．教育は，「不当な支配に」服してはならないことが謳われ，教育行政の主たる役割は，教育のための，「必要な諸条件の整備確立」に目標を置くべきであるとした．

②教育行政の三原理
A．**法律主義**
天皇主権の戦前は，天皇の勅令に従って教育が行われていた．しかし戦後は，国民主権となり，教育行政の根拠は，国民の意思に置かれる．国民の意思を国民から選出された議員によって反映させ，議会で制定された法律に基づいて教育行政が行われるようになった．しかし，教育行政はすべて法律に基づくわけではない．行政機関の命令（政令や省令）に従って，重要な施策が実施されることもある．このため，法律主義が空洞化しないようにすることが重要になっている．

B．**地方自治**
旧憲法下では，法律に基づいて地方自治制が行われていたが，

勅令
大日本帝国憲法下で，天皇が制定する命令の一形式である．天皇の権能に属する事項を定める場合に発せられた．日本国憲法では天皇には，国政に関する権能を付与しないこととしたので，天皇に命令制定権はなく，勅令の形式も存在しない．

政令・省令
政令は，内閣が制定する命令である．政令は，「憲法及び法律の規定を実施するために」（憲法73条6号）制定される執行政令と，法律の規定に基づいて委任された事項を定める委任政令がある．省令は，各省の大臣が制定する命令である．例えば，「学校教育法」を実施するため，政令で，定めたのが「学校教育法施行令」である．同法の委任を受け，文部科学省が省令として詳細に内容を定めたのが「学校教育法施行規則」である．

憲法上の保障はなく，自治という観念を尊重することが希薄であった．現憲法は地方自治の確立を民主政治の基礎として位置づけ，規定を設けた（第92～95条）．地方自治は，団体自治と住民自治という内容が含まれている．地方的共同体には，外部的には，国家（中央政府）に対して有する自治（団体自治）があり，内部的には，住民による自治（住民自治）がある．教育事務は，文部科学省，都道府県教育委員会，市区町村教育委員会で分担されるが，団体自治の観点から，それぞれは対等関係にある．また，住民自治の観点から，地域住民の教育意思を体現した教育行政が求められる．しかし，上下関係が強いられたり，地域住民の意思が十分に反映されていないとの指摘もある．

C．教育の自主性・専門性

　教育という営みは極めて専門性が高い．そのため，教育内容や教育方法等の専門的分野は，実態に即して教職員や保護者・地域住民（場合によっては生徒も含め）が協議し，自主的・自治的に決めていくことが適切と考えられる．教育の自主性・専門性を確保するためには，教育の条件整備に徹した教育行政を推進する必要がある．

（2）中央教育行政

　中央教育行政は，内閣と，その下にある文部科学省が行っている．

①文部科学省の任務

　文部科学省の任務は，「教育の振興及び生涯学習の推進を中核とした豊かな人間性を備えた創造的な人材の育成，学術，スポーツ及び文化の振興並びに科学技術の総合的な振興を図るとともに，宗教に関する行政事務を適切に行うこと」である（文部科学省設置法3条）．

②文部科学省の組織（2019年7月10日現在）[1]

　文部科学省は，それまであった文部省と科学技術庁が中央省庁の改革（2001年）によって統合・成立した組織である．

A．幹部

　文部科学大臣（長）・副大臣（2名）・大臣政務官（2名）・秘書官（3名）・事務次官（1名）・文部科学審議官（2名）

B．内部部局

　大臣官房と6つの局及び国際統括官が置かれている．大臣官房と各局の所掌事務は多岐にわたるため，内部には課を設置し，事務分担を明確にしている．次のような事務がある．

- 大臣官房

　文部科学省全体の政策の総合調整，人事，総務，会計などの一般管理事務，文教施設企画・防災，政策評価，情報公開，広報，情報処理，国際関係事務，国際援助協力等の分野での総括事務等．

- 総合教育政策局

　2018年に組織再編で設置．生涯学習の理念の現実に向け，教育振興基本計画の策定など総合的な教育政策の企画立案，人材育成，環境整備，事業支援の視点から，生涯にわたる学び，地域における学び，「ともに生きる学び」の推進を目的とする．次の7課を置く．政策課，生涯学習推進課，教育改革・国際課，地域学習推進課，調査企画課，男女共同参画共生社会学習・安全課，教育人材政策課．

- 初等中等教育局

　地方教育行政に関する制度の企画・立案，運営の指導・助言・勧告，教育課程の基準の設定，教員養成・免許制度や，教科用図書の検定に関する事務等．

- 高等教育局

　高等教育に関する政策の企画・立案，大学・短期大学・高等専門学校の設置認可，大学教育改革の支援，高度専門職業人材の養成，入学者選抜，学生支援，留学生交流に関する事務，学校法人の設立認可，経営の指導・助言，私学助成など

社会教育・家庭教育
「社会教育とは，学校教育法に基き，学校の教育課程として行われる教育活動を除き，主として青少年及び成人に対して行われる組織的な教育活動（体育及びレクリエーションの活動を含む）をいう」（社会教育法第2条）．「国及び地方公共団体は，家庭教育の自主性を尊重しつつ，保護者に対する学習の機会及び情報の提供その他の家庭教育を支援するために必要な施策を講ずるよう努めなければならない．」（教基法第10条）とされる．

1) 文部科学省・組織図
　http://www.mext.go.jp/b-menu/soshiki2/04htm （2019年7月10日取得）

私立学校の振興に関する事務等．
- 科学技術・学術政策局

　科学技術や学術振興への政策の企画・立案，科学技術関係人材の養成，国際活動の戦略的推進，地域における科学技術振興，原子力の安全確保に関する事務等．
- 研究振興局

　学術研究や将来の応用につながる基礎研究の振興に関する政策，研究機関の整備や研究助成での学術研究の振興，ライフサイエンス，情報通信，ナノテクノロジー・材料，量子ビーム利用などの重要な分野の研究推進，産学官連携の推進，知的財産戦略の強化，研究装置等の研究基盤の整備．
- 研究開発局

　地震・防災，地球・環境問題など社会的課題の解決のための研究開発，ロケットや人工衛星，海底探査や南極観測，国際熱核融合実験炉など宇宙，海洋，原子力等の分野での国家規模での研究開発の推進，原子力政策の事務等．
- 国際統括官

　文部科学省の海外との窓口として，様々な国との交流活動や協力事業の推進，ユネスコ（国連教育科学文化機関）の活動の日本の窓口として，ユネスコを通じた教育の普及，科学協力，文化遺産保護などの事務等．

C．外局
- スポーツ庁：（所掌事務）

　　　　　　　政策課，健康スポーツ課，競技スポーツ課，国際課，オリンピック・パラリンピック課，参事官（地域振興担当と民間スポーツ担当）
- 文　化　庁：（所掌事務）

　　　　　　　文化振興の企画・立案・援助・助言，助成，国際文化交流の振興，文化財の保存・活用，宗教に関する行政事務等．

D．施設等機関：国立教育政策研究所，科学技術・学術政策研究所

E．特別の機関：日本学士院，地震調査研究推進本部，日本ユネスコ国内委員会

③審議会

　文部科学大臣又は文化庁長官の諮問に基づいて設置される．諮問に沿って調査や審議をして，答申や建議を行う合議制の機関である．

　中央教育審議会・教科用図書検定調査審議会，大学設置・学校法人審議会等があり，政府の政策形成に重要な役割を果たしている．

（3）教育予算の編成

①予算の編成と成立

　教育に関する予算は，国家予算の中に組込まれるため，国家予算の編成手続きを経る．「内閣は，毎会計年度の予算案を作成し，国会に提出して，その審議を受け議決を経なければならない」（憲法86条）ことになっている．予算案の作成と，国会への提出権限は，内閣に専属しており，議員に予算案の作成・提出権はない．法律案が内閣や議員により作成・提出されうるのとは異なる点である．地方公共団体における教育予算も地方公共団体の予算の中に組込まれて編成される．

A．概算要求

　予算案作成方法は，各省から必要額を提出させ，全体を調整する方法や，政府の重点施策実現のための必要額を最初に政府が決め，その後に「事業仕分け」等で，各省要求を調整する方法等があり，政府の方針によって異なる．従来は，7月頃に予算要求を絞り込ませるために，事業分野ごとの限度額である概算要求基準（シーリング）を設定していた．これを受け，財務大臣は，各省各庁の長に対して，8月末をめどに定められた書式に従って，その管轄の歳入，歳出，継続費，繰越明許費（年度内に支出終了ができず，議会の議決で，翌年度に限り繰り越す予算），国庫債務負担行為の見積書を概算要求として提出させ，9月から査定し調整した．教育予算は文部科学大臣から送

付され，各省の概算要求とともに調整されて，内閣としての予算案が作成される．

B．予算の成立

各省から提出された概算要求は，財務省が年末にかけての査定を通じて各省の要求額を削る等の作業を行う．その後，予算提出閣議を経て調整され，政府予算案を決定する．予算案は先に衆議院に提出しなければならない．衆議院には予算先議権とともに，議決についても優越が認められている．（憲法60条）．衆議院に提出された予算案は，財務大臣の財政演説を経て，予算委員会に付託され，総括質疑，公聴会，一般質疑，分科会，締めくくり総括質疑等の手続きを経る．予算委員会で採決されると，本会議に送られる．ここで，予算審議の経過や採決結果の報告を予算委員長が報告して，討論採決を経て，予算が議決され，教育予算も決定する．

②補助金

予算とは別に，補助金，助成金，奨励金，負担金，給付金，などと呼ばれる金銭的給付を行うことがある．これは行政上の目的に沿って，政府や地方公共団体等が直接・間接に，特定の事業や研究等に助成や財政上の援助をするものである．個別の法令に基づいた法律補助や予算補助（予算の範囲内での行政庁の裁量）で交付する．「補助金等に係る予算の執行の適正化に関する法律（昭和30年法律179号）」や「地方自治法〈以下自治法〉232条の2」等が根拠になっている．

補助金には，「義務的補助金」と「奨励的補助金」があり，義務的補助金は，義務教育など法律で定められた業務執行の必要上交付されるものである．奨励的補助金は，道路等国策を推進するに当たっての地方自治体等の希望を募り，査定後交付するものである．

助成金，奨励金，負担金，給付金
助成金には，私立学校への運営費助成金や，雇用調整助成金等がある．環境・景気対策として，新車の買い替えに出すのは奨励金である．教室不足を解消するため，校舎・体育館等を新築・増築する場合に，経費の一部を国が負担する資金は，負担金（公立学校施設整備費負担金）である．給付金には，住民への生活支援や地域の経済対策に資する目的で，住民に広く給付する定額給付金などがある．

（4）地方教育行政
①設置者管理主義と設置者負担主義
A．設置者管理主義

　「学校の設置者は，その設置する学校を管理し」（学校教育法〈以下学校法〉5条）運営に責任を負う．これを設置者管理主義という．教育活動の目的を十分果たせるように，事業主体である設置者に学校教育の責任を持たせるもので，管理運営責任の原則を示したものである．国立学校は国が，公立学校は都道府県又は市町村が，私立学校は学校法人が，管理権者である．学校管理の権限は，教育行政関係の法律により，それぞれ文部科学大臣，教育委員会，学校法人の理事者が持つ．管理には人的管理（教職員の採用・配置，児童生徒・教職員の健康管理等）と物的管理（施設・設備の保全，机や椅子などの校具の整備等）及び教育の運営管理がある．管理が，教育の内容・方法等に及ぶ場合，問題は単純ではない．「大学の自治」を侵害したり，「不当な支配」（教基法16条1項）に当たることは許されないからである．この制約のもとで，設置者は，学校に対して指導・助言をし，教員の任免等を管理する．

　設置者管理主義の例外として「指定管理者制度」が議論されている（「今後の学校の管理運営の在り方について（答申）」2004年中央教育審議会）．これは，民間の教育資源やノウハウ等の活力導入を目指して民間に管理運営体制を代行させようとするもので，公営組織の法人化・民営化の一環としての考え方である．

B．設置者負担主義

　「学校の設置者は，（略），法令に特別の定のある場合を除いては，その学校の経費を負担する」（学校法5条）．これは，学校の経費の負担を設置者に負わせるもので，設置者負担主義の原則を示したものである．「地方公共団体がその全額を負担する経費」（地方財政法9条）に関して学校について明らかにしたものである．

大学の自治
「学問の自由は，これを保障する」（憲法23条）．この規定は歴史的には大学における研究や教授の自由である．大学の自由は，大学の自治を意味している．学問研究に当たっては，時の権力者や，国家機関の指揮監督を受けて，恣意的な価値を押し付けられるものではなく，真理探究の道を保障するべきものである．学問の自由は，大学の自治と密接不可分であり，大学の自治は，憲法上の保障を受けているとされている．

指定管理者制度
公共施設の管理運営は，地方自治法の改正（2003年9月）で，国や地方公共団体の出資する法人や公共的団体等に限らず，民間事業者やボランティア団体等幅広い団体が参入できる指定管理者制度が導入された．民間能力を活用して，住民サービスの向上を図り，経費の節減等を図るのが目的である．既に水族館や公園等，教育施設・文化施設に指定管理者制度を導入している自治体もある．公立学校の運営民間化は課題が少なくない．

学校の経費
学校の経費は人件費や旅費，施設・設備の維持管理費等，多岐にわたる．教育活動では，①教科活動経費（各教科の教材・教具等）②教科外活動経費（総合的な学習の時間，特別活動〈ホームルーム活動，生徒会活動，学校行事〉学校図書館活動，教育相談，進路指導，学校給食）③管理活動経費（校務活動〈教務活動，研修活動〉，運営管理〈運営事務・環境整備・渉外活動・設備管理〉）④部活動経費などがある．

②**県費負担教職員制度**

　公立学校（区市町村立）の教職員は，区市町村の職員であるが，その給与は都道府県が負担している．設置者負担主義の例外である．この経費は義務的経費であり，多額であるので，市町村より広い財政力と安定性を持つ財源が求められる．そのため県費負担として，給与水準の確保と広域人事による一定水準の教職員を確保し，教育の機会均等を図ろうとする趣旨である．

③**教育委員会制度**

　教育委員会は，地方教育行政をつかさどる合議制の執行機関である．都道府県及び市区町村（学校組合を含む）に設置されている（地方教育行政の組織及び運営に関する法律〈以下地教行法〉第2条）．地域の実態に即して，教育・文化・スポーツ・生涯学習等の幅広い施策を展開することが期待されている．地教行法の改正（2015年）で教育行政の仕組みが変更された．

A．**教育委員会制度のねらい**

政治的中立性の確保

　　教育は不偏不党で中立公正の立場で行われなければならない．このため，教育行政の執行に当たっても，特定の党派的影響力を排除し，中立性を確保する必要がある．

継続性・安定性の確保

　　教育はその結果がすぐ表れる性格のものではない．教育の効果は，一定の年月を経て表れるのであり，またその効果も数値的に測定できるものではない．そのため，子どもの健全な成長発展を期するためには，教育期間を通じて安定的かつ継続的に教育が行われる必要がある．

地域住民の意向の反映

　　教育は専門家のみが担うだけでは不十分である．住民に身近な教育は，地域住民の関心も高い．地域住民の意向が反映できる制度が必要である．

B．**教育委員会制度の特性**

首長の任命責任

　　従来，首長への権限集中を避けるため，主たる教育行政を

担当する独立機関として設置し，中立的・専門的な教育行政が運営できるようにしていたが，新制度では，首長が教育長を直接任命し，教育行政の基本的方針（「大綱」）は，首長が主宰する「総合教育会議」で教育委員会と協議し，首長が策定することになった．

合議制
　　複数の委員による合議制がとられている．

住民の意向を反映する意思決定
　　事務局（教育長以下，指導主事等で構成）の専門的指導（professional leadership）だけで教育行政が行われないように，住民が事務局を指揮監督する，レイマンコントロール（layman control）（素人統制）の仕組みを導入している．

C．教育委員会制度の組織

教育長　従来の教育委員長と教育長を一本化した新「教育長」を設置した．首長が直接教育長を任命し，任命責任を明確にした．新「教育長」は，教育委員会の会務を総理し，教育委員会を代表する．会議の主宰者で，具体的な事務執行の責任者，事務局の指揮監督者で，任期は3年（地教行法5条）．

教育委員　原則4名（都道府県・市は5人以上，町村は2人以上にすることが可能）で，議会の同意を得て，地方公共団体の長が任命し（地教行法4条），任期は4年で再任はさまたげない（地教行法5条）．委員の定数に一を加えた数の二分の一以上の者が同一の政党に所属することとなつてはならない．

事務局　指導主事，社会教育主事，事務職員，技術職員などが配置される．

総合教育会議　すべての地方公共団体に設置し，首長が会議を招集する．会議は原則公開．構成員は首長と教育委員会で，必要に応じて意見聴取者の出席を要請する．主な協議・調整事項は，教育行政の大綱策定，教育の条件整備等，重点的に講ずべき施策，

レイマンコントロール
レイマン（素人）が，大所高所から意見を述べ，社会の良識を広く教育行政に反映させる仕組みをいう．レイマンは，高潔で幅広い見識をもつが，当該内容に専門知識のない門外漢である．教育専門家の判断のみによることで，教育行政の方針や決定が民意とかけ離れることを防ぐための制度である．しかし，事務局主導で民意が反映されず，会議の形骸化や委員の名誉職化といった指摘もある．

児童・生徒等の生命・身体の保護等緊急の場合に講ずべき措置である．

D．教育委員会の職務権限

　教育行政における重要事項や基本方針を決定する．その詳細は地教行法21条に19項目が列記されている．学校その他の教育機関の設置・管理・廃止，教育財産の管理，人事，入学・転学・退学，学校の組織編成・教育課程・学習指導・生徒指導及び職業指導，教科書その他の教材，教員等の研修，教員・児童等の保健・安全・厚生・福利，学校等の環境衛生，学校給食，社会教育，スポーツ，文化財の保護，ユネスコ活動等々に関する管理・執行などがある．

> **教育財産**
> 「学校やその他の教育機関の用に供する財産」を教育財産という．財産権の対象となるもので，動産・不動産を問わない．教育委員会は，この教育財産を管理する．公の財産のあり方は，「公金その他の公の財産は，宗教上の組織若しくは団体の使用，便益若しくは維持のため，又は公の支配に属しない慈善，教育若しくは博愛の事業に対し，これを支出し，又はその利用に供してはならない」（憲法89条）と規定されている．

2. 教員の養成と任用

（1）教職の専門職性

　どのような特徴を持つ職業を専門職と呼ぶことができるかについては諸説がある．アメリカのM. リーバーマン（Lieberman）は，次のように定義した．

①独自の重要な社会的サービスであり，そのサービスの範囲が明確に定められていること．

②サービスの行使に際し，知的技術が重視されること．身体的技術が必要な場合でも，高度な知的活動が基礎となること．

③長期間の専門的訓練が必要とされ，その訓練が継続的であること．

④自律性を要すること．適切と考える判断が実行される自由を持つこと．

⑤専門職の自律性の範囲内で決定されたことや行われたことに対する自己責任が広く承認されていること．

⑥専門職が行うサービスでは，経済的利益よりもサービスの方が優先し，強調されていること．

⑦自治的であること．
⑧倫理綱領を持つこと．
⑨専門職の育成のための長期の公的教育が行われること．
⑩生涯継続する職業であること．
　彼の定義からも教職の専門職性がわかる．
　ILO・ユネスコ共同勧告は，「教育の仕事は専門職とみなされるべきである．この職業は厳しい，継続的な研究を経て獲得され，維持される専門的知識および特別な技術を教員に要求する公共的業務の一種である．また，責任をもたされた生徒の教育および福祉に対して，個人的および共同の責任感を要求するものである．」(「教員の地位に関する勧告」1966 (昭和41) 年，ユネスコ特別政府間会議採択) と述べて，教職の専門職性を肯定している．
　教員には，「使命感，人間についての深い理解，専門的知識，教養などを基礎とした実践的指導力」(中教審答申1987 (昭和62) 年) を持つ「教育実践」の専門家であることが求められる．また教員は，学校・家庭・地域社会や専門家との連携・協働という面で「学校組織人」としての専門性を発揮するだけでなく，日々の実践を通じて，発見・創造する「教育実践研究者」としての専門性が求められることになる．

(2) 学校の教職員と職務
①教育職員と事務職員
　学校には多くの職員がいる．教育職員と事務職員を総称して教職員と呼んでいる．教育職員には，校長，副校長，教頭，主幹教諭，指導教諭，教諭，栄養教諭，養護教諭，助教諭，講師，養護助教諭等がいる．事務職員は，学校事務を担当するが，用務主事 (学校用務員)，学校栄養職員等も事務職員に含めることもある．
②必置職員
　学校には，必ず「置かなければならない職員」(必置職員) と，「置かないことができる職員」や，「置くことができる職員」が

ILO・ユネスコ共同勧告
この勧告は，教職を専門職として位置づけ，その地位の保護を明確にしたものである．しかし，政府の「指導力不足教員」政策と「新たな教員評価制度」(人事考課制度等) がこの勧告に違反するとして全日本教職員組合が提訴した．ILO・UNESCOの共同専門家委員会は，審査後，「勧告違反」を認定した (2003年) が，政府・文科省は，「勧告には法的拘束力が無い．これら政策・制度は管理運営事項である」との立場をとっている．

保育
幼稚園の根拠法令は学校教育法であり，「幼児を保育し，幼児の健やかな成長のために適当な環境を与えて，その心身の発達を助長することを目的とする」(学校教育法22条) ものである．同法27条には，「教諭は，幼児の保育をつかさどる」と規定している．保育園 (所) の根拠法令は児童福祉法であり，「日々保護者の委託を受けて，保育に欠けるその乳児又は幼児を保育すること」を目的とするもので，設立趣旨が異なっている．

規定されている．

A．必置職員

　小・中学校には，「校長，教頭，教諭，養護教諭及び事務職員を置かなければならない」（学校法37条・49条）．高等学校では，「校長，教頭，教諭及び事務職員を置かなければならない」（同法60条）．

　司書教諭は，12学級以上の小・中・高等学校で必置（学校図書館法5条）である．また，学校医，学校歯科医，学校薬剤師も必置とされる．（学校保健法16条）

B．置かないことができる職員（原則設置）

　「副校長を置くときその他特別の事情のあるときは教頭を，養護をつかさどる主幹教諭を置くときは養護教諭を，特別の事情のあるときは事務職員を，それぞれ置かないことができる」（学校法37条3項）．

C．置くことができる職員（任意設置）

　学校には「必要な職員を置くことができる」（学校法37条2項）．副校長，主幹教諭，指導教諭，栄養教諭等がある．さらに高等学校では，実習助手，技術職員等がある（学校法60条2項）．

（3）教員の養成

　明治以降の教員養成は，主に教員養成に特化した師範学校で行われていた．しかし第二次大戦後，教員養成制度は抜本的に改められた．現在の制度は教員免許の開放制を採用し，国公立や私立の大学で，必要な課程を履修し単位を修得すれば，あらゆる学部から教員免許を取得できるようになった．教員養成を大学という師範学校とは異なる学校にした背景には，教員としての資質が，単に教育技術の習得にとどまらず，学問探究の経験を必要としていることがある．高次の専門的分野に精通していることで，担当教科の専門的力量を発揮できるからである．しかし，教育学を専門に学ばないことへの弱点も指摘され，高度なスキルの習得を専門職大学で行う教職大学院制度が導入（2008（平成20）年4月開設）された．

実習助手
高等学校や中等教育学校では，教諭とともに実習助手という学校職員が働いている．「実習助手は，実験又は実習について，教諭の職務を助ける．」（学校教育法60条4項）ことを職務とする．「置くことができる」学校職員のことである．実験・実習授業で教諭の職務を助けている．

①教員の資格

教員の資格は，原則として相当免許状主義がとられ，「教員は，各相当の免許状を有する者でなければならない」（教育職員免許法〈以下免許法〉3条）．これは，教員に任用資格を課すことで，一定の教育水準を維持しようとするものである．校長や教頭の資格もそれぞれ所定の免許状所持が前提とされる．しかし，民間人校長のように，免許状がなくても特例として採用することもできる（学校法施行規則22条）．一定の要件がなければ任用しないだけではなく，欠格要件も定められている（学校法9条）．次のいずれかに該当する者は，校長または教員となることができない．1．成年被後見人または被保佐人　2．禁錮以上の刑に処せられた者　3．免許状が失効し，その日から3年を経過しない者　4．免許状取上げの処分を受け，3年を経過しない者　5．日本国憲法施行の日以後において，日本国憲法またはその下に成立した政府を暴力で破壊することを主張する政党その他の団体を結成し，またはこれに加入した者

②教職課程

教員の資格（免許状）を得るためには，教職課程の設置されている大学で，大学卒業等の基礎資格を有し，教育職員免許法に定める所定の単位を修得するか，教育職員検定に合格することが必要である．また，小学校及び中学校の教諭の普通免許状を授与されるには，当分の間，「障害者，高齢者等に対する介護，介助，これらの者との交流等の体験を行った者に限る」とされている（小学校及び中学校の教諭の普通免許状授与に係る教育職員免許法の特例等に関する法律2条）．

③教員免許状

免許法に基づいて授与される免許状は，普通免許状，特別免許状及び臨時免許状の3種類がある．普通免許状は，都道府県の教育委員会から授与される代表的な免許状である．学校・教科の種類ごとの教諭免許状及び養護教諭の免許状がある．学歴などに応じて，それぞれ専修免許状（修士の学位が基礎資格），一種免許状（学士の学位が基礎資格）及び二種免許状（短期大

後見人・保佐人

後見人は，後見の事務を行う者で，後見開始の審判があった時などに後見が開始される（民法838条）．成年被後見人は，精神上の障害により事理を弁識する能力を欠く「常況」にあって家庭裁判所の審判を受けた者である．保佐人は被保佐人を保護する者で，重要な法律行為の同意権を持つが代理権はない．被保佐人は，精神上の障害により事理を弁識する能力が「著しく不十分」である者として，保佐開始の審判を受けた者のことをいう．

教員免許状の失効する場合

①次に該当するとき〈○成年被後見人又は被保佐人○禁錮以上の刑に処せられた者○日本国憲法施行の日以後において，日本国憲法又はその下に成立した政府を暴力で破壊することを主張する政党その他の団体を結成し，又はこれに加入した者〉②公立学校教員が懲戒免職の処分を受けたとき　③公立学校教員が，勤務実績不良やその職に必要な適格性を欠くとして，分限免職の処分を受けたとき（教育職員免許法10条）

教員免許状を取り上げられる場合

国公立・私立学校の教員は次の場合に免許状を取り上げられる．（教育職員免許法11条）．①懲戒免職や懲戒解雇（懲戒免職相当事由）②勤務実績不良やその職に必要な適性性を欠くとして分限免職の処分を受けた時や分限免職相当事由で免職された時．③教育職員以外の者で免許状を有する者が，法令の規定に故意に違反し，又は教育職員としてふさわしくない非行があって，その情状が重いと認められる時．

助教諭

助教諭は，臨時免許状で，学校職員として勤務する者である．臨時免許状は，普通免許状を有する者を採用することができない場合に限り，教育職員検定に合格した者に授与される．「助教諭は教諭の職務を助ける」（学校教育法37条15項号）ことが，その職務内容である．第二次大戦後の教員不足の時代には，助教諭を活用していた．

学士の学位が基礎資格）に区分される（免許法4条）．幼稚園，小・中・高等学校，特別支援学校と各校種ごとの教諭の免許状，助教諭の免許状があり，養護教諭・栄養教諭の免許状は，校種を問わない免許状である．中等教育学校の教員は，中学校と高等学校の教諭または助教諭双方の校種の免許状を原則として有することが必要である．講師の免許状は存在しない．特別免許状は，教育職員検定に合格した者に授与される（免許法5条3項）．臨時免許状は，普通免許状を有する者を採用することができない場合に限り，都道府県の教育委員会の教育職員検定に合格すると授与される（免許法5条6項）．

④教員免許更新制

免許法の改正（2008（平成20）年4月施行）により，2009（平成21）年4月1日以降に授与された普通免許状と特別免許状は有効期間が定められ，授与後10年を経過する日の属する年度の末日までとなった．また，有効期間の満了時，免許状保有者からの申請で更新できる制度が導入された（2009（平成21）年4月から実施）．更新には，講習を受けることを義務づけた．講習は必修12時間，選択18時間で，修了認定を受けなければならない．

教員免許の更新制は，当初，不適格教員の排除を念頭に置いて教育改革国民会議（2000（平成12）年）で議論された．しかし，他の国家資格や公務員制度との関係で，教員のみに更新制を導入することの整合性が問われ，文科相の諮問機関である中央教育審議会では，不適格者排除の発想を転換し，代わりに指導力や学校経営能力向上の研修制度が提起された．これを受け2002年からは，「10年経験者研修」が制度化された．ところが，改めて更新制が諮問され，2006（平成18）年の答申で導入が打ち出され，免許更新制が成立した．このため，10年経験者研修と更新制の10年毎の講習が併存することとなった．既に，法定の初任者研修や自治体によっては2年，3年，5年，15年，20年研修も設けられている．また，更新制は，法律上の義務を教員に対してのみ課す内容であり，文科省，教委，大学，勤務校

には更新時期の通知義務や講習を受講させる義務はない．更新や失効は本人の責任とされる．

（4）教員の任用

任命権者が特定の人を特定の職につけることを任用という．任用には，採用，昇任，降任，転任の 4 種類がある（地方公務員法〈以下地公法〉17条①）．任用の基準は成績主義（merit system）である．受験成績，勤務成績その他の能力の実証に基づいて行われる（地公法15条）．これは，行政を中立的な立場におくことで，政治的介入や党派的利益に基づく猟官主義（猟官制・スポイルズシステム）を排除し，住民福祉の向上に寄与させようとするためである．

公務員の採用・昇任に当たっては，原則として学力試験に加え，論文や面接等を行う競争試験を経て任命する．しかし，教職員採用は競争試験を行わずに「選考」を行う．教員採用においては，教育者としての使命感，豊かな人間性や社会性，様々な体験に裏付けられた確かな指導力等を備えた，優れた人材の確保が求められる．このため人物評価を重視した選考が必要となる．そこで，受験者の資質能力，適性を多面的に評価するために，教養・専門などの筆記試験のほか，面接，実技，作文・論文，模擬授業等の多様な方法を組み合わせた採用選考が実施されている．公立学校の採用選考に合格した者は，区市町村教育委員会の内申や校長具申に基づいて，任命権者である都道府県教育委員会が任用を行う．

3．教員の研修

教員は，それぞれの職能，専門分野，能力，適性，興味，関心等に応じて，常に資質能力を向上させる必要がある．その基本は，日々の教育実践を検証・交流し，教師集団による教育研究活動等を通じて，教員自身が研鑽することである．任命権者

教育職員検定
都道府県教育委員会が，「受検者の人物，学力，実務及び身体について」行う検定である．文科省実施の教員資格認定試験とは異なる．普通免許状は，教育職員検定に合格しても取得できる．既に一つ以上の教科の免許状を持つ者が他の教科の免許状をこの検定で受ける場合は，「人物，学力，及び身体」について行い，実務の検定はない．都道府県のみに効力がある特別免許状や臨時免許状とは違って，授与された普通免許状は全国に通用する．

10年経験者研修
19ページ参照

降任
現在ある職よりも下位の職につけることをいう．例えば教頭職から，教諭につくような場合である．分限処分による降任とは別に，本人の希望に基づく降任制度もある．家庭の事情やストレスで職務に耐えられないと判断して，降任を希望して認められる場合である．

からも研修を命じられる．

「教育公務員は，その職務を遂行するために，絶えず研究と修養につとめなければならない」（教育公務員特例法〈以下教特法〉21条1項）とされ，任命権者も，「教育公務員の研修について，それに要する施設，研修を奨励するための方途その他研修に関する計画を樹立し，その実施に努めなければならない」（教特法21条2項）ことになっている．

（1）ライフステージと研修

初任の教員と中堅教員では，学校において担うべき役割が異なる．教員は，そのライフステージに応じて様々な資質能力が求められる．そのため，それぞれのライフステージにおける研修が必要になる．

①初任者の段階

採用当初から教科指導，生徒指導等に著しい支障が生じないような実践的指導力を備えていなければならない．大学の教職課程で学んだ基礎的，理論的内容を前提として，教科指導，生徒指導，学級経営等，教職一般について一通りの職務遂行能力が発揮できる研修が必要である．養護教諭は，心身の健康観察，救急処置，保健指導等児童・生徒の健康保持増進について，採用当初から実践できる資質能力が必要であり，そのための研修が欠かせない．

②中堅教員の段階

それまでの経験を基礎に学校の中堅として活躍する時期である．学級・学年運営，教科指導，生徒指導等について，広い視野での力量が求められる．学校運営上重要な役割を担い，企画立案，事務処理等の資質能力が求められる．主任や主幹等で活躍したり，若手教員への助言等中堅教員としての資質向上を図る研修が必要である．

③管理職の段階

管理職として学校運営を担う場合は，管理職としての資質向上が求められる．教育の理念や識見を基礎に，地域や子どもの

実態を踏まえた教育活動を展開するには，教職員の意欲を引き出すリーダーシップの発揮や，関係機関等との連携・折衝，組織的・機動的な学校運営等ができる資質能力の向上を図る管理職研修が必要となる．

（2）教員研修の実際[2]
　教員研修は，国レベルから，学校・個人レベルまで，様々な形で実施されている．
　〈国レベル〉
- 学校管理研修（中堅教員研修，校長・教頭等研修，海外派遣研修）
- 講師・指導者養成研修（学校組織マネジメントや国語力向上に向けた教育の推進のための指導者養成研修等，教育課題研修指導者の海外派遣プログラム）
- その他（産業教育等の指導者の養成を目的とした研修）

〈都道府県等教育委員会〉
- 法定研修（初任者研修・10年経験者研修）
- 教職経験に応じた研修（5年経験者研修・20年経験者研修等）
- 職能に応じた研修（生徒指導主事研修，新任教務主任研修，教頭・校長研修）
- 長期派遣研修（民間企業等への長期派遣研修）
- 専門的な知識・技術に関する研修（教科指導，生徒指導等に関する専門的研修）

〈市町村教育委員会等〉
- 市町村教育委員会実施の研修

〈学校等〉
- 校内研修，教育研究団体・グループ実施の研修，教員の個人研修

2）　文部科学省・教員研修の実施体系
　　http://www.mext.go.jp/b_menu/shingi/chukyo/chukyo0/toushin/attach/1337078.htm（2019年7月10日取得）

①初任者研修

　新規採用教員を対象に都道府県，指定都市，中核市教育委員会が実施する法定研修である．週10時間以上（年間300時間以上）の校内研修で，教員に必要な素養等に関する指導や，初任者の授業を観察しての指導，授業を初任者に見せて指導する等の内容で校内研修を行う．また，年間25日以上の校外研修（教育センター等での講義・演習，企業・福祉施設等での体験，社会奉仕体験や自然体験に関わる研修，青少年教育施設等での宿泊研修）を実施する．初任者は，「採用の日から１年間の教諭の職務の遂行に必要な事項に関する実践的な研修」（教特法23条１項）を義務づけられる．

②10年経験者研修

　在職期間が10年に達した者を対象に，2003年より都道府県，指定都市，中核市教育委員会が実施している法定研修である．「個々の能力，適性等に応じて，教諭等としての資質の向上を図るために必要な事項に関する研修」（教特法24条１項）である．長期休業期間中に年間20日程度，教科指導や生徒指導，適性に応じた得意分野づくり等の内容で，教育センター等で研修するものと，学校内で年間20日程度，研究授業や教材研究等を行う課業（学校で授業を行う）期間中の研修がある．

[３] 長期社会体験研修

　現職教員を，おおむね１カ月から１年程度派遣して行う研修で，社会の構成員としての視野の拡大，対人関係能力の向上等の観点から，民間企業，社会福祉施設等学校以外の施設等へ派遣する制度である．

☆（大学院修学休業制度）

　研修制度とは異なる大学院修学休業制度が作られている．教員が国内外の大学院に在学し，専修免許状を取得する機会を拡充するための制度である．一種免許状又は特別免許状を有する公立学校の教員（主幹教諭，指導教諭，教諭，養護教諭，栄養教諭及び講師）が，専修免許状取得のため１年を単位とする３年を超えない期間，国内外の大学院へ在学し，その課程を履修

> **大学院修学休業制度**
> この制度は，大学院に在学し，有する免許状の専修免許状を取得するための制度である．主幹教諭，指導教諭，教諭，養護教諭，栄養教諭だけでなく，講師も対象となる．正当な理由なく大学を休学したり，授業を頻繁に欠席したり，あるいは期間内に専修免許状を取得する単位の修得が困難になった場合は，大学院修業休業の許可は取り消される．定年退職日が期間内に到来する等の理由があれば許可されない．

するために休業ができる制度である．休業中の教員は，職務に従事しないので給与支給はないが，身分は保障される．そのため，在学する大学院を選び，フルタイムで在学できる．日頃の問題意識を，専門的な研究や分析に基づいて理論的・体系的に整理して，より高度な実践力を身につけることをねらいとしている．

（3）研修の種類
　研修形態から次の3つに分類できる

職務研修　　職務命令によるもので，命令研修である．初任者研修や10年経験者研修等がある．

職専免研修　職務に専念する義務を免除される研修である．文科省・教育委員会主催研修等がある．

個人研修や校内研修　教員個人の自主的研修や，教員が学校内で研修し合う校内研修会等がある．

（4）教員研修の性格
　「教育公務員には，研修を受ける機会が与えられなければならない」（教特法22条1項）とされるが，地方公務員にも「職員には，その勤務能率の発揮及び増進のために，研修を受ける機会が与えられなければならない」（地公法39条）と規定されている．地方公務員の研修が「能率の発揮及び増進」とされるのに対して，教員は「その職務を遂行するため」に研修が必要とされる．職務とその責任の特殊性に基づき，特別に教特法で規定されているものである．

（5）教員としての資質と研修
　教員が，児童・生徒や保護者に信頼されるためには，研修が不可欠である．生涯にわたって学び続け，自己を高め続ける姿勢が，尊敬され，信頼される教員をつくる．教員に必要とされる資質は多々あるが，何よりも「豊かな人間性」である．教員には，子どもがまるごと好きで，柔軟なものの考え方を持ち，

どんな子どもにも公正な姿勢で援助できる幅広い人間性が必要である．子どもの立場に立って，悩みや苦しみを共感できる等の資質が求められる．自己を磨き続ける人間味豊かな人格を持つ教員には，子どもは魅力を感じ全幅の信頼を寄せる．

「専門的技能」を有することも重要な資質である．教師は授業で勝負するといわれる．綿密な教材研究で生徒の学習上のつまずきや発展的学習を指導し，生徒の意欲・興味・関心を引き出す力量が求められる．しかし，生徒の実態を見ないで，教科等の狭い専門性にのみこだわっていると，生徒を強くひきつけることは難しい．授業や特別活動等で，生徒を自在に指導してこそ，専門性が発揮されたといえる．教育のプロとしての自覚を持って，研鑽し続ける厳しい姿勢が求められる．教員には，生徒や保護者に対する適切な「接し方」や「話し方」も求められる．教師がいかに愛情を抱いても，その伝え方や表現の仕方が適切でなければ，生徒の心に伝わらない．声の大きさ，抑揚に注意し，内容・目的に応じた話し方を心がける必要がある．心と心の触れ合う人間関係づくりに努め，心の触れ合いを基盤にした接し方を学ぶことが大切である．また，対話や人前で話すことは極めて重要な教師の職務である．わかりやすく説得力のある話し方をするためには，意識的な訓練が必要である．特に，ねらい（目標）を明確にして，アクセントをつけ，平易な言葉で，具体的な事項を入れて話すと効果的である．時，場所，対象に応じた話し方に留意をすることも必要である．

職場の教育研究活動（校内研修など）などから学び取る力が大切である．校外での研修だけでなく，校内研修も教師としての力量を高める機会である．どの教師も同僚として生徒の教育に携わっている．しかし，経験年数の違いや，指導方法の違いなどで，指導体制が一致しないこともある．職場の同僚として，胸襟を開き，実践を持ち寄り，指導のあるべき姿を研究しあう日常が重要である．学校現場で，生徒のことを常に話題とし，教師がそれぞれの視点や経験から指導のあり方を日常的に校内で研修（OJT）し合うことで教師の指導力量は高まる．「研

OJT
オージェイティー（OJT）は，オン ザ ジョブ トレーニング（On the Job Training）の頭文字をとったものである．学校を離れて研修会場へ出かける外部研修とは異なり，学校内部で研修するものである．上司，同僚等が，学校の現場で，授業や生徒指導・行事指導，その他の校務等，日々の具体的な教育活動を通じて，教師として必要な指導法や知識・技術・態度などを習得させる研修である．

修会」が研修実施の実績づくりのためという愚は避けねばならない．特別な時間や機会を設定するだけでなく，日常的な職務遂行を通して教師がお互いに学び合うことで，資質の向上が図られる．若い教師が，ベテラン教師の持つ長所を学んだり，若い世代の視点で生徒を捉え，相互に理解を深めたりするためには，教師の同僚性が不可欠である．

4．服務制度

（1）服務規律
①服務の根本基準
　「服務」とは，業務に従事することである．公立学校の教員は公務員であるので，民間よりも厳しい基準が課せられている．「すべて公務員は全体の奉仕者であって，一部の奉仕者ではない」（憲法15条2項）とされ，「すべて職員は，全体の奉仕者として公共の利益のために勤務し，且つ，職務の遂行に当たっては，全力を挙げてこれに専念しなければならない」（地公法30条）とされる．

②服務の宣誓
　「職員は，条例のさだめるところにより，服務の宣誓をしなければならない．」（地公法31条）とされ，公務員として採用される場合には，服務の宣誓が条件となる．例えば横浜市では，「私は，ここに，主権が国民に存することを認める日本国憲法を尊重し，且つ，擁護することを固く誓います．私は，教育及び地方自治の本旨を体し，公務を民主的且つ能率的に運営しなければならないという責務を深く自覚するとともに，全体の奉仕者であると同時に，とりわけ横浜市民の奉仕者であることを認識し，法令，条例，規則及び規定を遵守し，誠実且つ公正に職務を執行することを固く誓います．」との宣誓書に同意して，記名捺印をする．

③身分上の義務

　勤務時間内だけでなく，勤務時間外でも，全体の奉仕者として次の身分上の義務が課せられている．

Ａ．信用失墜行為の禁止

　「職員は，その職の信用を傷つけ，又は職員の職全体の不名誉となるような行為をしてはならない」（地公法33条）．直接には職務に関係のない行為であっても，「その職の信用を傷つけ，又は職員の職全体の不名誉となる」ものであれば，信用失墜行為になる．例えば，教員の飲酒運転は，道路交通法違反だけではなく，信用失墜行為として義務違反となる．

Ｂ．秘密を守る義務

　「職員は，職務上知り得た秘密を漏らしてはならない．その職を退いた後も，また同様とする」（地公法34条）．教員は職務遂行上知り得た秘密事項を他人に口頭で漏らしたり，文書で示すことや，黙認という不作為で事実上漏らすことも許されない．証人等法令による特別な場合であっても，任命権者の許可を必要とする．

Ｃ．政治的行為の制限

　教育公務員は，教育という職務の特殊性から，政治的中立性を保つために一般の地方公務員に比べて政治的行為が厳しく制限されている．（地公法36条）．人事院規則14-7は，一定の政治的目的と政治的行為を詳細に定め，その目的を持ってする行為を禁止している．また，「義務教育諸学校における教育の政治的中立の確保に関する臨時措置法」でも規定されている．教特法や国家公務員法（以下，国公法）でも次の規定がある．

　「公立学校の教育公務員の政治的行為の制限については，当分の間，地方公務員法36条の規定にかかわらず，国家公務員の例による．2　前項の規定は，政治的行為の制限に違反した者の処罰につき国家公務員法第110第1項の例による趣旨を含むものと解してはならない．」（教特法18条）

　「職員は，政党又は政治的目的のために，寄附金その他の利益を求め，若しくは受領し，又は何らかの方法を以てするを問

わず，これらの行為に関与し，あるいは選挙権の行使を除く外，人事院規則で定める政治的行為をしてはならない．②職員は，公選による公職の候補者となることができない．③職員は，政党その他の政治的団体の役員，政治的顧問，その他これと同様な役割をもつ構成員となることができない」（国公法102条）．

D．争議行為等の禁止

公務員の争議行為は禁止されている（地公法37条）．争議行為とは，同盟罷業（ストライキ），怠業，その他の争議行為，または怠業的行為，そのような行為を企てること，共謀，そそのかし，あおりである．

団結権は，「職員団体」として認められる（地公法52〜56条）が，団体協約締結権は含まれず，「書面協定」を結ぶことができるのみである．これらは，公務員が，使用者である国民・住民と私企業のような利潤配分で競い合う関係にないとの理由に基づいている．

E．営利企業等の従事制限

公務員は，任命権者の許可を得なければ，営利を目的とする私企業を営むことが認められていない（地公法38条）．この従事制限は，身分上の義務であるから，休職中であっても適用がある．ただし，「教育公務員は，教育に関する他の職を兼ね，又は教育に関する他の事業若しくは事務に従事することが本務の遂行に支障がないと任命権者において認められる場合には，給与を受け，又は受けないで，その職を兼ね，又はその事業若しくは事務に従事することができる」（教特法17条）とされ，職務の特殊性から，特例が認められている．

④職務上の義務

職務遂行に当たって遵守が要求される義務であるが，職務を離れてまで要求されるものではない．

A．服務の宣誓

公務員は採用される際に宣誓した憲法の尊重擁護義務（憲法99条）等を負う．

兼職・兼業

兼職は，報酬を得て何らかの事業又は事務に従事すること等をいう．教育委員会の委嘱する教育に関する非常勤の調査員等である．兼業は，公立学校の教員が他の国公私立の学校，専修学校又は各種学校の非常勤講師の職に就くこと等である．定時制高校の非常勤講師を採用できない時に，全日制の専任教諭が授業を担当する時は兼業である．いずれも本来の職務遂行に支障がでたり，能率に悪影響を与えるときは認められない．

B．法令等及び上司の職務上の命令に従う義務

「職員は，その職務を遂行するに当たって，法令，条例，地方公共団体の規則及び地方公共団体の機関の定める規程に従い，且つ，上司の職務上の命令に忠実に従わなければならない」（地公法32条）．上司とは，職務の遂行についてその職員を指揮監督する権限を有する者である．職務上の命令（職務命令）は次の要件を満たすことが必要である．①権限ある上司から発せられたものであること．②その職員の職務に関するものであること．③実現可能なものであること．④法に違反していないこと．

C．職務に専念する義務

「職員は，法律又は条例に特別の定めがある場合を除く外，その勤務時間及び職務上の注意力のすべてをその職責遂行のために用い，当該地方公共団体がなすべき責を有する職務にのみ従事しなければならない」（地公法35条）．

（2）分限と懲戒

①分　限

　分限とは，身分保障の限界を指す言葉である．その人の法律上の地位や身分に応じて，当然享受できる法律上の利益とその限度のことである．公務員には，強い身分保障が与えられているが，一定の事由で，本人の意に反しても身分上の変動を伴う不利益な処分を行うことができる（地公法27条）．これを分限処分という．分限処分は4種類あり，勤務実績，職務の遂行，適格性等に問題ある場合に，公務の能率を維持向上させる見地から行われものである．職員の道義的責任は問題にしていない．

A．免　職　職員の意に反して，職務を失わせる処分である．
B．降　任　校長職にあるものを教諭にする等，現在の職より下位の職に任命する処分である．

《免職と降任の事由》　次の4つがある（地公法28条）．
- 勤務成績がよくない場合
- その職務に必要な適格性を欠く場合
- 心身の故障のため職務遂行に支障があり，またはこれに耐

指導力不足教員と分限処分

2008年度に全国で指導力不足教員と認定された者は306名である．内訳は①同年度の研修受講者(189名) ②別の措置者(15名) ③翌年度の研修対象者(102名)である．①の内訳は，現場復帰(78)，依願退職(40)，分限免職(3)，分限休職(5)，研修継続(55)，転任(6)，その他(2〈懲戒免1，定年退職1〉)である．指導力不足教員に対して，継続的な指導・研修を実施するだけでなく，必要に応じて免職などの分限制度が運用されている．

　　　　えられない場合
　　・職制もしくは定数の改廃または予算の減少により廃職または過員を生じた場合
　C．休　職　職員の職を有したまま，強制的に職務に従事させない処分である．これには，病気休職（心身の故障のため長期の休養を要する場合）や刑事休職（刑事事件に関して起訴された場合），人事委員会で定める事由に該当した場合（*職務に関する学術に関する調査・研究　*外国の公共機関等の招きにより職務と関連する業務に従事する場合　*水難，火災，その他の災害により生死不明又は所在不明となった場合）などがある．
　D．降　給　現在決定されている給料の額よりも低い給料の額に決定する処分である．

②懲　戒

　懲戒は，職員の服務義務違反に対して，法律上の責任を追及するもので，公務員関係の秩序維持を目的とし，任命権者が科す制裁処分（地公法27条，29条）である．本人の道義的責任を問題にしているので，本人の故意や過失によることを要する．法律で基準が定められ，法律違反，職務上の義務違反，職務怠慢，非行に限定されている．懲戒処分には次の4種類がある．
　A．免　職　職員を公務員関係から懲罰として排除する処分である．退職手当は支給されない．
　B．停　職　懲罰として，職員を一定期間，職務に従事させない処分である．職を失わないが，停職期間は職務に従事させないので，無給である．
　C．減　給　一定期間，職員の給料を減ずる制裁処分である．
　D．戒　告　服務義務違反の責任を確認し，その将来を戒める処分である．
　E．訓告処分（文書訓告）と厳重注意（口頭注意）
　　　　　　　指導監督上，訓告や注意を与える措置で制裁を伴わず，履歴には残らないものである．

【懲戒免職の事例】
教員の非違行為を処分する場合，①非違行為の態様・被害の大きさ，司法動向等の社会的重大性の程度，②職員の職責，過失の程度や職務への影響等の信用失墜の度合い，③日常の勤務態度，常習性等の非違行為のあった職員固有の事情等，を総合的に考慮し処分する．免職処分の例では，○理由なく3週間以上続けての欠勤○公金の横領・窃盗・詐取，強盗・殺人○酒酔い（酒気帯び）での死亡事故○わいせつ行為・淫行等がある．

> **コラム** 許される？　許されない？
>
> 　次の行為は許される？　許されない？　根拠は？
> ①「3時間目は授業がない空き時間だ．この時間内に，外のコンビニにお弁当を買いに行こう」
> ②「先輩から予備校の講師をしてくれないかと頼まれた．たった週1時間であるし，お金になるから引き受けよう」
> ③「教師だから生徒の家庭のことまで何でも知っているよ．聞きたいことがあれば，こっそり教えるよ．」
> ④「教材研究も，授業の準備も，たいして行わなくてもいいのだ」
> ⑤「2年生の遠足引率は行きたくない．拒否します．」
> ⑥「休日のプライベートな時間での飲酒運転による違反だ．警察ならともかく，教育委員会から処分等，とやかくいわれる筋合いはない．」
> 《根拠法令》
> 　①職務専念義務（地公法35条）　②営利企業等の従事制限（地公法38条）　③秘密を守る義務（地公法34条）　④服務の根本（地公法30条）　⑤法令及び上司の職務命令に従う義務（地公法32条）⑥信用失墜行為の禁止（地公法33条）

（3）服務事故

　服務上の義務規定に違反した場合，服務事故として懲戒処分の対象とされる．教員の起こす服務事故で，体罰やセクシャル・ハラスメントが少なくない．教職員がセクハラを行うことは，場所の如何を問わず，教育への信頼を損なわせる．また，わいせつにつながることも多い．スクール・セクハラと呼ばれる，児童・生徒に対するセクハラは，被害生徒に深い心の傷を負わせるだけでなく，学校教育そのものに対する信頼を根底から覆すことになり，あってはならない行為である．

5. 教員の勤務条件

(1) 勤務
①勤務時間
　職員が任命権者の指揮監督の下で，職務に専念することを義務づけられた時間である．職員の出勤は，タイムカード等で確認する．勤務時間は実働8時間労働制で，1日8時間（1週間に40時間）以内と規定されている（労働基準法〈以下労基法〉32条）．地方公務員の場合は，労基法の範囲内で，各地方公共団体の条例で定められる．

　しかし，土曜日や日曜日に学校行事等を行う場合には，1週間に40時間を超える．この場合，一般職職員の勤務時間の規定が公立学校教職員にも準用されて，4週間を平均して1週間に40時間を超えない限り，特定の週に40時間を超え特定の日に8時間を超えて勤務させることが出来ることになっている（「一般職の職員の勤務時間，休暇等に関する法律〈勤務時間法〉7条」）．勤務時間の割り振りは校長が定めることになっている．

②時間外勤務
　一般に，時間外（超過）勤務をしたら法規上は「残業手当」（時間外手当）が支給される．しかし，学校の教育職員には法規上「残業手当」の支給はない．時間外勤務手当制度は教職員にはなじまないとして，労基法の例外的運用が行われている．限定された部分的超過勤務をさせることができるとした上で，一律4％の調整額を支給する措置がとられている．（「国立及び公立の義務教育諸学校の教育職員の給与に関する特別措置法」〈教職給与法，1971（昭和46）年施行〉）．時間外勤務をさせる場合は，文部科学大臣が人事院と協議して定める場合に限られ，教職員の健康と福祉を害することのないよう勤務の実情について十分な配慮がされなければならないとされている．これは，一律4％の調整額と引き換えに時間外勤務を無限定に命ずる趣旨ではない．教職給与法制定と同時に出された文部省（当時）訓令では，教育職員については，正規の勤務時間の割り振りを適

生徒の実習に関する業務
農林（農業）高校や水産（海洋）高校等の職業課程高校では，生徒が農林業や海洋水産等に関する実習授業が欠かせない．生徒の実習に関する時間外勤務は，工業・水産高校では校外の工場・施設，船舶を利用する実習に限定し，また，農林・畜産の高校では，家畜の出産とか疾病の発生，天候の急変等による緊急の作物管理業務等，臨時の実習に限定して認めようとするものである．

教育実習生の指導業務
教育職員に時間外勤務を命ずる業務は，日教組と文部省との交渉で，「確認事項」が合意され（1971・7・1），それに基づいて文部省訓令28号「教職員に対して時間外勤務を命ずる場合に関する規定」が制定された．第3項目の業務は交渉内容から，附属学校のみが対象である．附属学校以外の学校の場合は，教育実習生の受け入れは別個の委託契約にもとづくものであって，当該学校教員の本来の職務ではないからである．

正に行い，原則として時間外勤務は命じないものとされた．教育職員に対し時間外勤務を命ずる場合は，次に掲げる業務に従事する場合で臨時または緊急にやむを得ない必要があるときに限るものとした．

　一　生徒の実習に関する業務
　二　学校行事に関する業務
　三　学生の教育実習の指導に関する業務
　四　教職員会議に関する業務
　五　非常災害等やむを得ない場合に必要な業務

「三」を除く4つは，いわゆる「限定4項目（超勤4項目）」と呼ばれるものである．時間外勤務は，勤務の特殊性から，臨時または緊急に行う業務に限定されるとしている．しかし，教員に，時間外勤務を原則認めないことは，勤務実態と大きな隔たりがある．

③休憩時間と休息時間
A．休憩時間

　休憩時間は，勤務時間の途中で，勤務から解放され，自己の時間として自由に利用できる時間である．疲労回復を図り労働力を維持するために確保される時間である．使用者は，労働時間が6時間を超える場合は少なくとも45分，8時間を超える場合は少なくとも1時間の休憩時間を与えなければならない．休憩時間は労働時間の途中に付与し，かつ自由に利用させなければならない．使用者が休憩時間を与える場合，一斉付与が原則である（労基法34条）．また，この時間は，正規の勤務時間外とされる．従って給与支給の対象とならない時間である．

B．休息時間

　休息時間は，手休めの時間で，一定時間の勤務によって生ずる軽い疲労を休息によって回復させ，職務能率の増進を図るための時間である．労基法には規定がない．正規の勤務時間の一部であり，使用者の裁量で措置され，使用者の拘束が及ぶ時間である．そのため給与支給の対象とされる時間である．例えば勤務時間4時間について15分の休息時間を付与する等である．

④休業日の勤務

　休業日は，学校で授業をしない日である．夏季・冬季・春季の各休業日や開校記念日等の日がある．休業日は，原則として学校で「勤務すべき日」（勤務日）である．ただし，休業日が日曜日・祝日等，週休日や休日の場合は勤務を要しない．

⑤週休日

　週休日は，一定の労働によって蓄積された心身の疲労回復を図るために，労働から解放される日である．「正規の勤務時間を割り振られていない日」（労基法35条に規定する「休日」）であるので，勤務する義務はない．給与支給の対象外の日である．毎週少なくとも1回（あるいは4週間を通じ4日以上の休日を）付与されなければならないが，週休2日制の実施で土曜日・日曜日が週休日と定められている（「勤務時間法6条1項」）．公立学校職員は，条例で週休日を定めることになっている（地公法24条⑥，地教行法42条）．週休日に授業や運動会等を実施するような特別の場合は，週休日以外の日を週休日とすることができる．これを「週休日の振り替え」という．週休日の振り替えは，条例に定められているが，臨時的・突発的な勤務である時間外勤務とは性格が異なる．振り替えは，事前に行い，新たに勤務を割り振られる日の正規の勤務時間は，週休日とされる日の正規の勤務時間と同一の時間数であることが必要である．

教職雑学コーナー●週休日と休日はどう違う？

　「週休日」は給与の支払い対象の日ではない．しかし，「休日」は給与が支払われる日である．どちらも，勤務に就かないが，考え方が異なる．「週休日」の勤務には「勤務の振り替え」が必要であり，「休日」勤務には「代休日」がある．当然のことながら，振り替え日や代休日に勤務する必要はない．ちなみに，長期休業（夏休みなど）中の「休業日」は，「週休日」や「休日」を除くと，勤務時間が割り振られた日となる．

⑥休日

「国民の祝日に関する法律〈以下祝日法〉」で定められている「国民の祝日」（＝休日）や年末年始（12月29日～1月3日）が「休日」とされる．本来，給与支給の対象となる勤務を要する日であるにもかかわらず，正規の勤務時間においても勤務を要しない日とされているものである．これは，祝日法の制定趣旨や年末年始という社会通念を考慮して，服務上の特別措置として，勤務を免除するものである．本来勤務義務が課されていない労基法35条の「休日」（週休日）とは性格を異にしている．休日に勤務を命じられた場合は，代休日を指定して代休をとることができる．

⑦休暇等

A．年次有給休暇

原則として職員の請求する時季に与える年間一定日数の休暇で，有給のものである．職員の心身の疲労回復や労働力の維持のために，職員の請求する時季に与えなければならないとされる．利用内容に制限はない．ただし，年次有給休暇を与えることが校務に支障がある場合，使用者は，他の時季に変更させることができる．これを時季変更権という．

B．その他の休暇等

年次有給休暇以外にも，法令で様々な休暇制度がある．例えば，病気休暇や，慶弔休暇，公民権行使等休暇，妊娠出産休暇（16週間），妊娠初期休暇，早期流産休暇，生理休暇，夏季休暇，ボランティア休暇，介護休暇等がある．また，育児休業制度（3歳未満の子，無給）や一定の育児時間が保障されている．

（2）給与等

給与とは，いわゆる給料と諸手当を合わせたものである．国立学校は国が，公立学校は地方公共団体が，私立学校は学校法人が，それぞれ給与を負担する（設置者負担主義）．広域人事による地方格差の是正，教育の機会均等を図る目的から，県費負担教職員制度がとられ，市町村立学校職員の給与は都道府県

年次有給休暇日数の例・東京・神奈川
東京都の場合，1年につき20日付与されている．残った日数を，翌年に限り20日を限度として繰越できる．年の途中で採用された者は採用月に応じて付与される．4月1日採用の場合は15日である．神奈川県や大阪府・沖縄県等も同様である．

各種休暇の日数例
東京都の例：病気休暇（必要と認められる期間〈90日以内有給〉），慶弔休暇（結婚は7日以内），公民権行使等休暇（必要な時間），介護休暇（2年以内で180日以内），妊娠出産休暇（16週間以内〈多胎妊娠は24週間以内〉），妊婦通勤時間（1日60分程度），育児時間（1日90分程度〈男子職員可〉），生理休暇（必要な期間〈2日以内有給〉），夏季休暇（5日以内），長期勤続休暇（15年は2日以内，25年は5日以内），ボランティア休暇（5日以内）

が負担している．
①給与決定の三原則
　公立学校の教職員の給与決定にあたっては，職務給の原則，均衡の原則，給与条例主義の原則という3原則が地公法に規定されている．
　A．職務給の原則
　給与は，職員の勤務に対する対価であり，「職員の給与は，その職務と責任に応じるものでなければならない」（地公法24条1項）とされ，「職務と責任」に対応した職務給的給与が原則となっている．
　B．均衡の原則
　地方公務員の給与は，「生計費並びに国及び他の地方公共団体の職員並びに民間事業の従事者の給与その他の事情を考慮して定めなければならない」（地公法24条3項）とされている．
　C．給与条例主義の原則
　公務員の給与は，法定主義がとられている．地方公務員の場合は，「報酬，費用弁済及び期末手当の額並びにその支給方法」（自治法203条4項）や「給料，手当及び旅費の額並びにその支給方法」（自治法204条3項）は，条例でこれを定めなければならない．条例で定められていない，いかなる金銭または有価物も支給されない．
②給料
　民間の場合は基本給，国家公務員の場合は俸給と呼ばれるものである．正規の勤務時間における報酬で，「給与」のなかから「諸手当」を除いたものをいう．給料表（職務の級と号給で構成）に基づいて支給される．
東京都の例〈2020年4月1日適用〉
　大学卒業教員の初任給は，小中高等学校で約24万8700円，特別支援学校で約26万1700円である．初任給は，給料月額，教職調整額，地域手当，義務教育等教員特別手当，給料の調整額を合わせた金額である．給料の調整額とは，職務の複雑さ，困難さ，責任の度合い等，給料表で補い得ない職務にある職員〈特

別支援学校の授業担当教員）に支給されている．

A．昇給・減給・昇給停止

　昇給は，給料表の同一の級で，上位の号給に変更することである．勤務評定に基づいて昇級するが，勤務年数に応じて昇級する実態も少なくなかった．しかし，勤務実績を精査する業績評価主義が導入されてから，成果主義に基づく昇級が行われるようになっている．昇給停止は，一定の年齢に達すると昇給を停止する措置であり，減給は，懲戒処分を受けた場合等に給与が減額される措置である．

B．教職調整額

　教員の職務遂行は創意と自発性による面が多く，一般行政職員と同じ勤務時間の管理は適切でない．このため教員に一律給料月額の4％（教職調整額）を支給する措置がとられている（教職給与法1971（昭和46）年．勤務時間の内外を問わず包括的に評価した給与措置（時間外勤務手当相当分を含ませたねらいがある．）で，教員の勤務の特殊性を考慮したものである．

③諸手当

　手当には，生活給的手当と職務給的手当がある．教員特有の手当など，様々な手当が作られている．手当によっては，勤務の負担に比べてその額が必ずしも均衡していないと指摘されているものもある．

様々な手当

　扶養手当，住居手当，通勤手当，へき地手当，期末手当，退職手当，勤勉手当，特殊勤務手当（教員特殊業務手当），超過勤務手当，夜勤手当，管理職手当，義務教育等教員特別手当，産業教育手当，定時制通信教育手当

・勤勉手当

　　いわゆるボーナスとして期末手当とともに支給されるが，基準期間内の勤務日数によって支給率は異なる

・教員特殊業務手当

　　例えば，週休日の対外運動競技会への生徒引率業務や部活動指導業務，学校行事で宿泊を伴う修学旅行，移動教室等の

教員のボーナス・40歳
ボーナス（期末・勤勉手当）は，平均給与月額の何カ月分として支給される．2009年12月の東京都職員は2.15カ月分，神奈川県職員は2.2カ月分であった．東京都職員（警視庁，東京消防庁，都教育委員会，公営企業職員を含む）の1人当たり（平均43.0歳）の平均支給額は92万4971円である．神奈川県職員（平均年齢43.4歳）の平均支給額は95万1314円で，教職員は約98万円であった．

業務に支給される．
④給与の支給

　給与は，ノーワーク・ノーペイの原則がとられ，勤務の実態がなければ，その分の給与は支給されない．欠勤，遅参，早退等の態様に応じて減額される．給与の減額免除や休職者の扱い等は，条例で特例が設けられている．通常は，月1回の支給（月給制）である．
⑤給与の改定

　民間給与は，労使双方の当事者間で決定されるが，協議等で調整できない時には，争議等の手段が保障されている．しかし公務員は，団体交渉権や争議権を制限されているため，給与に関する交渉等の当事者能力はない．そのため，給与改定は，経済状況や民間の賃金ベースを基にした人事院（人事委員会）勧告に沿って行われることが一般的である．人事委員会が，給与の勧告を議会及び地方公共団体の長に対して行うと，給与勧告に法的な拘束力がなくても，任命権者はほぼその勧告に沿った形で，給与改定を行うことが多い．

自習の手引き

①中央教育行政と地方教育行政がどのように運営されているか，それぞれにの仕組みを調べ，教育行政の制度や組織を理解しよう．
②教員になるためには，どのような条件が求められているのか，専門職性や資格取得，任用のあり方について，理解を深めよう．
③教員研修の必要性や様々な研修について調べてみよう．
④教員の服務とは，どのようなことか理解を深めよう．教員には，どのような義務や処分があるのか理解しよう．
⑤教員の勤務条件はどのように保障されているのか，根拠となる法規を調べ，理解を深めよう．

第5章
学校の組織と運営

1. 学校教育

　私たちはそれぞれどのような意識でどんな教育を享受してきたのであろうか．わが国ではすべての国民が平等に，均等に教育を受ける機会を得ているが，公立・私立・国立・付属・共学・男子校・女子校・一貫校等々多くの学校がある中で，自分自身の経てきた学校教育をじっくりと見直して見るのは必要なことである．もっと拡げて両親や兄弟姉妹の場合はどうであろうか．また，海外の教育体験者もいるだろう．

　教師という職業を目の前にして，自分自身の半ば無意識（人によって違いがあろうが）に受けてきたこれまでの学校教育を，全体の中でより客観的に捉え直し俯瞰することは，現在の教育課題，今後の教育のあり方，そしてもっとも大切な自分自身の学校教育との関わり方を考察するために必要で有意義なことである．

　まず，学校はどのように発生したのであろうか

（1）学校の成り立ち

　人は生活の中で，他者と様々な関わり合いを持つ．親子，兄弟・姉妹，友達，先輩・後輩，同僚・上司・部下等々関わる中で，教えたり教えられたりしながら育ち，学び，仕事等を行っていくが，そのあらゆる場面で，広い意味の「教育」が行われているといえよう．そして，人々の生活の様々な機能の中の教育や学習の機能を意図的・組織的・計画的に行う場を社会に設定したものが学校である．

　学校が体系的に整備されるのは近代社会になってからであるが，その萌芽は世界各地に多様な形で発生している．欧米の商品経済の発達とともに生まれた自由都市の市民学校，16世紀の宗教改革の波を受けて発生したスイス，オランダ，プロイセンなどの無償の公立学校，17世紀のゴータ領主による世界最初の義務教育制度，アメリカのマサチューセッツ教育法の制定など様々な形が見られる．こうして，18世紀には一般庶民を対象に

した学校の萌芽ともいえるものが各国・地域で設置されていった．

(2) コンドルセの公教育論

フランスの思想家であり政治家であったコンドルセ (Marie Jean Antoine Nicolas de Caritat, marquis de Condorcet. 1743～94) は「教育の本質と目的」(1791) において，教育は人民に対する社会の義務であると述べている．ここで，彼は，国民の個人個人に教育を受ける義務を課しているのではなく，社会(国家)に対してその国民全員に教育を提供する義務を課しているのである．子どもは教育を受ける権利があり，国家はこの権利を保障する義務があるという考え方に基づく．

(3) わが国の学校教育制度

わが国では1872（明治5）年の学制公布の下に近代学校制度が始まった．それまでの庶民のための教育機関として寺子屋が普及していたことが広く知られている．

寺子屋は，商品経済の発展により自然発生したと考えられ，教える中身も手習い・道徳を中心に寺子屋によって，あるいは子どもによって様々で，個別指導も多かったであろう．この師匠に習いたいという一方，この子どもを教えたいという個別の関係が基本である場合も多かった．男子と女子の席が分かれていたり，身分差・家格差に従って席が定まっていることもある．

寺子屋の数は大きく増えている．

  1630～1780年　およそ30
   ～1830年　100～700
   ～1870年　1000～4000

近代学校の発足とともに，現在の教室様式になり，生徒全員に教師一人が向かい合って，一斉教授法が取り入れられた．師匠を選ぶのではなく，定まった学区の学校に通うことが制度化された．

わが国の教育制度の変遷を簡単に見ておこう．

明治30年代に諸勅令が改正され，中等教育機関が拡充・多様

表5-1　わが国の教育制度

時　期	備　考
(1)「学制」期の学校制度　1870年代	国民皆学の思想　小学校の端緒（小学校学区域）
(2) 教育令改正（明治13）期1880年代	分岐型学校制度
(3) 明治30年代初頭　　　1890年代	学校制度全般の整備
(4) 大正期　　　　　　　1910年代〜	高等教育の整備充実
(5) 戦時下	国民学校令（昭和16）
(6) 第二次世界大戦後	米国教育使節団の提言を基礎に全面的改革

*1900年の小学校令では，授業料無償制と教科書国定制や学年毎の学級編成が実施されるようになった．小学校の就学率は約100％となった．

化されていく．学校の系統化が進み，中学校，高等学校（大学予科），大学のコースと同時に実業教育も整備された．

　大正末期から昭和戦前・戦中期の学校教育は，超国家主義的・軍国主義的性格が強まり「皇国民練成」がその目的となったが，第二次大戦の敗戦により，アメリカ教育使節団の勧告の下に，民主教育への改革が行われ現在に至っている．

　しかし，経済の発展・安定成長，産業構造の変化，国際化，情報化等々，時代の変遷とともに人々の教育に対する期待や要望も様々に変化をしている．国民の要請が多様化し，それぞれの能力・適性に応じた教育の充実（「21世紀を展望したわが国の教育の在り方について」平成8年中央教育審議会，「新しい時代を拓く心を育てる，今後の地方教育行政の在り方」同10年同審議会）が求められている．

　2006（平成18）年改正された教育基本法では学校教育のあり方について補填され，大学（第7条），私立学校（第8条），教員（第9条），家庭教育（第10条），幼児期の教育（第11条）が加えられた．それに伴い学校教育法も，改正され，学校教育の充実を図るため，義務教育の目標を定め，各学校種の目的・目標を見直すとともに，学校の組織運営体制の確立のため，副校長，主幹教諭等の新しい職の設置，学校評価及び学校情報提供

に関する規定の整備等の改正を行った.

旧教育基本法（1947（昭和22）年）

> 第6条（学校教育）
> 　法律に定める学校は，公の性質をもつものであって，国又は地方公共団体の外，法律に定める法人のみが，これを設置することができる．
> 2　法律に定める学校の教員は，全体の奉仕者であって，自己の使命を自覚し，その職責の遂行に努めなければならない．このためには，教員の身分は，尊重され，その待遇の適正が，期せられなければならない．

改正教育基本法

> （学校教育）　第6条
> 　法律に定める学校は，公の性質を有するものであって，国，地方公共団体及び法律に定める法人のみが，これを設置することができる．
> 2　前項の学校においては，教育の目的が達成されるよう，<u>教育を受ける者の心身の発達に応じて，体系的な教育が組織的に行われなければならない</u>．この場合において，教育を受ける者が，学校生活を営む上で必要な規律を重んずるとともに，自ら進んで学習に取り組む意欲を高めることを重視して行われなければならない．

＊下線部：（著者）

2. 学校の組織 （校務分掌，職員会議，企画調整会議など）

　現在，学校運営が一層円滑にかつ効果的に行われるように学校の組織構造を「ピラミッド型（重層構造）」に再編することによって校長のリーダーシップの下に学校をより組織的に運営することや責任体制を明確化することが図られている．

（1）校務分掌

　学校には，教育活動の根幹となるカリキュラムの実施をはじめとして，組織としての目標実現に向けて担っている様々な活動があるが，そのすべてを円滑に行うためには，教職員の役割

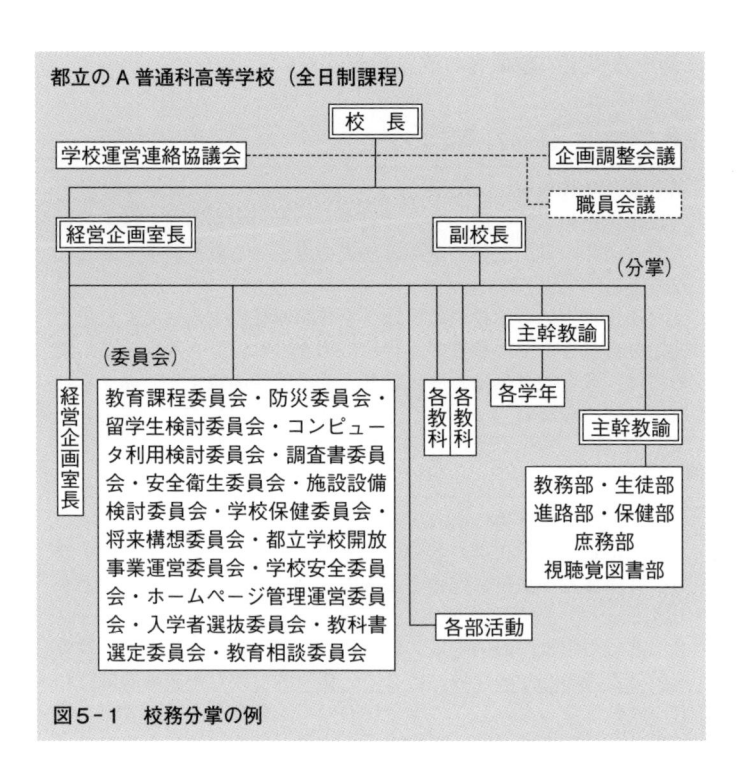

都立のA普通科高等学校（全日制課程）

```
                    ┌─────────┐
                    │ 校　長  │
                    └────┬────┘
┌──────────────┐         │         ┌──────────────┐
│学校運営連絡協議会│ ─ ─ ─ ─┼─ ─ ─ ─ │ 企画調整会議 │
└──────────────┘         │         └──────────────┘
                         │          ┌──────────────┐
                         │          │ 職員会議     │
                         │          └──────────────┘
     ┌──────────────┐    │    ┌──────────────┐
     │ 経営企画室長 │    │    │  副 校 長    │
     └──────┬───────┘    │    └──────┬───────┘
                                    （分掌）
                                    ┌──────────┐
                                    │ 主幹教諭 │
                                    └──────────┘
```

（委員会）

経営企画室長

教育課程委員会・防災委員会・留学生検討委員会・コンピュータ利用検討委員会・調査書委員会・安全衛生委員会・施設設備検討委員会・学校保健委員会・将来構想委員会・都立学校開放事業運営委員会・学校安全委員会・ホームページ管理運営委員会・入学者選抜委員会・教科書選定委員会・教育相談委員会

各教科　各教科　各学年

主幹教諭

教務部・生徒部
進路部・保健部
庶務部
視聴覚図書部

各部活動

図5-1　校務分掌の例

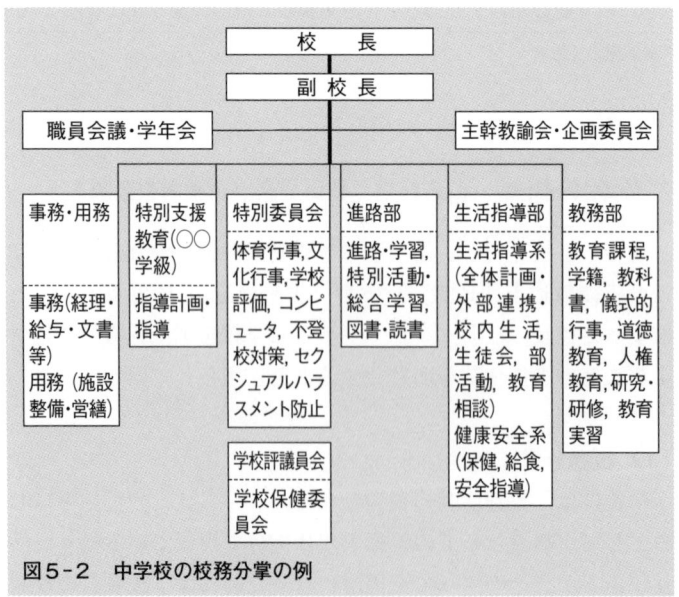

```
           ┌─────────┐
           │ 校　長  │
           └────┬────┘
           ┌─────────┐
           │ 副 校 長│
           └────┬────┘
```

職員会議・学年会　　　　　　　主幹教諭会・企画委員会

事務・用務	特別支援教育（○○学級）	特別委員会	進路部	生活指導部	教務部
事務（経理・給与・文書等）用務（施設整備・営繕）	指導計画・指導	体育行事,文化行事,学校評価,コンピュータ,不登校対策,セクシュアルハラスメント防止	進路・学習,特別活動・総合学習,図書・読書	生活指導系（全体計画・外部連携・校内生活,生徒会,部活動,教育相談）健康安全系（保健,給食,安全指導）	教育課程,学籍,教科書,儀式的行事,道徳教育,人権教育,研究・研修,教育実習

学校評議員会
学校保健委員会

図5-2　中学校の校務分掌の例

分担と協同が不可欠である．この役割分担を校務分掌（図5－1，図5－2）と呼ぶ．各学校は調和のとれた学校運営にふさわしい校務分掌を整えることとされており（学校教育法施行規則第43条），実態に合わせて工夫している．

（2）職員会議

学校運営を円滑に進めるために，職員会議は重要な役割を果たす．職員会議は，多くの学校で，校長の経営方針を周知させる場であるとともに教職員の連絡調整，共通理解を図るためにも有効に活用されている．

法的根拠としては，学校教育法施行規則第48条第1項に「小学校には，設置者の定めるところにより，校長の職務の円滑な執行に資するため，職員会議を置くことができる」，第2項に「職員会議は，校長が主宰する」がある．

従来，明確な規定がないままに，職員会議は議決機関であるという考えもあり，会議が校長と教職員の意見の対立の場になることもあった．東京都では，「職員会議が学校における最高意思決定機関」という考えに対して，1998（平成10）年に東京都立学校の管理運営に関する規則第12条の7第1項で「校長は，校務運営上必要と認めるときは，校長がつかさどる校務を補助させるため，職員会議を置くことができる」として，職員会議の性格を明確に定めた．続く第2項では職員会議で取り扱う事項として以下の3つをあげている．

①校長が学校の管理運営に関する方針等を周知すること．
②校長が校務に関する決定等を行うに当たって，所属職員等の意見を聞くこと．
③校長が所属職員等相互の連絡を図ること．

学校組織が，その機能をより一層高めるためには構成員である教職員一人ひとりの能力が十全に発揮されなければならないことはいうまでもない．学校がその教育目標に向けて成果をあげるためには，次のようなことが必要であろう．

①一人ひとりが学校の掲げる目標をしっかりと理解し，全体

の共通理解につなげる．そのため，周知の機会や意見交換の場を定め，組織や命令系統を明確にする．
②個々の実践に関して教職員間のコミュニケーションを密に行い，情報交換を活発にする．そのため，各部・科・委員会等の会議や研修会を定期的に定める．
③一人ひとりが学校全体の教育課題を自覚し，各自の課題を通して解決策を探る．

何より大切なことは教職員全体の協力体制である．

（3）学校全体の企画・調整にあたる組織

学校運営を円滑に進めるために，校務に関する企画立案及び連絡調整の場を主任会などの形で慣行的に設けている学校は従来から多かったが，その権限・機能は曖昧であった．

東京都では公立学校の管理運営に関する規則で，平成15(2003)年に各学校が企画調整会議（小中学校では独自の名称をとる）を設置することが義務づけられた．ここで討議されたことは，職員会議で周知される．メンバーは校長，教頭（副校長），事務（室）長（経営企画室長），主幹等である．平成19(2007)年の主幹教諭の法制化などにより，同様の組織を正式に設置する自治体も増加してきた．様々な教育課題に対し，各学校が組織的に力を合わせて迅速，的確に対応できなければならない．教職員一人ひとりの持てる能力を最大に生かす，より有効な組織が重要である．

3. 学校運営（組織目標，学校経営計画，学校評価など）

（1）組織目標

学校の教育活動は授業ばかりでなく様々に多岐に渡って行われるが，そのすべてが教育目標達成のための営みであるといえよう．

憲法や教育基本法で示されている普遍的な教育の目的・目標

を踏まえて，各都道府県市区町村教育委員会の教育目標が設定されている．その教育目標を受けて，各学校の教育目標はそれぞれの学校の実態に合ったものとする必要がある．

　学校の教育目標は，理想や理念を示すものであるが，近年はより具体的，より細部にわたり設定する傾向がみられる．開かれた学校づくりの一環として，地域社会や子どもの実態などをもとに，地域や保護者の願いを反映する必要も生じているからであろう．

　学習指導要領に示された各教科等の目標にのっとりそれぞれの学校の教育目標に合った教育課程を編成し，それに基づいた各部署の仕事，年間行事計画等を設定することが重要である．（『教職員ハンドブック』）

　組織目標実現のためには，児童・生徒と直接接するあらゆる場面で個々の教師の観点が生きるように様々な工夫が求められる．しかし，各教師は，例えば，熱意のあまり主観的感情にはしり客観性を失うようなことがあってはならない．学校という組織の一員であることを自覚し，職場の人々と必要に応じて十分なコミュニケーションをとることが大切である．

（2）学校経営計画

　学校教育目標をかかげ，その目標の下に学校が行う教育活動を年度ごとに計画し示す必要がある．その学校の目指す学校像・ビジョン，中期的目標・方策等を明確に示し，更に教育課程を中心に教育内容の重点項目（例えば，学力の向上，豊かな人間性の育成，健康と安全・体力づくり等々），授業時数の配分，年間行事計画，校内研修計画，協力体制の整備等々，学校の教育活動の組織的計画をまとめたものが，学校経営計画である．各学校の全体像が周知され，この計画に沿って教育活動が実施され，その結果は学校評価の対象となる．そして評価を踏まえて次年度の経営計画が作成されるのである．このように，一連の営みが，「計画－実施－評価」のサイクル（図5-3）にそって，より効果的に行われるように提示されている．

以下に，学校経営計画例の項目・部分とサイクルおよび「教育委員会と学校」（図5-3）を示す．

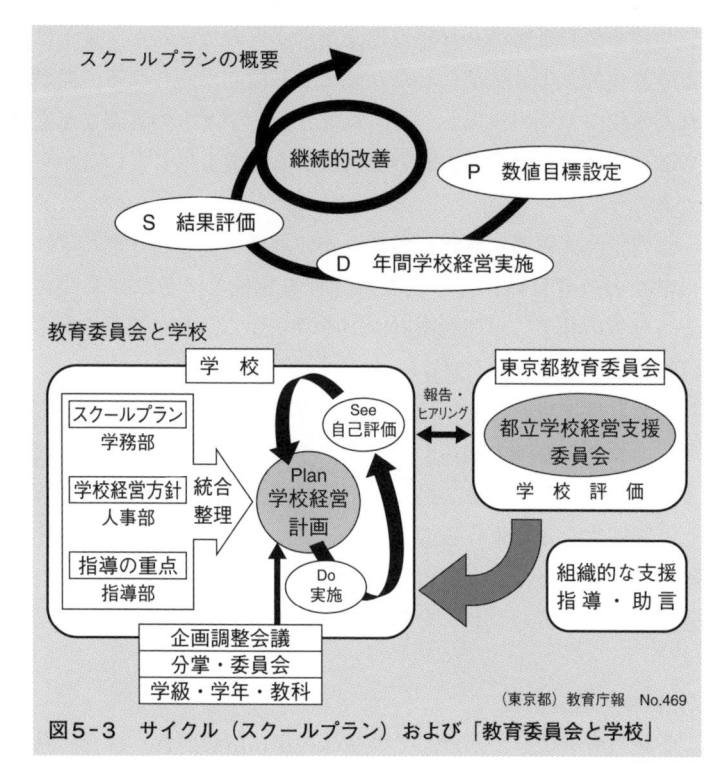

スクールプランの概要

継続的改善
P 数値目標設定
S 結果評価
D 年間学校経営実施

教育委員会と学校

図5-3　サイクル（スクールプラン）および「教育委員会と学校」
（東京都）教育庁報 No.469

TT（ティームティーチング）

複数の教員が役割を分担し，協力し合いながら指導計画を立て，指導する方式のことで，1993（平成5）年，第6次公立義務教育諸学校教職員配置改善計画で提示され，積極的な導入が図られるようになった．

方式としては，①同一学級内で，個の理解や進度の程度や興味関心等に応じた学習を進める，②学級の枠を超えて習熟度別・課題別・個別学習を進める，③学習内容に応じるものとして，体験的な学習，コンピュータ等を活用する学習を進める等がある．

メリットとして，①多くの視点から児童生徒の把握ができる，②それぞれの教員の専門性や特性が生かせる，③一人ひとりの児童生徒の実態に応じた指導が可能となる等が考えられる．

学校経営計画　例1（B高等学校　項目のみ例示）

年度当初の学校経営計画

1	目指す学校像
2	中期的目標と方策 （1）中期的目標 （2）中期的目標達成のための方策
3	今年度の取り組み目標と方策 （1）教育活動の目標と方策 　　学習指導，進路指導，生活指導，特別活動・部活動，健康づくり，募集・広告の活動，学校経営，組織体制 （2）重点目標と方策・数値目標

年度末の学校経営報告において，

1	今年度の取り組みと自己評価 （1）教育活動への取り組みと自己評価 （2）重点目標への取り組みと自己評価
2	次年度以降の課題と対応策 （1）学習活動・進学対策 （2）委員会等の組織整備 （3）教育環境の整備 （4）広報活動の充実

学校経営計画 例2（C小学校 抜粋）

学校教育目標					
目指す学校像					
領域	中期経営目標	短期経営目標	具体的方策	評価指標及び評価基準	
学力の向上	指導方法・評価を工夫改善し，基礎的基本的事項の定着を図る	授業研究を通して，指導方法・評価方法を工夫し，分かる授業つくりをする	全学級，授業公開をし，指導方法を工夫する	1回以上授業公開した職員が100%	
				1回以上授業公開した職員が90%以上	
				1回以上授業公開した職員が80%以上	
				1回以上授業公開した職員が80%未満	
			学期に1回は，出前授業・コース別授業・少人数指導・TT等を取り入れた授業をする	学期に1回実施した学年が100%で2回以上実施した学年もある	
				学期に1回実施した学年が100%	
				学期に1回実施した学年が80%以上	
				学期に1回実施した学年が80%未満	
			講師を招聘しての全体研修会を3回行う	全体研修会を4回以上行う	
				全体研修会を3回行う	
				全体研修会を2回行う	
				全体研修会を2回未満しか行えなかった	
			校内研究授業を2回持ち，講師を招聘して研修する	校内研究授業を3回以上行う	
				校内研究授業を2回行う	
				校内研究授業を1回行う	
				校内研究授業を行えなかった	
		学力向上プランを作成し，基礎・基本的内容の確実な定着を図る	国語の学習では，毎時間音読を取り入れる	音読を取り入れた授業が100%	
				音読を取り入れた授業が90%以上	
				音読を取り入れた授業が80%以上	
				音読を取り入れた授業が80%未満	
			算数の学習では，5分間チャレンジタイムを設け，反復練習をする	反復練習を取り入れた授業が100%	
				反復練習を取り入れた授業が90%以上	
				反復練習を取り入れた授業が80%以上	
				反復練習を取り入れた授業が80%未満	
			朝の10分間読書や読み聞かせ等で，読書の習慣化を図る	概ね達成できた学級が100%	
				概ね達成できた学級が90%以上	
				概ね達成できた学級が80%以上	
				概ね達成できた学級が80%未満	
			学習規律を見直し，学習準備や聞く・話す態度を徹底する	概ね達成できた学級が100%	
				概ね達成できた学級が90%以上	
				概ね達成できた学級が80%以上	
				概ね達成できた学級が80%未満	
			学力定着コーナーを設け，手づくり資料を作成する	国語・算数のプリントに加え体育や音読についてのプリントをつくる	
				国語・算数のプリントを50種類以上つくる	
				国語・算数のプリントを20種類以上つくる	
				学力定着コーナーをつくる	

（3）学校評価

　実践された教育活動を適切に評価し，次年度の活動につなげ，学校運営の改善と発展を目指すことが学校評価の目的である．Plan ⇒ Do ⇒ See の See の部分であるが Check（評価）⇒ Action（改善）も同様である．全教職員が参画して評価項目や内容，方法，評価基準を決め，評価段階では設定した目標や具体的計画（学校経営計画）に照らしてその達成状況や達成に向けた取り組みの適切さ等について評価するのである．

　学校経営計画に提示されたことの実施状況を評価することが求められるが，項目ごとの到達目標の設定が第一条件となり，実施状況や結果を判断することになる．目標設定の可否も評価の対象となり，学校経営計画そのものの妥当性を評価することも大切な視点となろう．

　次に，評価者の設定である．教職員が行う「自己評価」（内部評価）と，保護者や地域の関係者などが行う「他者評価」（外部評価）がある．教職員のみでは，同じような視点に偏ったり，自らの取り組みに客観的な評価が可能なのかといった疑問も否定できないので，保護者，地域関係者による，前者とは異なった立場からの見方や考え方を取り入れた評価が重要なこととなる．

　学校によって，その評価の実施が不十分だったり，調査結果の公表が進まないなどの課題がある．教職員の創意工夫を生かして，適切な評価システムを構築することが極めて大切である．管理職のリーダーシップの下に，全教職員の協力体制が求められるところである．

　次に，学校評価の実施状況，アンケート項目，外部評価者，学校評価の成果について見る．

資料1　文部科学省「学校評価及び情報提供の実施状況調査結果（平成18年度間概要）」

公立学校における外部アンケート等の実施状況	
実施した	88.9%
実施しない	11.1%

公立学校における外部アンケート等の実施状況			
幼稚園	小学校	中学校	高等学校
68.6%	93.2%	91.0%	86.3%

公立学校における外部アンケート等の項目	
学校教育活動への満足度	88.2%
授業（方法，形態，理解度）	86.9%
学校行事	84.6%
児童生徒の基本的習慣	80.1%
生徒指導	77.6%

資料2　文部科学省「学校評価及び情報提供の実施状況調査結果（平成15年度間概要）」

外部評価における評価者（%）			
	公立学校	国立学校	私立学校
保護者	78	60	64
学校評議員	49	79	26
ＰＴＡ役員	46	39	61
児童生徒	41	25	20
地域住民	17	5	11
その他	4	12	14

学校評価における成果（%）			
	公立学校	国立学校	私立学校
次年度の取組の参考	93	99	83
改善点の明確化	88	96	68
教職員の共通理解の促進	86	91	76
教職員の意欲喚起	71	73	69
児童生徒，保護者意識の把握	67	56	39
保護者の協力の推進	46	50	46
保護者の意識の変化	34	28	31
地域の協力の推進	30	15	13
児童生徒の意識の変化	25	27	19
地域の意識の変化	16	27	10
その他	1	2	1

更に，東京都の公立学校に設置されている「学校運営連絡協議会」による学校評価の例を見る．

学校評価　例　「学校運営連絡協議会による学校評価」（D高等学校）

評価の観点	「学校への理解」「学校の意欲」「学校の実践」			
アンケート調査の対象・規模	生徒（924名），保護者（924名），全教員（56名），地域（○名）			
主な評価項目	学校運営，学習活動，生活指導，進路指導，PTA活動など			
評価結果の概要				
評価項目	当てはまる・やや当てはまる(%)			評価結果
		H.19年度	H.20年度	
授業での教え方や説明は分かりやすいように工夫している	1　年	79	61.3	3学年は学校への信頼度が高い．全体を通しての下降傾向，生徒と教員間の意識のズレに注意．
	2　年	81	59.3	
	3　年	58	73.2	
	教　員	100	97	
補習や講習は充実している	1　年	60	61.7	生徒・保護者と教員の間でかなりのズレを感じざるを得ない．
	2　年	68	57	
	3　年	58	66.1	
	保護者	55	59.8	
	教　員	91	88.2	
各教科の成績では，何が基準になるかを知っている	1　年	38	50.8	昨年同様，依然不十分であるため，さらなる徹底に努めたい．
	2　年	42	49.1	
	3　年	42	48.7	
	保護者	40	36.9	
	教　員	100	78.9	
生活指導方針と指導方法は理解できる	1　年	77	75	生徒が考える「自主自律」と教員側が捉えているそれとは，依然として食い違いが見られる．
	2　年	71	61.3	
	3　年	77.6	77.6	
	保護者	87	86.1	
	教　員	52	61.2	
先生たちは自分たちの意見や悩みに適切に応じてくれる	1　年	61	55.9	生徒の教員への要求水準は高いが，今年度は保護者の満足度が上がったのが特徴である．
	2　年	59	55.9	
	3　年	54	67.4	
	保護者	66	87.7	
	教　員	100	97.1	
本校に入学して良かった	1　年	82	75.4	今年度も生徒や保護者の満足度はかなり高く，傾向としては望ましい．
	2　年	77	75.2	
	3　年	76	79.3	
	保護者	85	92.5	

4. 学校運営への協力（自己申告，人事考課制度など）

　教員はその仕事上，一人ひとりが個人として児童・生徒に向き合うことを基本とする．そのため，独自性や専門性がおおいに生かされるのであるが，同時に閉鎖的になったり，学級王国という言葉に表されるように自己満足的になる恐れがある．教員同士が相互不可侵という状況に陥りやすいことも否定できない．マンネリズムに陥ったり学級崩壊，授業不成立などの状況に悪化することもあり得る．

　また，学校組織は長い間，校長－教頭（副校長）－教員という組織系統であるが，管理職層が極めて薄く，ちょうど鍋蓋のようなので「鍋蓋組織」と称されてきた．一般の企業や行政組織等と比較しても組織力を発揮することへの弊害と考えられた．

　東京都では，1998（平成10）年に管理運営規則の改正によって校長の権限を強化した．2003（平成15）年に新たな任用上の職務として「主幹」制度を導入したのも同趣旨によるものである．

学校運営連絡協議会

開かれた都立学校を目指し，都民に信頼される，魅力ある学校づくりを進めるために，東京都教育委員会が平成13年度から全都立学校に設置した．

同協議会は，内部委員である校長・副校長・事務（室）長・主幹等と，地域住民・保護者・地域の学校及び関係諸機関から学校の実情に応じ校長が推薦し東京都教育委員会が委嘱する外部委員で構成される．

それぞれの学校が目指す学校像を広く都民に説明するとともに，地域住民・保護者等による評価を学校運営や教育内容に反映させることを目的とし，学校運営に保護者や地域住民の参加を得て，意見交換を行う場とする．具体的には，年3回以上の開催を原則とし，評価委員会を設け，アンケート実施などによる学校評価を行う．そのためには協議委員が学校の教育活動の実態を正確に把握する必要があり，学校経営や予算・決算資料などの学校情報提供，授業参観，文化祭・体育祭等の学校行事への参加，校長の判断によっては職員会議や企画調整会議への参加も促される．

教職雑学コーナー●バーナードの組織論

　アメリカのバーナードは，組織を「共通の目的を達成するために複数の人間の意識的に調整された行動のシステム」とし，その組織が成立するために必要な要素として，①共通の目的（その目的がそれぞれの個人にとってどのような意味を持つかということではなく，「その目的が組織全体にとってどのような意味があるかを，個人がいかに考えるか」が重要である），②貢献する意欲（意欲の強さは人によって異なるが，大きく変化するものである），③コミュニケーション（個人の持つ意欲が共通目的に貢献するものであるかどうかは明らかではないが，この共通目的と意欲をつなげるものがコミュニケーション・伝達である）をあげている．

（INITIA Archives 経営講座1．組織論：第8章参照）

さらに，2007（平成19）年学校教育法が改正され，学校に副校長，主幹教諭及び指導教諭を置くことができるとされた．組織を効率化，活性化し，学校が一丸となって取り組むことが望まれている．（『教職員ハンドブック』）
　重要なことは，学校組織の構成員である教職員個々の自覚と，相互のコミュニケーションである．コミュニケーションが十分であれば一人ひとりの能力が発揮され，それぞれの特性を相互に活かしあうことができ，優れた連携協力が可能なこととなる．

（1）自己申告制度（東京都公立学校）

　教員の仕事は他の職種と比較しても，自己裁量の幅が大きいといえる．常に自己研鑽や研修が要請されているゆえんでもある．そこで，自らの職務を見直し，検討することが極めて大切であり必要なことである．
　仕事内容は広範かつ多様であり，それぞれが関連しあっているが，大きく分類してみるとまず「学習指導」があり，学習指導以外に「生活指導・進路指導」，「学校運営」，「特別活動」等がある．更に「教科等に関する研究・研修」や「部活動指導」もある．
　教員一人ひとりが，所属校の課題を認識し，その解決に向けて皆で連携していかねばならない．個々の教員は職務の具体的な項目に沿って目標設定と自己評価を行う．そして，校長・副校長との面接によって指導・助言を受けるのである．日々の実践に追われながらも，自ら立てた職務目標に沿って教育活動を行う中で，設定した目標が，学校の経営目標に沿ったものであるかどうか絶えず検証し直すことも必要であろう．自己の職務目標は学校の組織目標を十分に踏まえたものでなければならない．
　自己申告は年度当初，中間，最終と3回行われるが，校長・副校長が面接を行い，特に年度当初は各自の目標の方向性や水準，2回目・3回目はその達成度等々について個々に話し合い，評価し，その改善のための方策や指導助言を行う．以下のよう

に行われる．（『教職員ハンドブック』）

> ①目標設定（年度当初）⇒ ②目標の追加・変更（年度途中）⇒ ③自己評価（年度末）

（2）人事考課制度

それぞれの教員が持つ能力を十分に育成開発し，学校経営に活かすことを目的とする．一人ひとりの資質・特性・能力を理解し評価して，その向上を図るのである．学校運営の適材適所，人事異動等に活用できる．

各都道府県教育委員会では，評価方法，評価者自身の能力向上，保護者・児童・生徒・同僚教員の意見反映，評価の本人への開示，苦情処理システム等々，実施に当たって様々な配慮が必要であると考えられている．

5. 学校運営への参画（教育環境の醸成，学校組織の機能向上など）

教員の仕事は，自己裁量の幅が大きいと前にも述べたが，新任もベテランも，児童・生徒の前では教師として対等である．仕事の中心をなす授業は，1クラスの中で完結するものである．更に，その成否が直ぐに現れることばかりではない．常に意欲的に自己研鑽や研修を行う必要がある．

自校の課題や組織目標を踏まえて自らの職務や日々の実践を見直し，学校組織における自分の役割や立場を知り，広い視点で物事を考え，主観的になりすぎない客観的な教育活動を行うことが大切である．

（1）教育環境の醸成

日々の実践においては様々な事態が発生するが，良いこともそうでないことも，一人で抱え込まないことが極めて重要である．年齢・経験を問わず，児童生徒に対して責任ある立場であ

同僚間で「よく行っている」と回答した比率（『新しい時代の教職入門』より）

よく行うこと	％
学校経営や特定の児童・生徒について話し合う	95
学年行事について話し合う	91
保護者への対応について話し合う	86
研究授業について具体的に話し合う	72
他の教師の研究授業を見る	70
相互に作成した教材やシートなどを貸し借りする	69
効果的な指導方法について話し合う	67
健康管理について話をする	63
研究授業の指導案を一緒に計画する	62
単元の授業展開を相談し計画する	60
ニュースなどの社会問題について話をする	57
自分が行った授業の様子を互いに紹介する	56
教師自身の私生活や家庭について話をする	51
教育改革の動向などについて話をする	46
授業の教材などを同僚と一緒に作成する	40
最近読んだ本で授業に役立つものを紹介する	38
民間の研究会へ一緒に参加する	13

＊授業関係の事項は斜体字で示す．小・中学校併わせ高率順並べ替え（著者）

るがゆえに，時として「自分が」という意識が過剰になり，ひいては孤立化を招くことがある．

　具体的に，何か課題が生じた場合などは，管理職ばかりでなく，先輩や同僚の指導・助言を得る機会も出来るだけ多くしたいものである．また，生徒や保護者の意見にも謙虚に耳を傾けたいものである．一人で抱え込んで悩みを深くしてしまうことを出来るだけ避けることが賢明な教師である．

　授業を大切にするあまり，目の前の担当クラスの児童・生徒のみに焦点を定めてしまいがちになることがある．目の前の児童・生徒に全力をつくすのは当然のことであるが，その時に，自分の教育活動に対する客観性や視野の広さを失ってはならない．

　そのためには，各自の思い・考え・悩みを職場で共有することである．それぞれが抱えている生徒との課題を口に出したり，互いの授業を見合って研究し合ったり，多くの意見を得て解決

策を探りたいものである．同僚や先輩・上司も管理職も多くの困難や課題を経験してきているのである．

　教員たちは日々の教育実践において，日常的にどんなことをよく行ったり話したりするのであろうか．

　実際に，困ったときに頼りにする人としては，職場の同僚，友人，家族，校長などがあげられよう．教材や授業計画の作成を共同して行ったり，また，話し合うことは，生徒や授業のこと，自身の健康のことなど多岐にわたっている．

　教員同士が忌憚なく意見を言い合ったり互いに研鑽する姿勢は，学校の雰囲気を変えて，すべての教育活動を活性化する．そのことは生徒の学習に必ず反映していくものである．

（2）組織としての機能を高める

　個人の熱意が空回りすることなく，一層効果的な教育活動を行うためには学校が組織としての機能を十分に発揮しなければならない．構成員一人ひとりの意欲を高め，能力を最大限発揮させるシステムが大切である．同時に，その構成員の自覚と認識の在り様が重要であることはいうまでもない．

　各教員の行う授業，学級担任団・学年会，教務部，生徒指導部などの各部，入試委員会，広報委員会，などの各委員会，等と企画調整会議，職員会議との連携が要請される．企画調整会議で打ち出される方向性や決定のもとに各部署の組織的役割が果たされる．

　各自が目標を明確に認識し，それぞれの役割・仕事の中で参画意識を強くし，もてる能力を発揮すればするほど，学校はその教育機能を高めることができる．学校全体の教育目標を踏まえ，直面する課題を解決すべく，各部署，各段階の目標を設定し，短期・中期・長期の目標をしっかりと立てるべきであろう．そのための構成員相互のコミュニケーションが重要なものとなる．

　担任同士，教科内，分掌内での情報交換がスムースに行われ，十分なコミュニケーションが図れるよう，様々な工夫が必要である．共有する学校全体のあるいは各部署（学年）の課題や教

育目標を見失わないようにすることも大切なことである．私的な情報交換ばかりでなく，互いに授業を見合ったり，研究会を持ったり，個人が抱えている生徒との課題などを整理して提示し研修し合うことなどが突破口となることもある．

　ある高等学校の例では，定期的にクラス担任とそのクラスの授業に出ている教員全員が会議をもち，各クラスについて，クラス全体のことばかりでなく，一人ひとりの生徒に関してコメントして注意すべき点や今後育てるべき点に関して意見交換する「指導打ち合わせ会」を年間行事計画に組み入れている．
　「指導打ち合わせ会」
　　（3学年：6月第4週〜7月第1週，2学年：10月第3週〜
　　4週，1学年：11月第4週〜5週）．
　一堂に会する教員は20名前後になる．通常，担任は担任の目で，教科担任は教科指導の目で生徒を見ているが，この会議では否応なしに生徒一人ひとりについてふだん自分が捉えているのとは違った点や素質に気づかされる．「ホームルームや英語の時間には消極的で眠そうにしている生徒が，体育や部活動では積極的に活動するばかりでなく他の者に配慮しながらリーダーシップを発揮していることを知って驚いた」と述べる担任もいる．これらのことが以後の指導に生かされることはいうまでもない．
　公的に設定した会議では，私的に折に触れてに交わす情報交換では得られない情報が入る．勿論，逆の場合もある．公的私的どちらも貴重な情報獲得の機会である．
　また，以下の，都立E高等学校図書部で発行された文集（研究紀要）の序文および目次から，日々の忙しさにもかかわらず，文集が出来上がり，その文集を通じて職場におけるコミュニケーションが成り立ち，各自の研究意欲による相互の研鑽が行われるようすがうかがい知れる．

THE ■■■ OMNIBUS
—■■■・オムニバス—

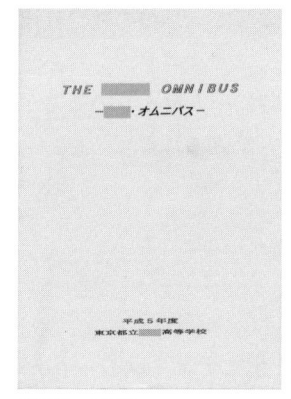

平成5年度
東京都立■■■高等学校

総頁数　148頁

　　　　　は　じ　め　に

　毎日，忙しい日々が流れていきます．が，ふと，足をとめて，周りを見まわしたとき，皆さんの意見交換の場として「文集」を発行しようということになりました．いざ原稿のお願いを始めると，「何を書いたらいいの」という問に，「何でもいいんです」というお答しかできず，皆さんを困惑の中に陥れたことを，この紙面をお借りしてお詫び申し上げます．
　私達自身が，どんな「文集」ができるのか，明確でないままにスタートしました．しかし，予想を遥かに超えるたくさんの原稿をいただいて嬉しい悲鳴をあげました．ご覧いただければお分かりのように，実に皆さん多才です．今更のように，本校には様々な方がいらっしゃることを深く感じました．
　さて，誌名についてですが，他にもいくつか候補をいただいていましたが，大変に様々な分野，様々な角度からの原稿をいただきましたので，編集会議で，THE E-KOKO OMNIBUS-M 高校・オムニバス，すなわち，「E高校・乗り合いバス」に決定いたしました．又，構成についても，随想・随筆，教科関係，国際理解関係等々の分野別に編集してはどうかという意見もありましたが，結局はご覧のように落ち着きました．どうぞ，お好きなところからお読みください．バラエティーを存分にお楽しみください．
　さあ，「E高バス」の発車です・・・・！

　　　　　　　目　　次

短歌逍遙
美しい日本語表現のために
地域とのかかわり
楽しく考える「住生活」の学習
中国語の「不思議な音世界体験」による
国際理解の教育の推進
　－クラブ活動「中国語」の試み－
リーフィー　グレードの心
"Ryoma" への道
THE FUTURE IS OURS
クラス通信考
　スタインウェイのこと①
高校生たちと歴史学
犬と和歌と私
　スタインウェイのこと②
チェコ・スロバキア滞在記
学校家庭クラブ活動における奉仕的な活動
Learning Opportunities At M. High School
「嵯峨日記」に見る芭蕉像
物見遊山へのお誘い

無題
雑草を主とした校庭の植物
高校生交通事故分析について
新しい数学教育の動向
随想
AFTER FIFTEEN YEARS
教材研究　複素数の歴史の教材化について
私の選んだ名言
『私の個人主義』（夏目漱石著）
　読解を深めるための一資料
授業の埋め草
自己実現としての国際化
　スタインウェイのこと③
留学生に書道を教えて
北京師範大学90年生作文指導の実際
「フーガの技法」について
Speaking, Listening の指導
　－ Thought Group の視点で －
特集　海外研修体験者報告座談会

　文集の発行は，一人の力ではできない．このケースは図書部という分掌を活用しているが，分掌のメンバーとのコミュニケーション・納得・賛同を得ることがポイントである．
　中心は専門教科による研究だが，他にも様々な投稿があり，互いに意外性に目を見張ったという．この仕事を分掌の仕事に位置づけ，継続することが次の課題となろう．

第5章　学校の組織と運営　▶▶▶　171

すべての教員が自校の教育課題を認識して，学校の教育目標達成のためにそれぞれの役割を果たし，コミュニケーションを密にして学校の活性化に努めたい．同時に一人ひとりの能力が遺憾なく発揮されるような学校システムが望まれる．

> **コラム　チャータースクールとコミュニティ・スクール**
>
> **チャータースクール**：1990年代からアメリカ合衆国で増えつつある新しいタイプの公立校である．現在は約3000校に達しているといわれる．「選択制の独立した公立学校で，結果に責任をもつ以外は公立学校運営の諸規則から自由になれる」のである．
> 条件は
> ①親，教師，地域住民等の誰もが学校を創設できる．
> ②安全と保健・衛生の法以外は規制を受けることなく自由に学校運営ができる．
> ③生徒一人あたり定額の補助金が州から支給される．
> ④選択制であるから親・生徒が行くことを選べる．
> ⑤そこを選んだ教育者たちが教職員となる．
> 　結果に責任をもたねばならないから，設立の申請時の到達目標が達成されなかったり，児童生徒が集まらない事態に陥った時には学校は閉鎖になり，負債は運営者達が負うことになる．
> **コミュニティ・スクール**：わが国では2004（平成16）年9月から，新しい公立学校運営の仕組みとしてコミュニティ・スクール（学校運営協議会制度）が導入された．アメリカのチャータースクールを模したものとして捉えられがちだが，イギリス型チャータースクールに類似している．東京の足立区立五反野小学校で最初に取り入れられた．条件は①学校運営の基盤である教育課程や教職員配置について保護者や地域住民が責任と権限を持って意見を述べることが制度的に保障されている．②コミュニティー・スクールは教育目標などの大綱について承認を行うことにより，学校運営に関与するが，最終の権限と責任は校長にある．

自習の手引き

学校教育の現代的課題を把握し，将来の望ましい学校像・教師像を描く時に，各自で以下のことをまとめてみよう．
① 人生における学校の役割を考えてみよう．
② 地域における学校の役割を考えてみよう．
③ 分掌組織における一人ひとりの役割・分担を整理して理解しよう．
④ 学校組織のコミュニケーションを円滑にするにはどうしたらよいか考えてみよう．
⑤ 学校運営に参画する，とはどのようなことか考えてみよう．

〈参考文献等〉
秋田喜代美・佐藤学編著『新しい時代の教職入門』有斐閣アルマ，2008年．
http://www.initiaconsulting.co.jp/archives/management/1_08.html
伊津野朋弘編『教育の制度と経営　改訂版』学芸図書，1999年．
勝野正章・藤本典裕編『教育行政学』学文社，2008年．
河野和清編著『教育行政学』ミネルヴァ書房，2006年．
教師養成研究会『教育原理　9訂版　教育の目的・方法・制度』学芸図書，2008年．
松本良夫・河上婦志子編『逆風のなかの教師たち　第2次改訂版』東洋館出版社，1994年．
森口秀志編『教師』晶文社，1999年．
東京都教職員センター監修『教職員ハンドブック』都政新報社，2008年．
吉田辰雄・大森正編著『改訂新版　教職入門―教師への道』図書文化，2008年．

第6章
教育の今日的課題

1. 道徳教育

 2006（平成18）年12月に，教育基本法が改正され，①知・徳・体の調和がとれ，生涯にわたって自己実現を目指す自立した人間の育成，②公共の精神を尊び，国家・社会の形成に主体的に参画する国民の育成，③我が国の伝統と文化を基盤として国際社会を生きる日本人の育成，という3つの理念が示された．（文部科学省冊子「新しい教育基本法について」）

 改正の趣旨にはこれまでの我が国の歩んできた経過を反映させ，その第1条において「教育は，人格の完成を目指し，平和で民主的な国家及び社会の形成者として必要な資質を備えた心身ともに健康な国民の育成を期して行われなければならない」と教育の目的を規定し，第2条においては，その目的を実現するための目標を示している．その第一番目は「1　幅広い知識と教養を身に付け，真理を求める態度を養い，豊かな情操と道徳心を培うとともに，健やかな身体を養うこと」とされており，道徳教育の重要性が取り上げられている．これは大きな変化である．これまでともすれば知育に偏りがちに捉えられていた教育を，「心の教育」を前面に押し出すことで，調和のとれた人間性の育成を図るものと考えているからである．

（1）道徳教育改善の経緯と趣旨

 さらに教育基本法改正を受けた学習指導要領改訂の経緯において，確かな学力，豊かな心，健やかな体の調和を重視する「生きる力」を育むことを引き続き重要であるとし，さらに各種調査から明らかになったわが国の児童生徒の課題例を踏まえて，中央教育審議会では2年10ヵ月にわたる審議の末，2008（平成20）年1月に「幼稚園，小学校，中学校，高等学校及び特別支援学校の学習指導要領等の改善について」の答申を行った．

 この答申を受け，基本的な考え方として，各学校段階や各教科等にわたる学習指導要領の改善の方向性が示された．

 道徳教育における改訂の趣旨を以下のように整理してみた．

- 改正教育基本法等の趣旨と道徳教育

  これまでの個人の価値の尊重，正義，責任などに加え，新たに，公共の精神に基づき，主体的に社会の形成に参画し，その発展に寄与する態度，生命や自然を大切にし，環境の保全に寄与する態度，伝統と文化を尊重し，それらを育んできた我が国と郷土を愛するとともに，他国を尊重し，国際社会の平和と発展に寄与する態度を養うこと．

- 「生きる力」の理念の共有と道徳教育

  子どもたちに豊かな人間性を育むために，美しいものや自然に感動する心などの柔らかな感性，正義感や公正さを重んじる心，生命を大切にし，人権を尊重する心などの基本的な倫理観，他人を思いやる心や社会貢献の精神，自立心，自己抑制力，責任感，他者との共生や異なるものへの寛容などの感性及び道徳的価値を大切にする心の育成を図ること．

- これからの学校の役割と道徳教育

  子どもがかけがえのない一人の人間として大切にされ，頼りにされていることを実感でき，自己有用感や充実感の得られる学校であり，子どもにとって伸び伸びとすごせる楽しい場であること．興味・関心のあることにじっくり取り組めるゆとりがあり，安心して自分の力を発揮できる場であるための基盤として，子どもたちの望ましい人間関係や教師との信頼関係が育まれていくこと．学校の集団生活の場としての機能を十分に生かすこと．

- 学校段階における重点の明確化と道徳教育

  道徳教育はすべての学校段階において一貫して取り組むべきものであり，幼稚園，小・中・高等学校の学校段階や小学校の低・中・高学年の各学年段階ごとにその重点を明確にし，より効果的な指導が行われるようにすること．とりわけ，基本的な生活習慣や人間としてしてはならないことなど社会生活を送る上で人間としてもつべき最低限の規範意識，自他の生命の尊重，自分への信頼感や自信などの自尊感情や他者への思いやりなどの道徳性を養うとともに，それらを基盤とし

て，法やルールの意義やそれらを遵守することなどの意味を理解し，主体的に判断し，適切に行動できる人間を育てること．

（2）道徳教育の改善の主要事項
①教育活動全体を通じて行う道徳教育

　小・中学校の新学習指導要領第一章総則には，「2　学校における道徳教育は，道徳の時間を要として学校の教育活動全体を通じて行うものであり，道徳の時間はもとより，各教科，総合的な学習の時間及び特別活動のそれぞれの特質に応じて，生徒の発達の段階を考慮して，適切な指導を行わなければならない」と規定された．また，中学校学習指導要領解説道徳編第2章道徳の目標においても道徳教育が「道徳の時間」と明確に区別され，「『道徳の時間』を要(かなめ)」とした道徳教育の展開が強調された．

　1958（昭和33）年の道徳の特設において「道徳教育は学校の教育活動全体を通じて行う」と明示されて以来，多くの教員や社会的に漠然とした受け止め方がされていた部分や，道徳教育の教科化[1]への動向に対し，このことは明確な方向性を示したことになる．

　道徳教育は，児童・生徒に人間としての生き方の自覚を促し，児童・生徒が豊かな心をもち，人生をよりよく生きるために，その基盤となる道徳性を育成しようとするものである．これまでも，「道徳の時間は，今まで指導してきた内容を計画的・発展的に補充，深化，統合することである」とされていたが，今回の改訂では，「かなめ」としてが「要として」の表現に変え

---

[1] 日本人の規範意識の低下が指摘され，「学校現場で道徳観や倫理観をもっと教える必要がある」といった声が高まったことを受け，2007年，教育再生会議が第2次報告で，「道徳」を「徳育」として教科に格上げするよう提言，多様な教科書を使うことも提案した．正式な教科にするには，(1) 児童・生徒を数値で評価する (2) 検定教科書を使用する (3) 中学校以上は各教科専門の教員免許を設けることが条件となる．これに対して中教審は「道徳は子どもの心にかかわるもので，教科書を使って教え込むものではない」と判断した．

られて強調され，道徳の時間の位置づけがより明確になり，道徳教育の中心に据えられたのである．これは，とりもなおさず，学校全体の教育活動に指導を展開された道徳的価値が「道徳の時間」に補充，深化，統合される対象として十分検討され，各学校の諸実態にあった全体計画（表6-1，6-2）の下に，年間を通じ，児童・生徒の発達段階に応じた授業が展開されていくことを意味しているのである．また，授業に際しては，指導案作成時に事前に行われている教科指導，体験活動，日常的な指導，並びに事後に行われるべき個別的指導や家庭，地域との連携も検討される必要がある．それらが実施されてこそ，道徳の時間は「要」となり得るのである．

②道徳性の育成と道徳の時間

　道徳性の捉え方を中学校学習指導要領解説道徳編では以下のように定義している．

　「道徳性とは，人間としての本来的な在り方やよりよい生き方を目指してなされる道徳的行為を可能にする人格的特性であり，人格の基盤をなすものである．それはまた，人間らしいよさであり，道徳的諸価値が一人ひとりの内面において統合されたものといえる．」

　道徳性は生まれながらに持っているものではない．道徳性の発達を促す際，様々な要素がからみ合うために，「よりよく生きる力を引き出すこと，かかわりを豊かにすること，道徳的価値の自覚を深めること」への配慮が求められている．さらに，自分の快，不快で判断したり，好き嫌いで人との広がりを狭めたりすることなく，生命あるものすべてへと広げていける力も道徳性の発達と捉えると，「道徳の時間」のみで道徳教育が進められないことは，明白である．

③道徳教育の内容と道徳性の育成

　中学校学習指導要領解説道徳編によれば，「第3章　道徳」の「第1目標」においては「道徳教育の目標は，第1章総則の第1の2に示すところにより，学校の教育活動全体を通じて，道徳的な心情，判断力，実践意欲と態度などの道徳性を養うこ

表6-1　平成21年度　道徳教育全体計画　　　　　　　　　　　　　　　　　　　　（東京都新宿区立A中学校）

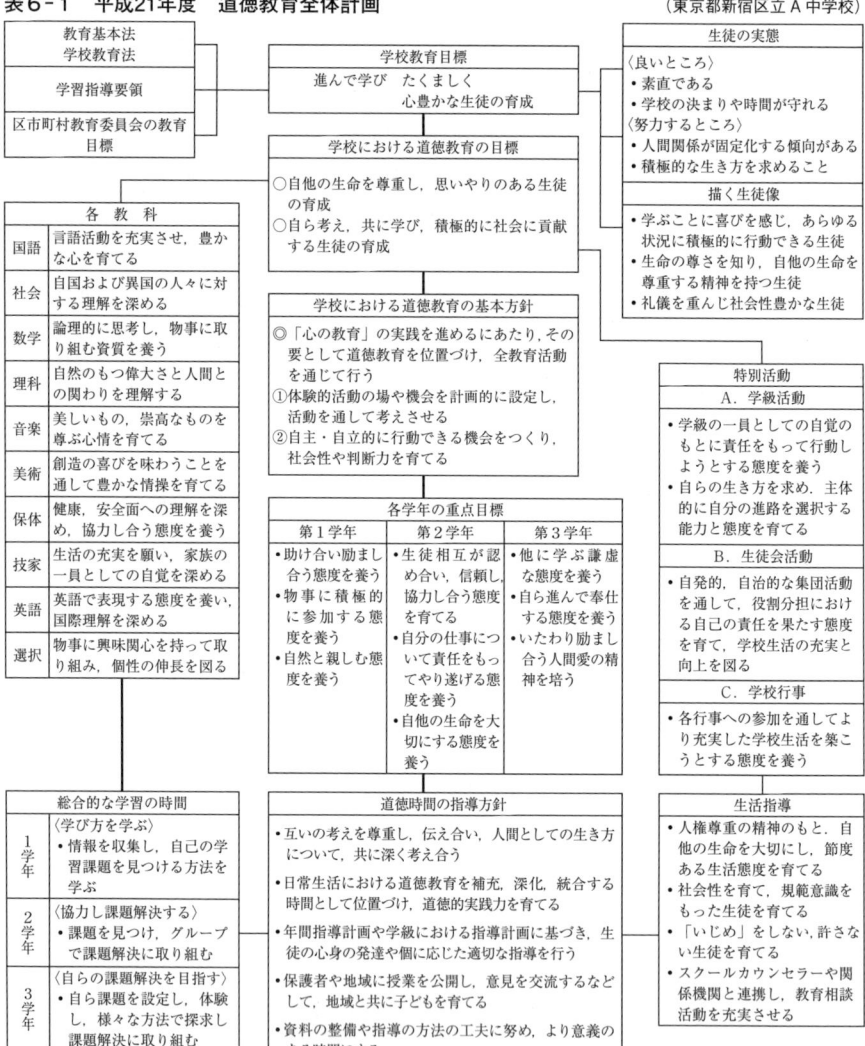

教育基本法 学校教育法
学習指導要領
区市町村教育委員会の教育目標

学校教育目標
進んで学び　たくましく　心豊かな生徒の育成

生徒の実態
〈良いところ〉
・素直である
・学校の決まりや時間が守れる
〈努力するところ〉
・人間関係が固定化する傾向がある
・積極的な生き方を求めること

学校における道徳教育の目標
○自他の生命を尊重し、思いやりのある生徒の育成
○自ら考え、共に学び、積極的に社会に貢献する生徒の育成

描く生徒像
・学ぶことに喜びを感じ、あらゆる状況に積極的に行動できる生徒
・生命の尊さを知り、自他の生命を尊重する精神を持つ生徒
・礼儀を重んじ社会性豊かな生徒

各教科

国語	言語活動を充実させ、豊かな心を育てる
社会	自国および異国の人々に対する理解を深める
数学	論理的に思考し、物事に取り組む資質を養う
理科	自然のもつ偉大さと人間の関わりを理解する
音楽	美しいもの、崇高なものを尊ぶ心情を育てる
美術	創造の喜びを味わうことを通して豊かな情操を育てる
保体	健康、安全面への理解を深め、協力し合う態度を養う
技家	生活の充実を願い、家族の一員としての自覚を深める
英語	英語で表現する態度を養い、国際理解を深める
選択	物事に興味関心を持って取り組み、個性の伸長を図る

学校における道徳教育の基本方針
◎「心の教育」の実践を進めるにあたり、その要として道徳教育を位置づけ、全教育活動を通じて行う
①体験的活動の場や機会を計画的に設定し、活動を通して考えさせる
②自主・自立的に行動できる機会をつくり、社会性や判断力を育てる

各学年の重点目標

第1学年	第2学年	第3学年
・助け合い励まし合う態度を養う ・物事に積極的に参加する態度を養う ・自然と親しむ態度を養う	・生徒相互が認め合い、信頼し、協力し合う態度を育てる ・自分の仕事について責任をもってやり遂げる態度を養う ・自他の生命を大切にする態度を養う	・他に学ぶ謙虚な態度を養う ・自ら進んで奉仕する態度を養う ・いたわり励まし合う人間愛の精神を培う

特別活動

A．学級活動
・学級の一員としての自覚のもとに責任をもって行動しようとする態度を養う
・自らの生き方を求め、主体的に自分の進路を選択する能力と態度を育てる

B．生徒会活動
・自発的、自治的な集団活動を通して、役割分担における自己の責任を果たす態度を育て、学校生活の充実と向上を図る

C．学校行事
・各行事への参加を通してより充実した学校生活を築こうとする態度を養う

総合的な学習の時間

1学年	〈学び方を学ぶ〉 ・情報を収集し、自己の学習課題を見つける方法を学ぶ
2学年	〈協力し課題解決する〉 ・課題を見つけ、グループで課題解決に取り組む
3学年	〈自らの課題解決を目指す〉 ・自ら課題を設定し、体験し、様々な方法で探求し課題解決に取り組む

道徳時間の指導方針
・互いの考えを尊重し、伝え合い、人間としての生き方について、共に深く考え合う
・日常生活における道徳教育を補充、深化、統合する時間として位置づけ、道徳的実践力を育てる
・年間指導計画や学級における指導計画に基づき、生徒の心身の発達や個に応じた適切な指導を行う
・保護者や地域に授業を公開し、意見を交流するなどして、地域と共に子どもを育てる
・資料の整備や指導方法の工夫に努め、より意義のある時間にする

生活指導
・人権尊重の精神のもと、自他の生命を大切にし、節度ある生活態度を育てる
・社会性を育て、規範意識をもった生徒を育てる
・「いじめ」をしない、許さない生徒を育てる
・スクールカウンセラーや関係機関と連携し、教育相談活動を充実させる

部活動

環境の整備
・教室内外の環境美化に努める（清掃活動の充実、掲示物の工夫・整備）
・施設、設備の安全と維持に努める（ものを大切に扱う指導、安全点検と迅速な修理、植物の栽培と管理）
・図書館を充実し、読書活動や調べ学習を推進し、道徳教育に資する
・良き校風を伝え、言語環境を整える

地域・小学校・高校との交流
・育友会と協力し、生徒の健全育成に努める
・関係諸機関と交流し、社会性の育成を図る
・小中連携を進める
・中高連携を進める

表6-2 道徳教育・人権教育年間指導計画　　　　　　　　　　　　　　　　（東京都新宿区立A中学校）

学期	月	第1学年 項目	第1学年 題材名	第2学年 項目	第2学年 題材名	第3学年 項目	第3学年 題材名
1	4	個性を磨く	トマトとメロン	勇気を持って	小さな勇気こそ	自然愛護	白神山地
		生きる	あなたはすごい力で生まれてきた	命をいつくしむ	最後のパートナー	命の尊さ	「命」
		節度ある生活	私の反抗期	自分を変える	自分チェック	伝統と文化	今と昔を結ぶ糸
		校風を受け継ぐ	ミソアジの学校	異性理解	恋する涙	父への思い	忘れられぬ一言
	5	感謝の心	ハリネズミと金貨	磨き合う学級	できること、できないこと、そして接し方	自分らしさを求めて	私の生き方
		かけがえのない家族	家族	日本人の心	包む	真実を見つめる	そこに僕はいた
		理想の追求	広瀬淡窓	自己をみつめる	「自分ってなんだろう」	規則の意識	二通の手紙
	6	自主と責任	車いすの少年	切りひらく人生	ウィニング・パス	心の友	星置きの滝
		やりぬく心	無口なおじいさんベッポ	国際社会への参加	小さな国際協力	国際理解	ダショー・ニシオカ
		平和を願って	義足をアフガニスタンへ	社会の秩序	規則があなたを守る	心のふれあい	アパとアマとの出会い
		役割の自覚	仲の良いグループ	かけがえのない自然	智也が調べた『打ち水』大作戦	くじけぬ心	どんなときでも自分を信じて
	7	部落差別・生活と集団	生きるということ（共通教材）	部落差別	うばわれた文字をとりもどすなかで（共通教材）	部落差別・生活と集団	64歳中学生夢の卒業「であい、ふれあい、学びあい」（共通教材）
	8	戦争と平和	戦争と平和を考える	戦争と平和	戦争と平和を考える	戦争と平和	戦争と平和を考える
2	9	自然に感動する心	オーロラ―光のカーテン―	自然への畏敬	樹齢7千年の杉	真理の探求	心に残る絵を
		自己の向上	ベストスマイル	ふるさとを守る	わがふるさとを守る生徒会	かけがえのない郷土	「稲村の火」の余話
		誠実な行動	裏庭での出来事―朗読劇―	思いやりの心	「おかえりなさい」	温かい心	ある車中でのこと
		郷土のすばらしさ	篠崎街道	人間の福祉	あふれる愛	真の人間愛	命のトランジットビザ
		集団生活の向上	むかで競走	他に学ぶ	マザーテレサのパスポート	生き抜く命	エリカ―奇跡のいのち―
	10	社会生活ときまり	なぜ、花をとるか	よりよい社会をめざして	あたたかい切符	働く尊さ	天職ってなんだろう
		友情の尊さ	Sさんの笑顔	尊い命	体験ナースを通して	信頼と敬愛	人に見せられない姿を愛する人に見せられるか
		時と場に応じて	車内放送またまた増加	法の精神	勝手に使って大丈夫？	家族への思いやり	白紙
		差別や偏見のない社会	「ちがい」に種類があるの？	学校の一員として	ステンドグラスの輝き	強い意志	井上準之介
		いのち	葉っぱのフレディ	自立する力	自立をたすけた手紙	規律ある社会	空虚な問答
	11	ともに生きる	手で話すことの楽しみ	ボランティアの心	ボランティアから学んだこと	自分は自分が作る	他人の目，自分の目
		心を伝える	「伝えたい」を行動に移すこと	生きがいを求めて	悲願のりんご	自制する心	独りを慎む
		思いやり	ぼくのほうこそ	礼儀の心	「いき」な江戸のしぐさ	社会のために	僕の夢
		人間の気高さ	二度と通らない旅人	家族のきずな	きいちゃん	規範意識	「その自由」ってなに
	12	部落差別・生活と集団	山田少年の訴え・差別をなくす取り組みと私たちの生活（共通教材）	障がい者差別	親子の絆（共通教材）	部落差別・生活と集団	差別の壁をのりこえて（共通教材）
3	1	男女の交際	電信柱に花が咲く	広い心で	足袋の季節	真のやさしさ	ぼくは伴奏者
		世界の中で	やさしすぎる日本人	かけがえのない命	ゆうへ―生きていてくれてありがとう	ボランティアへの参加	がれきの山、白一色
		心を開いて	私たちを育てるものは	集団生活の意義	集団行為	心のバリアフリー	心のバリアフリー
		友達のあり方	吾一と京造	誇りある生き方	良心の戦い	生きる決断	嘆きか、感激か
	2	支え合う家族	家族と支え合う中で	自他への配慮	自分，相手，第三者	自分で決めたこと	わたしも高校生
		人生をひらく	奈良筆に生きる	人間愛	広瀬九兵衛	励まし合う友情	あいつとの別れ
		集団と生活	自分を好きに（共通教材）	福祉につくす	蕗のとう	まとめ	人権学習のまとめ
	3	きまりを守る	オーストリアのマス川	正義をつらぬく	ガンジー		

ととする.」とある.

さらに後段には「道徳の時間においては,以上の道徳教育の目標に基づき,各教科,総合的な学習の時間及び特別活動における道徳教育と密接な関連を図りながら,計画的,発展的な指導によってこれを補充,深化,統合し,道徳的価値及びそれに基づいた人間としての生き方についての自覚を深め,道徳的実践力を育成するものとする」と明示されている.

道徳の時間を要として学校の教育活動全体を通じて行う道徳教育の内容は,生徒の道徳性を次の4つの視点から捉え,その視点から内容項目を分類整理し,内容の全体構成及び相互の関連性と発展性を明確にしている.

1. 主として自分自身に関すること
2. 主として他の人とのかかわりに関すること
3. 主として自然や崇高なものとのかかわりに関すること
4. 主として集団や社会とのかかわりに関すること

さらに中学校においては24項目,小学校は低学年16,中学年18,高学年22項目となっている(表6-3).

これまで,「道徳の時間」は漠然とした捉えられ方をしてきた.例えば,中学校の内容項目24のうちの一項目で中学1年生の当初で取り上げられる「望ましい生活習慣」などは,「道徳の時間」と比較的関連が図られる項目ではあるが,それでも,「道徳の時間」だけで扱われ,学級活動からの深化が図られず,悪くすると,「道徳の時間」を目標づくりにしてしまうことも多いのである.

「道徳実践力」とは中学校学習指導要領解説道徳編のによると,「人間としてよりよく生きていく力であり,一人ひとりの生徒が道徳的価値を自覚し,人間としての生き方について深く考え,将来出会うであろう様々な場面,状況においても,道徳的価値を実現するための適切な行為を主体的に選択し実践することができるような内面的資質を意味している.それは,主として,道徳的心情,道徳的判断力,道徳的実践意欲と態度を包括するものである.」

これは「道徳性」と「道徳的実践力」がほぼ同じ内容であることを述べていると考えられる．「実践力」は「実践することができるような内面的資質」を意味しており，「目標づくり」のような誤解をしないようにしたい．

④道徳性の育成と指導体制

「道徳の時間」の指導は子どもの実態，特性を最もよく知っている学級担任が担当するのであるが，地域の実態を考え，育成したい子ども像を見据えた学校の全体計画を作成するには，校長をはじめ，全教職員や，新たに導入された「道徳教育推進教師」の活躍も待たなければならないであろう．

それぞれの学校で作成された「道徳の時間」の指導内容はその実施時期を明確にし，評価の観点を添えて広く地域に公開される必要がある．

平成10年度から東京都では道徳授業地区公開講座をどの小・中学校でも開設し，「道徳の時間」を公開し，事後の協議を行っている．筆者が参加した学校においても，地域の方々が参加して，発言をしていた．ある町会長さんは「私は戦後教科書に墨を塗った世代です．道徳は修身と重なって敬遠してました．しかし，本日の授業で，道徳的な価値を考えることが大切であることがわかりました」と発言．これは地域との連携を進めるための大きな力をもらえたのだと感じられた．学校が自らを開いたことで地域からの協力を得ることが可能になってくるのである．

⑤主体性のある日本人の育成

中学校学習指導要領「第1章総則」「第1　教育課程編成の一般方針」の2には次の道徳教育の目標が掲げられている．
「道徳教育は，教育基本法及び学校教育法に定められた教育の根本精神に基づき，人間尊重の精神と生命に対する畏敬の念を家庭，学校，その他社会における具体的な生活の中に生かし，豊かな心をもち，伝統と文化を尊重し，それらをはぐくんできた我が国と郷土を愛し，個性豊かな文化の創造を図るとともに，公共の精神を尊び，民主的な社会及び国家の発展に努め，他国

表6-3 「道徳の内容」の学年段階・学校段階の一覧表

小学校第1学年及び第2学年	小学校第3学年及び第4学年
1　主として自分自身に関すること	
(1) 健康や安全に気をつけ、物や金銭を大切にし、身の回りを整え、わがままをしないで、規則正しい生活をする.	(1) 自分でできることは自分でやり、よく考えて行動し、節度のある生活をする
(2) 自分がやらなければならない勉強や仕事は、しっかりと行う.	(2) 自分でやろうと決めたことは、粘り強くやり遂げる.
(3) よいことと悪いことの区別をし、よいと思うことを進んで行う.	(3) 正しいと判断したことは、勇気をもって行う.
(4) うそをついたりごまかしをしたりしないで、素直に伸び伸びと生活する.	(4) 過ちは素直に改め、正直に明るい心で元気よく生活する.
	(5) 自分の特徴に気づき、良い所を伸ばす.
2　主として他の人とのかかわりに関すること	
(1) 気持ちのよいあいさつ、言葉遣い、動作などに心掛けて、明るく接する.	(1) 礼儀の大切さを知り、だれに対しても真心をもって接する.
(2) 幼い人や高齢者など身近にいる人に温かい心で接し、親切にする.	(2) 相手のことを思いやり、進んで親切にする.
(3) 友達と仲よくし、助け合う.	(3) 友達と互いに理解し、信頼し、助け合う.
(4) 日ごろ世話になっている人々に感謝する.	(4) 生活を支えている人々や高齢者に、尊敬と感謝の気持ちをもって接する.
3　主として自然や崇高なものとのかかわりに関すること	
(1) 生きることを喜び、生命を大切にする心をもつ.	(1) 生命の尊さを感じ取り、生命あるものを大切にする.
(2) 身近な自然に親しみ、動植物に優しい心で接する.	(2) 自然のすばらしさや不思議さに感動し、自然や動植物を大切にする.
(3) 美しいものに触れ、すがすがしい心をもつ.	(3) 美しいものや気高いものに感動する心をもつ.
4　主として集団や社会とのかかわりに関すること	
(1) 約束やきまりを守り、みんなが使う物を大切にする.	(1) 約束や社会のきまりを守り、公徳心をもつ.
(2) 働くことのよさを感じて、みんなのために働く.	(2) 働くことの大切さを知り、進んでみんなのために働く.
(3) 父母、祖父母を敬愛し、進んで家の手伝いなどをして、家族の役に立つ喜びを知る.	(3) 父母、祖父母を敬愛し、家族みんなで協力し合って楽しい家庭をつくる.
(4) 先生を敬愛し、学校の人々に親しんで、学級や学校の生活を楽しくする.	(4) 先生や学校の人々を敬愛し、みんなで協力し合って楽しい学級をつくる.
(5) 郷土の文化や生活に親しみ、愛着をもつ.	(5) 郷土の伝統と文化を大切にし、郷土を愛する心をもつ.
	(6) わが国の伝統と文化に親しみ、国を愛する心をもつとともに、外国の人々や文化に関心をもつ.

「中学校学習指導要領解説道徳編」（平成20年）

小学校第5学年及び第6学年	中学校
1 主として自分自身に関すること	
(1) 生活習慣の大切さを知り，自分の生活を見直し，節度を守り節制に心掛ける．	(1) 望ましい生活習慣を身に付け，心身の健康の増進を図り，節度を守り節制に心掛け調和のある生活をする．
(2) より高い目標を立て，希望と勇気をもってくじけないで努力する．	(2) より高い目標を目指し，希望と勇気をもって着実にやり抜く強い意志を持つ．
(3) 自由を大切にし，自律的で責任のある行動をする．	(3) 自律の精神を重んじ，自主的に考え，誠実に実行してその結果に責任をもつ．
(4) 誠実に，明るい心で楽しく生活する．	
(5) 真理を大切にし，進んで新しいものを求め，工夫して生活をよりよくする．	(4) 真理を愛し，真実を求め，理想の実現を目指して自己の人生を切り拓いていく．
(6) 自分の特徴を知って，悪い所を改め良い所を積極的に伸ばす．	(5) 自己を見つめ，自己の向上を図るとともに，個性を伸ばして充実した生き方を追求する．
2 主として他の人とのかかわりに関すること	
(1) 時と場所をわきまえて，礼儀正しく真心をもって接する．	(1) 礼儀の意義を理解し，時と場に応じた適切な言動をとる．
(2) だれに対しても思いやりの心をもち，相手の立場に立って親切にする．	(2) 温かい人間愛の精神を深め，他の人々に対し思いやりの心をもつ．
(3) 互いに信頼し，学び合って友情を深め，男女仲よく協力し助け合う．	(3) 友情の尊さを理解して心から信頼できる友達をもち，互いに励まし合い，高め合う．
	(4) 男女は互いに異性についての正しい理解を深め，相手の人格を尊重する．
(4) 謙虚な心をもち，広い心で自分と異なる意見や立場を大切にする．	(5) それぞれの個性や立場を尊重し，色々なものの見方や考え方があることを理解して，寛容の心をもち謙虚に他に学ぶ．
(5) 日々の生活が人々の支え合いや助け合いで成り立っていることに感謝し，それにこたえる．	(6) 多くの人々の善意や支えにより，日々の生活や現在の自分があることに感謝し，それにこたえる．
3 主として自然や崇高なものとのかかわりに関すること	
(1) 生命がかけがえのないものであることを知り，自他の生命を尊重する．	(1) 生命の尊さを理解し，かけがえのない自他の生命を尊重する．
(2) 自然の偉大さを知り，自然環境を大切にする．	(2) 自然を愛護し，美しいものに感動する豊かな心をもち，人間の力を超えたものに対する畏敬の念を深める．
(3) 美しいものに感動する心や人間の力を超えたものに対する畏敬の念をもつ．	
	(3) 人間には弱さや醜さを克服する強さや気高さがあることを信じて，人間として生きることに喜びを見いだすように努める．
4 主として集団や社会とのかかわりに関すること	
(1) 公徳心をもって法やきまりを守り，自他の権利を大切にし進んで義務を果たす．	(1) 法やきまりの意義を理解し，遵守するとともに，自他の権利を重んじ義務を確実に果たして，社会の秩序と規律を高めるように努める．
	(2) 公徳心及び社会連帯の自覚を高め，よりよい社会の実現に努める．
(2) だれに対しても差別をすることや偏見をもつことなく，公正，公平にし，正義の実現に努める．	(3) 正義を重んじ，だれに対しても公正，公平にし，差別のない社会の実現に努める．
(3) 身近な集団に進んで参加し，自分の役割を自覚し，協力して主体的に責任を果たす．	(4) 自己が属する様々な集団の意義についての理解を深め，役割と責任を自覚し集団生活の向上に努める．
(4) 働くことの意義を理解し，社会に奉仕する喜びを知って公共のために役に立つことをする．	(5) 勤労の尊さや意義を理解し，奉仕の精神をもって，公共の福祉と社会の発展に努める．
(5) 父母，祖父母を敬愛し，家族の幸せを求めて，進んで役に立つことをする．	(6) 父母，祖父母に敬愛の念を深め，家族の一員としての自覚をもって充実した家庭生活を築く．
(6) 先生や学校の人々への敬愛を深め，みんなで協力し合いよりよい校風をつくる．	(7) 学級や学校の一員としての自覚をもち，教師や学校の人々に敬愛の念を深め，協力してよりよい校風を樹立する．
(7) 郷土やわが国の伝統と文化を大切にし，先人の努力を知り，郷土や国を愛する心をもつ．	(8) 地域社会の一員としての自覚をもって郷土を愛し，社会に尽くした先人や高齢者に尊敬と感謝の念を深め，郷土の発展に努める．
	(9) 日本人としての自覚をもって国を愛し，国家の発展に努めるとともに，優れた伝統の継承と新しい文化の創造に貢献する．
(8) 外国の人々や文化を大切にする心をもち，日本人としての自覚をもって世界の人々と親善に努める．	(10) 世界の中の日本人としての自覚をもち，国際的視野に立って，世界の平和と人類の幸福に貢献する．

を尊重し，国際社会の平和と発展や環境の保全に貢献し未来を拓く主体性のある日本人を育成するため，その基盤としての道徳性を養うことを目標とする.」

これは，（ア）人間尊重の精神と生命に対する畏敬の念を培う．（イ）豊かな心を育む．（ウ）伝統と文化を尊重し，それらを育んできた我が国と郷土を愛し，個性豊かな文化の創造を図る人間を育成する．（エ）公共の精神を尊び民主的な社会及び国家の発展に努める人間を育成する．（オ）他国を尊重し，国際社会の平和と発展や環境の保全に貢献する人間を育成する．（カ）未来を拓く主体性のある日本人を育成するという6項目の固有の目標とあわせてその基盤としての道徳性を養うという目標である．この6項目目に新たに「未来を拓く主体性のある日本人の育成」が加えられた．特に日本人と示しているのは「日本人としての自覚をもって新しい文化の創造と民主的な社会の発展に貢献するとともに，国際的視野に立って世界の平和と人類の幸福に寄与し，世界の人々から信頼される人間の育成を目指」すためである（中学校学習指導要領解説道徳編28ページ）．人間として主体的に生きることは大切な価値である．改正教育基本法の目標にも掲げられている文言であり，人間尊重の精神や生命に対する畏敬の念を具体的な授業の中で生徒の胸を揺さぶり，自ら世界の人々に信頼されうる人を目指すような心に響くような深化を図りたいものである．

(3) 道徳の時間の授業展開と補充，深化，統合

　道徳の時間の指導は，生徒が自らの人としての在り方や生き方を考える時間である．その中で生徒には，過去の自分と向き合い，今を考え，未来の自分の姿に思いをはせ，夢や希望を作り上げていかせたい．そのためには道徳的価値を納得できる教材に出会い，心を揺さぶられる発問を受けることで，自信を持つことのできなかった過去の自分に向き合う勇気をもたせる必要がある．

　道徳の時間は教師が全体計画に沿って意図的・計画的に進め，

生徒が自ら道徳性を育むことができるように工夫を図る必要がある．生徒自らが成長を実感できこれからの課題や目標を見つけられるように，職場体験，ボランティア体験，自然体験活動などは積極的に活用したい．そこで感じとられた道徳的価値は効果的に生徒たちの身につきやすい．さらに，教師が意図的に，計画的に指導し，ねらいと評価を設定し，発問の工夫をし，教材の中で体験したと想定する授業を通して心の中で葛藤を繰り返し，分析し「補充，深化，統合」し道徳教育の要とさせたい．

「補充，深化，統合」について，解説では以下のように説明している．「生徒は，学校の諸活動の中で多様な道徳的価値について感じたり考えたりする．しかしながら，各教科，総合的な学習の時間及び特別活動等は，それぞれに固有の目標を持っている．それらの指導の中に合わせ含まれる道徳教育が，道徳教育としてはとかく断片的であったり徹底を欠いたりするのは避けられないことでもある．したがって，その断片的な不十分さを補充し，掘り下げを欠いた不十分さを深化して，それらの指導を統合する道徳の時間がどうしても必要になってくる．（一部省略）」（中学校学習指導要領解説道徳編31頁）

以上，これからの国際社会に羽ばたく主体的な日本人として道徳性の涵養は学校教育の要なのである．

2. クラブ・部活動

中学校, 高校における部活動の現状について, 実施の状況や課題について考えてみる.

(1) 学校における部活動の位置づけ

小学校のクラブ活動, 中学校, 高校の部活動の位置づけを学習指導要領で見てみると, 下記のように記されている. クラブ活動の目標は, 小学校学習指導要領第6章特別活動の第2各活動・学校行事の目標及び内容〔クラブ活動〕に, 次のように示されている.

「クラブ活動を通して, 望ましい人間関係を形成し, 個性の伸長を図り, 集団の一員として協力してよりよいクラスづくりに参画しようとする自主的, 実践的な態度を育てる.」

また, クラブ活動の内容は次のように示されている.

「学年や学級の所属を離れ, 主として第4学年以上の同好の児童をもって組織するクラブにおいて, 異年齢集団の交流を深め, 共通の趣味・関心を追求する活動を行うこと. (1) クラブの計画や運営 (2) クラブを楽しむ活動 (3) クラブの成果の発表」

中学校の部活動は, 中学校学習指導要領第1章総則の第4指導計画の作成等に当たって配慮すべき事項 (13) に, 次のように示されている.

「生徒の自主的, 自発的な参加により行われる部活動については, スポーツや文化及び科学等に親しませ, 学習意欲の向上や責任感, 連帯感の涵養等に資するものであり, 学校教育の一環として, 教育課程との関連が図られるよう留意すること. その際, 地域や学校の実態に応じ, 地域の人々の協力, 社会教育施設や社会教育関係団体等の各種団体との連携などの運営上の工夫を行うようにすること.」

高校の部活動についても, 高等学校学習指導要領第1章総則に中学校とまったく同じ文言で示されている.

中学校, 高校で行われている部活動は, 学習指導要領には上

記の記載以外なく，小学校のクラブ活動とは学校教育上の法的な位置づけが違う．課外活動としての扱いであり，位置づけがあいまいなままで指導を行っているので，よく部活動は職務かボランティアか，教員間で話題になる．今回の中学校，高校の学習指導要領の改訂では，前述のように総則の中に「学校教育の一環として，教育課程との関連が図られるよう留意すること．」という文言が入り，若干ではあるが改善がなされた．

コラム　クラブ活動と部活動の変遷

中学校・高校におけるクラブ活動と部活動の変遷についての概略を見てみる．下記の表は，クラブ活動・部活動と教育課程の関係を表したものである．

	1969年〜	1989年〜	1998年〜
教育課程	クラブ活動	クラブ活動（部活動代替可）	（廃止）
教育課程外	部活動	部活動	部活動

1969（昭和44）年以前にもクラブ活動は教育課程に位置づけられていて，1960（昭和35）年の学習指導要領にもクラブ活動についての記載があり，全校生徒が参加することが望ましいとなっている．

昭和44年の改訂では，週1時間クラブ活動の時間を設定し，全員参加となった．いわゆる必修クラブ（必クラ）の設置である．同時に，放課後を中心に活動する部活動との区別を図り，部活動は教育課程外に位置づけた．平成元年の改訂では，部活動への参加をもってクラブ活動の一部又は全部の履修に替えることができるとした．いわゆる部活動代替（部活代替）である．

そして1998（平成10）年の改訂では，学習指導要領からクラブ活動の文言が消え廃止された．部活動は教育課程外の課外活動とし，学校裁量に任される形になっている．新学習指導要領では総則で，学校教育の一環として教育課程との関連が図られるようにしたが，教育課程外の扱いとしてはそのままで，実質的には現在と同じ形になった．

（2）部活動の教育的意義
　部活動の教育的意義は，学校教育での生徒指導機能として求められる教育的意義と重なる部分が多々ある．以下に，7点あげてみた．
①興味・関心の伸長や深化
　　学習活動は得意不得意，好き嫌いに関わりなく履修しなければならないが，部活動は希望制で同好の志の集まりであり，自分の興味・関心との関係で選択し活動できる．自分の興味・関心のあることを経験し，それを伸ばしより深めることが自己の成長につながり学校生活が豊かになる．
②自主性・主体性の育成
　　部活動は教育活動の中でも，生徒の自主的・主体的活動を指導するのに適した活動といえる．「教員の指導援助」という言葉を使うが，部活動は「教員の援助・支援」の方向性を意識して指導することが望ましい．できる限り生徒の自主的・主体的態度を引き出すための援助・支援を心がけ，活動計画なども生徒に立てさせることがよい．
③望ましい人間関係の構築
　　部活動の生徒集団は異年齢集団である．経験のある生徒が未経験の生徒を指導するなど，集団の特性を生かした活動を行い，生徒相互が信頼関係を結び，他者への思いやりや配慮などの大切さを身をもって経験することにより，望ましい人間関係の構築が可能になる．
④社会性の育成
　　部活動での自主的・主体的活動は，部の組織や人的構成，運営のあり方など，社会生活につながる要素が含まれている．教員の指導援助のもと，日々の活動でこれらの要素にふれることで，人としてあるいは集団としての社会性が育つ．また，部活動に打ち込み目標達成のために努力することは，青少年の健全育成の精神とも重なってくる．
⑤生涯学習の基礎づくり
　　人生において学校教育で得た知識や体験を再現したり，深

めたりすることは，生活を豊かに楽しいものにする．学校教育修了後，興味・関心のあることへチャレンジしたり，趣味を持つことが生き甲斐の1つとなる．その基礎となるものが部活動で身につけられ，生涯学習の一助となる．

⑥特色ある学校づくりの柱

学校は生徒や地域の実態に応じた特色ある学校づくりが求められている．その際，教育活動の柱の1つとして部活動を据えている学校が多々ある．部活動の活性化は生徒の姿に教育的効果が顕著に表れる．また，部活動は活動の様子が見えるため地域へ学校をアピールすることもでき，学校評価の面でもプラスの効果が期待できる．

⑦連携教育の推進

部活動でも家庭や地域との連携は大切である．活動状況の家庭や地域への発信，外部指導員など人材の活用，各種社会施設の活用など連携の内容は様々である．連携して生徒の指導にあたることは，双方にプラスに働くので，連携を一層推進することが望ましい．

（3）部活動の課題

中学校，高校の部活動の現状から，実施上の課題について8点に整理した．

①法的位置づけの問題

前述の（1）学校における部活動の位置づけで述べたように，学習指導要領の記載では明確な位置づけがなされていない．教員の受け止め方も多様で，あいまいな状況での指導が続いている．学校教育に明確に位置づけるための法的根拠を定める必要がある．

②勝利至上主義の傾向

一部に見られるような勝利至上主義は，部活動の本来的意義をゆがめている．特に運動系部活動ではその傾向が強く，勝利至上主義の弊害が指摘されている．学校教育の一環であることを基本に据え，活動が学習意欲の向上，責任感や連帯

感の涵養，望ましい人間関係の構築，個性の伸長などにつながる指導をすることが大切である．体罰を必要悪的にとらえる傾向も見うけられるが，厳につつしむべきである．

③指導者不足や高齢化

　指導者不足の問題は特に中学校で見られる．中学生の減少は学校規模や学級数に影響し教員数に関わってくる．生徒のために多くの部を設けたくても教員数との関係で難かしい面もある．場合によっては管理職も顧問を引き受けている現状がある．教員の高齢化の問題は中学校，高校に共通した課題である．このことは部活動だけの課題ではなく，教員の年齢構成は学校教育全体に影響を与えている．導入が進んでいる外部指導員の活用は，この課題を解決する有効な方法といえる．

④指導の熱心，不熱心

　部活動は指導上技術指導と生徒指導の両面がある．部活動では生徒との信頼関係を構築するには技術指導の可否が影響してくる．技術指導が可能な教員は，熱心さのあまり顧問王国を築き他の教員の対応を無視する傾向も見られる．技術指導が不可能でも生徒指導的面での指導は可能である．しかし，技術指導が不可能なことを理由として，名前だけの顧問を決め込む教員もいる．学校教育の一環としての活動という点を認識して顧問の役割を果たすべきである．

教職雑学コーナー●甲子園の心

　甲子園といえば，高校球児あこがれの地である．そのあこがれには，日頃の活動の様々な思いが込められている．学校生活で1つのことに打ち込むことは，人生にとって必ず役立つはずである．最近は文化系部活動や学校教育に関係する活動でも「○○の甲子園」というのが流行っている．高校球児の甲子園の心と同じ気持ちが込められているのだろう．

⑤服務上の取り扱い

　部活動の指導が職務かボランティアかの議論は，部活動の法的位置づけの点からきている．そこで指導に対して服務上の人的補償，経済的補償などの支援を整備することが望まれている．各教育委員会レベルで服務上の取り扱いを勤務とする動きも出てきている．東京都教育委員会は「東京都立学校の管理運営に関する規則」を改正し，平成19年度から部活動の指導を校務とし，それに伴う条件整備を行った．

⑥少子化による部の統合，廃止

　この問題も特に中学校の課題である．生徒数の減少は部員数の減少につながり，特定の部（著者の経験ではブラスバンド，野球，サッカーなど）以外はこの傾向が見られ，部の統合や廃止の動きが出てきている．多くの生徒が興味・関心を持つ部が設置されているかどうかは，部への加入率にも影響し，活動の教育的意義にも関わってきている．また，他校との合同練習や合同チームの編成も行われるようになり，その結果，活動場所・指導上の責任問題・引率の問題など，新たな課題が発生している．

⑦健康管理と安全確保

　スポーツ外傷・障害は長時間活動に伴うケースが多いといわれている．生徒が感じている以上に，体には負担がかかっているので，健康面には注意を払って指導すべきである．顧問任せにすることなく，学校としての基準を作成し，全教員の共通理解のもと実施することが必要である．また，運動系部活動では事故やけがの発生にも気をつける必要がある．日常的な施設設備の点検，事故やけがの対応マニュアルの作成，救急体制の確立，搬送先・連絡先一覧の作成など，安全性に関する整備も怠らないようにしなければならない．

⑧社会教育，社会体育への移行

　前高等学校学習指導要領解説特別活動編には，クラブ活動を廃止した理由の1つとして「地域の青少年団体やスポーツクラブなどに参加し，活動する生徒も増えつつある．」と述べ

ている．著者の経験からすると，部活動の内容と同じ（同じような）活動を学校外で行っていた生徒は少なく，廃止の理由としてあげている点に疑問を感じていた．しかし，学校教育の内容は多岐にわたり量的にも多く，学校の施設設備や指導者のことなどを考え合わせると，社会教育や社会体育での受け皿が整えば，移行の可能性を探ってみることも意味があると思われる．

自習の手引き・ガイド
部活動の社会体育的試み

　部活動には様々な課題があり，そのあり方が問題となっている．ここでは，部活動のあり方として検討された社会体育への移行の試みを紹介する．

　平成12年に保健体育審議会から「スポーツ振興基本計画のあり方」という答申が出された．それに基づいて，文部省（当時）からスポーツ振興基本計画が公表され，学校教育で行われている部活動を総合型地域スポーツクラブに育成することが提案された．それに関わる事業として，運動部活動地域連携実践事業がある．社会体育に完全に移行する実践ではないが，学校と地域社会・スポーツクラブとの連携で，運動部活動の活性化を図る試みであった．

　著者は文部科学省の指定校として，東京都での実践の中心となった高校での実践の委員長であった．以下，この実践の概要を述べ，部活動のあり方について考えてみる．

　実践事業は文部科学省，都（市）教育委員会，当該高校，地域の小中学校，スポーツクラブ，外部指導員，スポーツ関係者，大学研究者，医療関係者等様々な学校，関係諸機関，スポーツ関係者等が参加し，地域での活動のあり方を検討し実践した．その際，指定校は東京都の部活動推進重点校にも指定され，その運営組織と連携協力して進めた．実践の組織図を図6-2に示した．

　実践内容は地域の施設設備の活用，外部指導員の活用，大

図6-1 運動部活動推進の組織

```
                    運動部活動推進委員会
                            │
  ┌─────────┬──────────┼──────────┬─────────┐
文科省    地域連携実践事業   協力      部活動推進重点校   東京都
3年間                      連携                        2年間
```

- 市, 教育委員会（都・市）
- 市内小中高
- 近隣小中高
- 小中高教員
- 実践指導員
- 地域スポーツクラブ
- 地域住民

協力運動部顧問　野球部以外

各運動部顧問　全運動部

高校教職員

高校運動部加入生徒

高校生徒

- 外部指導員
- トレーナー
- 栄養士
- 大学研究者
- 医療機関

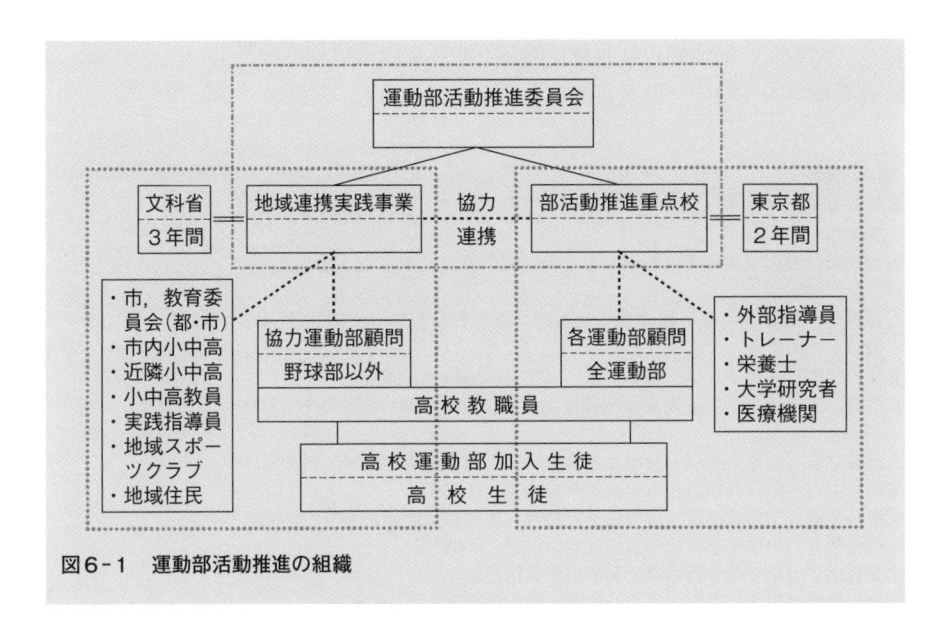

学研究者や栄養士の協力，スポーツクラブとの連携，地域の小中学校との連携等である．連携協力の範囲の大幅な拡大，スポーツ関係者のアドバイス，スポーツトレーナーや栄養士等の健康管理等，それまでの活動とは違う面が多々あった．また，学校内ではグランドや体育館の使用調整が大変だが，地域の施設設備の活用で効果的活動ができた．いちばん大きかったことは，スポーツ関係者や大学研究者等の活動に関わる人脈ができたことである．

生徒は顧問の指導では得にくい運動生理学やスポーツ障害，メンタルトレーニング等も習得できて大いに役立ったと思われる．最大の課題は実践を推進した教員の負担であった．学校での部活動と社会体育としての活動の両面を担い，両面の活動を効果あるものにする実践に苦労していた．

文部科学省の施策として社会教育や社会体育への移行は足踏み状態で，現状では移行は難しい面がある．しかし，学校が部活動のすべてを背負い込むことの弊害が指摘されている今，学校教育での部活動の是非を検討することも必要と考え

る．その際，部活動の社会体育的試みを行い，部活動のあり方を検討する時の一助としてみませんか．

〈参考文献〉
有村久春著『キーワードで学ぶ特別活動　生徒指導・教育相談』金子書房，2008年．
稲垣應顕・犬塚文雄編著『わかりやすい生徒指導論』改訂版　文化書房博文社，2000年．
近藤淳一「高等学校部活動の現状と課題」週刊教育資料 No.550　日本公論社，1997年．
文部科学省『高等学校学習指導要領』財務省印刷局，1999年．
文部科学省『高等学校学習指導要領解説特別活動編』東洋館出版社，1990年．
文部科学省『高等学校学習指導要領解説特別活動編』東山書房，1999年．
文部科学省『小学校学習指導要領』東京書籍，2008年．
文部科学省『小学校学習指導要領解説特別活動編』東洋館出版社，2008年．
文部科学省『中学校学習指導要領』東山書房，2008年．
文部科学省『中学校学習指導要領解説特別活動編』ぎょうせい，2008年．
品田　毅編『生きる力をはぐくむ特別活動』学事出版，1997年．

3. キャリア教育

(1) キャリア教育とは

①キャリア（career）

英語の意味としては，経歴，（特別な訓練を要する）職業，生涯の仕事などがあり，仏語の carrière（たどるべき道）に該当し，ラテン語の carrus（車）にさかのぼる．

キャリア教育における「キャリア」とは，「一人ひとりの人間がその人の生涯にわたって行う様々な仕事や役割の連鎖，及び，その仕事や役割を行う上での自分と働くこととの関係づけや価値づけの累積」と定義づけることができる[1]．

②キャリア教育（career education）

キャリア教育とは，上記①のキャリア概念に基づいて，「児童生徒一人ひとりのキャリア発達を支援し，それぞれにふさわしいキャリアを形成していくために必要な意欲・態度や能力を育てる教育」．端的には，「児童生徒一人ひとりの勤労観，職業観を育てる教育」と定義づけることができる[2]．このキャリア教育は，児童・生徒・学生が学校から社会へ，あるいは学校から学校へスムーズな移行を可能にする教育であり，従来から使用されている進路指導という用語が，上級学校や社会への学業成績による出口指導に偏重している現状から，意味を刷新するために使用されるようになった．

③キャリア発達（career development）

上記の定義文中に出てくる「キャリア発達」とは，自分の過去，現在，未来を見通して，社会の中で果たす自分の役割や生き方を展望し，それらを実現していく過程である．従来は，この過程は自己の確立期である青年期の発達課題とされてきた．しかし，人は，生涯のそれぞれの時期において，社会との相互

---

[1]『キャリア教育の推進に関する総合的調査研究協力者会議報告書～児童生徒一人一人の勤労観，職業観を育てるために～』（2004年1月26日）（以下『報告書』）．
[2] 同上

関係の中で自分らしく生きようとし，それぞれの時期にふさわしい個別的なキャリア発達の課題を解決していく必要がある．つまり，キャリア発達は生涯を通じて行われるということである．そして，キャリア教育は一人ひとりのキャリア発達を支援するものであり，キャリア教育の対象は，児童・生徒のみではなく大学等の学生や社会人をも含むと考えられる．

（2）キャリア教育の歴史的背景
①アメリカ合衆国の場合

1979年に発達的な視点から教育を再編成する目的の「キャリア・エデュケーション奨励法」が成立し，キャリア・カウンセラーの立場と役割を明確にした．1989年に全米職業情報整備委員会より，「全米キャリア発達ガイドライン」[3]が発表され，全米各州の進路指導計画に当たるキャリアガイダンス・プログラムを改善する際の指針となった．1994年には「学校から仕事への移行機会法」が制定され，就業体験（インターンシップ）がキャリアガイダンス・プログラムの中心に据えられた[4]．

②日本の場合

1947（昭和22）年初頭に文部・厚生両省による職業教育並びに職業指導委員会が発足した．1951（昭和26）年には第1回職業・家庭科教育・職業指導研究発表全国大会が開催される．1957（昭和32）年，中央教育審議会答申「科学技術教育の振興方策について」において進路指導の用語が初めて公に使用された．以後，進路指導は職業指導に代わり学習指導要領などにも使用されることになり，「職業に関連した」という枠が外れたため，進路指導は学校の成績や偏差値による就職や進学等の出口指導に集中した教育活動に変質していった．その動きは，高度経済成長や大学進学率上昇の中でますます顕著になっていった．1992（平成4）年，埼玉県教育長が「進路指導における偏

---

3) 三村隆男「キャリア教育入門」実業之日本社，p.58.
4) 同上書, p.32.

差値の不使用」を打ち出し，翌年，文部省は「指導の転換を図るための基本的視点」を4点示した[5]．これはキャリア教育の重要な一部とされる本来の進路指導への回帰を求めるものであり，中学校の進路指導は大転換を迫られることになった．1998（平成10）年，職業教育・進路指導研究会は「わが国におけるキャリア発達能力の構造化モデル」を発表．1999（平成11）年，中央教育審議会答申で「学校と社会及び学校間の円滑な接続を図るためのキャリア教育を小学校段階から発達段階に応じて実施する必要がある」と述べられ，初めて公文書にキャリア教育という用語が使用された．2002（平成14）年，国立教育政策研究所生徒指導研究センターは『児童生徒の職業観・勤労観を育む教育の推進について（調査研究報告書）』により，児童・生徒に勤労観・職業観の育成を求める「学習プログラムの枠組み（例）」を提示した．2003（平成15）年，内閣府は『平成15年版国民生活白書〜デフレと生活―若年フリーターの現在〜』の中で「フリーター417万人」と発表し，その動きはさらに加速しているとした．さらに『2004年版労働経済白書』（厚生労働省）では，「ニート」(Neet = Not currently engaged in Employment, Education or Training) と呼ばれる若者が52万人と発表した．2004（平成16）年，文部科学省は『キャリア教育の推進に関する総合的調査研究協力者会議報告書』により，学校等における「キャリア教育」推進の指針を提示した[6]．

(3) キャリア教育の必要性

　今日の日本では，少子高齢社会の到来や産業・経済の構造変化，雇用形態の多様化・流動化などを背景として，将来への見通しが建てづらくなっている．それと共に，就職・進学を問わず，進路を巡る環境は大きく変化しており，フリーターやいわゆる「ニート」が増加し社会問題となっている[7]．

---

5) 三村．前掲書．p.29.
6) 『報告書』第3章「キャリア教育の基本方向と推進方策」．

このような状況の中で，子どもたちが「生きる力」を身につけ，明確な目的意識を持って日々の学業生活に取り組む姿勢や激しい社会変化に対応し，主体的に自己の進路を選択・決定できる能力を育むことが必要とされている．また，子どもたちがしっかりとした勤労観や職業観を身に付け，各自が直面するであろう様々な課題に柔軟にかつ逞しく対応し，社会人・職業人として自立していくことが求められている．これらの要請に応えられるのがキャリア教育といえる．

①キャリア教育の推進

キャリア教育においては，キャリア発達を促す指導と進路決定のための指導とが系統的に調和をとって行われる必要がある．前者のキャリア発達を促す指導については，（1）の②でも触れたように，児童・生徒はそれぞれの発達段階の課題を達成していく必要があり，そのためには人としての基本的な能力・態度を身につけることが大切である．この能力・態度については，2002（平成14）年に国立教育政策研究所生徒指導研究センター『児童生徒の職業観・勤労観を育む教育の推進について（調査研究報告書）』の中で示されている．（表6-4参照）[8,9]

キャリア教育推進の具体策として以下の3例を述べる．

・学習プログラムの開発

　学校におけるキャリア教育推進のためには，表6-4に示した諸能力の例や態度の育成を軸とした学習プログラムを開

---

7) 2013年8月8日付の日本経済新聞によると，この春卒業の大学生の5.5%，3万人超にあたる人が，「ニート」であると報じている．
8) この表中の「4領域8能力」は，①高等学校までを対象と考えているため，大学生や社会人を想定していない．②提示されている諸能力は例である．③領域や諸能力の説明について，十分に理解されていない等の指摘があった．2011年1月の中教審答申では，キャリア教育が育てる力は，「基礎的・汎用的能力」とし，具体的には「人間関係形成・社会形成能力」，「自己理解・自己管理能力」，「課題対応能力」，「キャリアプランニング能力」としている．
9) キャリア教育が育てる力は，8）のように文部科学省は「基礎的・汎用的能力」としているのに対して，経済産業省は「社会人基礎力」としており，具体的には，前に踏み出す力（action），考え抜く力（thinking），チームで働く力（team work）としている．

表6-4　キャリア発達にかかわる諸能力（例）

領域	領域説明	能力説明
人間関係形成能力	他者の個性を尊重し，自己の個性を発揮しながら，様々な人々とコミュニケーションを図り，協力・共同してものごとに取り組む．	【自他の理解能力】 自己理解を深め，他者の多様な個性を理解し，互いに認め合うことを大切にして行動していく能力 【コミュニケーション能力】 多様な集団・組織の中で，コミュニケーションや豊かな人間関係を築きながら，自己成長を果たしていく能力
情報活用能力	学ぶこと・働くことの意義や役割及びその多様性を理解し，幅広く情報を活用して，自己の進路や生き方の選択に生かす．	【情報収集・探索能力】 進路や職業等に関する様々な情報を収集・探索するとともに，必要な情報を選択・活用し，自己の進路や生き方を考えていく能力 【職業理解能力】 様々な体験等を通して，学校で学ぶことと社会・職業生活との関連や，今しなければならないことなどを理解していく能力
将来設計能力	夢や希望を持って将来の生き方や生活を考え，社会の現実を踏まえながら，前向きに自己の将来を設計する．	【役割把握・認識能力】 生活・仕事上の多様な役割や意義及びその関連等を理解し，自己の果たすべき役割等についての認識を深めていく能力 【計画実行能力】 目標とすべき将来の生き方や進路を考え，それを実行するための進路計画を立て，実際の選択行動等で実行していく能力
意思決定能力	自らの意思と責任でより良い選択・決定を行うと共に，その過程での課題や葛藤に積極的に取り組み克服する．	【選択能力】 様々な選択肢について比較検討したり，葛藤を克服したり，主体的に判断し，自らにふさわしい選択・決定を行っていく能力 【問題解決能力】 意思決定に伴う責任を受け入れ，選択結果に適応すると共に，希望する進路の実現に向け，自ら課題を設定してその解決に取り組む能力

（国立教育政策研究所生徒指導研究センター「児童生徒の職業観・勤労観を育む教育の推進について」，一部改訂）

発する必要がある．その学習プログラムでは，児童・生徒の各段階における発達課題の達成との関連から，各時期に身に付けることが求められる能力・態度の到達目標を具体的に設定し，個々の活動がどのような能力・態度の形成を図ろうとするものであるかを明確にする必要がある[10]．

---

10)『報告書』第3章2「キャリア教育推進のための方策」．

- 教育課程への位置づけとその工夫

  各学校が，キャリア発達の支援という視点から自校の教育課程を見直し，改善していくことが重要である．その際，児童・生徒の発達段階を踏まえ，各校種が果たすべき役割や他校種における活動内容・方法・形態等を把握するなどして系統的にキャリア教育を推進していくことが大切である[11]．
- 体験活動等の活用

  体験活動は，職業や仕事についての具体的・現実的理解の促進，勤労観，職業観の形成等の効果があり，社会の現実を見失いがちな現代の子どもたちが現実に立脚した確かな認識を育む上で欠かすことのできないものといえる．また，注意すべきは，体験活動等が一過性の行事にならないように，事前・事後の指導など，周到な準備と計画のもとに実施する必要がある[12]．

②キャリア教育を推進するための条件整備[13]
- キャリア教育は，学校のすべての教育活動を通して行われるべきであり，すべての教員がキャリア教育の本質を理解し，

---

11) 教育課程の中にキャリア教育を位置づけて，キャリア教育の推進を図っている都立高校の例をあげてみる．A高校では，普通科高校であるが，1学年から3学年まで「総合的な学習の時間」の中で年間を通じてキャリア教育を系統的に実践している．また，普通科高校のB高校でも，キャリア発達のための独自な学習プログラムを編成し，1学年を対象に「総合的な学習の時間」の中で「C.G（キャリアガイダンス）の時間」として実施している．A高校では，生徒の進路決定率が上がっているとのことであった．
12) キャリア教育の中で体験活動を実施している中学校や高等学校は，全国の中でもかなりの数に上るものと考えられる．しかし，全区市町村をあげて全体で取り組む中学校や学年全体で実施する高等学校の例は少ないと思われる．前者の例は，筆者の赴任校が位置していた町田市がその1つで，市立中学20校全校が年に1回，5日間「職場体験学習」として実施しており，2009（平成21）年現在で5年以上継続して実施されている．後者の例としては，都立のC高校が1学年全体で11月に3日間をかけて実施しており，今年で9年目になっている．指導に当たった教員によると「高校生になったばかりの生徒に職業観や勤労観の発達が見られ，これらの体験後に，生徒が急に大人になったという印象が強く感じられる．」とのことであった．
13) 『報告書』第4章「キャリア教育を推進するための条件整備」．

各教育活動等における個々の取り組みがキャリア教育のおいてどのような位置付けと役割を果たすものかについて，十分な理解と認識を確立することが不可欠である[14]．
- 各学校のキャリア発達への支援を軸とした教育課程編成能力

コラム　学校段階におけるキャリア教育の推進
―職場体験学習（インターンシップ）―

- 背景　2003年〜「若者自立・挑戦プラン」…4府省（内閣府，文科省，厚労省，経産省）の連係下で「学校段階からのキャリア教育」の推進を決定．
  2005年〜文科省「キャリア・スタート・ウィーク」
  　（原則週5日間の職場体験）を実施．
- 中学校　　職場体験実施率　96.5%（5日以上実施は20.7%）
- 高等学校　インターシップ実施率　64.6%[15]

（国立教育政策研究所生徒指導研究センター（2008，2009）より）
- 効果

①職場体験学習は，概して良い心理的変化が生じる．
②職場体験に良い感想を抱いた場合，特に良い変化が生じる．
③もともと意識の高い生徒の意識は低める方向で，もともと意識の低い生徒の意識は高める方向で変化が生じやすい．（職場体験学習の平準化・現実化効果）
④自分が経験した仕事について多く書ける生徒ほど，職場体験学習に良い感想を持つ．
⑤職場体験先の人と話をすることの効果が大きい．
⑥職場体験を通じて，将来や進学を掘り下げて考えられるほど，効果が高い（特に自分に結びつけられた場合）．
　　　　下村英雄（労働政策研究・研修機構）氏の研究より

---

14) 文部科学省や産業経済省のいう「基礎的・汎用的能力」や「社会人基礎力」は，独語の Sitte（習慣，制度＝姿勢，態度）レベルのものであり，独語の Gebilde（もの，成果＝知識，技術）レベルのものではない．後者は習得しやすく，前者は習得しにくい．Sitte レベルの諸能力は，総合的な学習の時間等においてゲーム風な手法で行われる一過性のイベントや体験ではなく，全ての教育活動を通して日常的に継続的に教育されなければ，定着しないのである．

と，家庭，地域，企業等との幅広い連携・協力関係を得られるようなコーディネイト（調整）能力とを有する教員を養成するために，キャリア教育の中核的役割を担う教員を対象とした研修の充実が必要である．
- すべての教員が基本的なキャリア・カウンセリングを行うことができるような研修の充実を図り，その際，基礎編と実践編と2段階に分けて研修計画を立てると効果が上がると考えられる[16]．

また，教職課程を置く各大学の教員養成段階においても，キャリア教育及びキャリア・カウンセリングの基礎的・基本的な知識や理解が得られるような教職養成課程の改善が必要と考えられる．

---

15) 2012年度の調査によると，中学校の職場体験実施率は98.0％，高等学校のインターンシップ実施率は79.8％となっている．
16) 三村，前掲書，p.99〜第9節「キャリア・カウンセリング（基礎編）」及びp.112〜第10節「キャリア・カウンセリング（実践編）」．

4. 開かれた学校づくりと評価活動

　学校が家庭や地域社会と一緒になって子どもを育てるためには，「開かれた学校」となることが求められる．「開かれた学校」という言葉は，学校の様子が様々な面で外部から見え難い状況にあり，外部との連携が弱いことから出たものである．

　1987年の臨時教育審議会（第三次答申）で，学校を「開かれた」ものにする必要性が強調された．従来言われた「開かれた学校」は，学校施設の地域社会への開放というような比較的狭義の意味で捉えられがちであった．答申は，これからは，単なる地域への施設開放だけでなく，学校施設の社会教育事業等への開放や，地域・保護者の意見が反映した学校の運営等が求められるとした．「開かれた学校」になれば，学校と他の教育・研究・文化・スポーツ施設との連携，自然教室，自然学校等との教育ネットワーク，国際的に開かれた学校など，今までより学校が，より広く発展するものと考えられた．また，「開かれた学校」にふさわしい学校の管理・運営が構築されなければならないと提言した．この答申が①社会教育事業等への学校施設の開放，②地域・保護者の意見を生かした学校経営，③学校と他の教育・研究・文化・スポーツ施設との連携，という三点を提起してから，「開かれた学校」という考え方が広がった．

　15期中央教育審議会は，『学校が社会に対して閉鎖的であるという指摘はしばしば耳にするところである．学校や地域によって事情は異なり，この指摘の当否を一律に断定すべきではないが，子供の育成は学校・家庭・地域社会との連携・協力なしにはなしえないとすれば，これからの学校が，社会に対して「開かれた学校」となり，家庭や地域社会に対して積極的に働きかけを行い，家庭や地域社会とともに子供たちを育てていくという視点に立った学校運営を心がけることは極めて重要なことと言わなければならない．』と提言した（一次答申「21世紀を展望した我が国の教育の在り方について」・1996年）．この答申の背景には，いじめや不登校問題に対する当時の社会的関心の

高まりがある．当時，校内問題を外部に漏らさないという閉鎖的な学校の体質が露呈していた．また問題解決を学校内部のみで図ろうとしていた．そのため，問題解決が進まないばかりか，学校の様子が外から見えにくいという実態が指摘された．答申は，家庭や地域の関係機関と十分な協力・連携がとれない学校に対して，①もっと学校をオープンにすること，②学校の教育方針や考えを積極的に伝えること，③学校外の声を広く聞くこと，④地域の教育力を活用すること，⑤学校の教育施設を外に開くこと等を提起した．

　その後，16期中央教育審議会は，「学校の教育目標，教育計画の明確化と保護者や地域に対する説明，教育活動の自己評価等学校の経営責任を明らかにする観点から，学校が教育目標及びそれに基づく教育計画を明確に策定し，その趣旨と実施状況を保護者や地域に対して説明することが必要である．また，それらについての校長による自己評価を保護者や地域に説明するとともに，教育委員会へ報告することが必要である．」と提言した（「今後の地方教育行政の在り方について」・1998年）．

　これは，学校が地域住民の信頼に応え，家庭や地域と連携協力して教育活動を展開するためには，①学校の教育目標や教育計画を誰が見ても分かるようにすること，②その内容や実施状況を保護者・地域に説明する責任をもつこと，③掲げた教育の目標に対して，その実施結果を説明し，結果責任を取ること，等を求めたものである．答申は，地域の有識者等から学校運営に関しての意見を聞く制度として，「学校評議員」の設置を提起し，教育モニター，教育アドバイザー等の活用，地域住民に対する積極的な情報提供，ボランティアの受け入れ体制の整備などを具体的に指摘した．

　一連の答申で述べられている「開かれた学校」の内容は，以下の四点を「開く」ということである．

（1）学校の施設・設備等を開く
　学校には，校庭，体育館，学校プール，余裕教室等，様々な

教育施設・設備がある．それらは，学校や教師だけのものではない．広い意味で地域社会の共有財産である．これらの施設・設備の開放や，生涯学習に呼応した学校図書館の開放，阪神大震災の教訓から防災備蓄倉庫の設置等，学校には地域からさまざまなの要望や期待がある．学校教育に支障のない範囲で，学校の持つ施設・設備等を地域住民に開放し，有効活用することが求められる．しかし，学校開放に際しての管理運営上の問題，施設設備のあり方の問題，近隣との関係の問題等，解決すべき課題が少なくない．

（2）学校の教育機能を開く

地域には，保護者，古老，地域の伝統文化継承者やスポーツ指導者，専門家等，多彩な人材が教育資源として存在する．その協力を得て，教科指導，特別活動，部活動等に活用すれば，地域の特色を生かした教育ができる．教育機能を開くとは，学校教育を教員の枠に閉じ込めることなく，その教育機能を外に開くことであり，学校の教育活動に地域の活力を導入・活用することである．一方，教員が地域に出て，その専門的力量を地域住民のニーズに役立てることもできる．学校と地域が支援機能を活用し合えば相互の連携が強まり，学校が地域の教育財産の拠点となる．

（3）学校経営を開く

学校経営は，学校関係者という内輪の人間だけで行われがちである．そのため，学校評価も身内の甘いものになりがちである．学校がどのように運営されているかは，学校の外部からは見え難い．経営内容を開くとは，保護者や地域住民に，学校の教育目標や教育計画を示し，実施状況を評価した結果も明らかにして，その責任を明確にすることである．学校経営を透明性や公開性のあるものにして，外部の声を学校経営に反映させ，外部と学校との相互の意見や要望等が交流する，風通しのよい学校にすることである．この趣旨から，学校が保護者や地域住

民の意向を把握，反映するために，学校評議員制度が導入された．

（4）学校情報を開く

学校が，教育活動の中で必要以上に情報を秘匿することが少なくない．そのため，学校や子どものようすが，保護者に十分に伝わらないことがある．学校情報を開くとは，学校のさまざまな教育情報を開示することである．学校の教育方針や教育活動全般にわたる内容を，地域や保護者等に可能な限り公開することで，教育の透明性を高めようとするものである．

「開かれた学校」づくりの背景には，子どもたちの成長を地域全体で支えていくためには，家庭や地域社会と連携・協力ができる学校づくりが急務であるとの認識がある．

（5）評価活動―授業評価を例として―

近年，結果が即座には表れにくい「教育」活動の様々な分野で評価を取り入れる努力がなされている．第5章（学校の組織と運営）で触れた業績評価，学校評価に加えて，ここでは学校情報を開く例として授業評価活動について考察する．

教師は授業を行い，その授業によって児童生徒が習得した学習成果を様々な方法・視点で評価することが必要とされている．しかし，同時に教師の授業そのものに対する評価も必要なことである．多くの教師はすでに，自己評価から始まって，自己の各授業について定期・不定期にアンケートを取るなどして外部評価を取り入れていることが多い．

1）授業評価

東京都では平成16年度から生徒による授業評価を導入して，授業改善に努めている（図6-3，図6-4参照）．授業を受ける当事者である生徒による授業評価が授業改善には不可欠なことであるが，同時に生徒自身の授業に対する取り組みについての自己評価という側面もある．

評価結果を授業改善により効果的に活かすためには，教員個

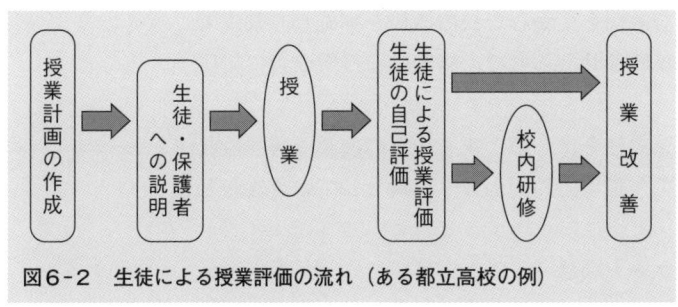

図6-2　生徒による授業評価の流れ（ある都立高校の例）

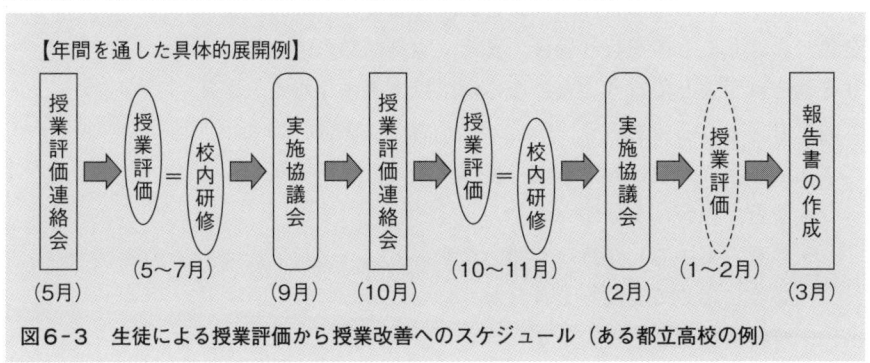

授業計画の作成 → 生徒・保護者への説明 → 授業 → 生徒による授業評価／生徒の自己評価 → 校内研修 → 授業改善

【年間を通した具体的展開例】

授業評価連絡会（5月）→ 授業評価＝校内研修（5〜7月）→ 実施協議会（9月）→ 授業評価連絡会（10月）→ 授業評価＝校内研修（10〜11月）→ 実施協議会（2月）→ 授業評価（1〜2月）→ 報告書の作成（3月）

図6-3　生徒による授業評価から授業改善へのスケジュール（ある都立高校の例）

人で受け止めるばかりでなく，校内研修等を通して組織的・計画的に取り組み，意見交換の場を十分にして授業研究を深めたい．以下に，「授業評価」の流れと，授業改善へのスケジュールを見よう（「いい授業しようよ」生徒による授業評価開発委員会報告：東京都　平成16年）．授業評価を基にして校内研修を充実させ，教員全体の資質と能力の向上を図りたい．

期待される効果として以下のようなことがあげられる（『教職員ハンドブック』）．

①教員が生徒の反応や意見を把握して，生徒の実態に応じた形で授業改善を図ることができる．
②生徒が自らの学習状況を見つめ直すことにより，主体的に授業に取り組もうとする姿勢が育まれ，日常の学習活動に対する意欲が喚起される．
③生徒や保護者の教員に対する信頼感が高まり，学校での教育活動の充実が図られる．

④生徒の具体的な評価を生かした校内研修を実施し，改善策を授業計画に反映させることで，組織的な授業改善に結びつく．

⑤生徒による授業評価をはじめとする一連の授業改善への取り組みを通じて，指導力の向上等，教員としての資質向上が図られる．

2）授業評価アンケート項目

アンケートの質問項目は，教員各自が授業で行う場合，学校全体で合意したものを行う場合，また，実施回数の違い等によりそれぞれ工夫して行うことになるが，以下のようなことが基本的に考えられるであろう．

①生徒自身の授業に対する取り組み
- 予習，復習は十分か
- 熱意（集中力）を持って聞いたか
- 必要に応じて質問等できたか
- 積極的に出席しているか

②授業の内容
- 話し方や説明は明瞭か
- 授業に対する準備は十分か
- 生徒の理解度を把握して授業を進めているか
- 板書や機器の使い方は効果的であるか
- 授業に対する熱意，情熱が感じられるか
- 計画に沿った授業展開になっているか
- 生徒の質問に誠実に回答しているか
- 教材は適切なものが使用されているか
- 総合的に判断して当該授業に満足できるか

③授業環境
- 生徒の質問や発言がしやすい雰囲気をつくっているか
- 私語の防止等授業に集中できるよう配慮がされているか

これらの項目に自由意見欄が加えられることも多い．アンケート形式では十分に回答しきれないことを補うことができる．しかし，場合によっては生徒は何を書いてよいか戸惑ったり，

また，集計の際に困難を感じるようなことも多いので，「満足度について」，「説明の仕方について」，「課題の出し方について」等，記述がしやすいように配慮することも効果的なことである．

3）評価結果の活用

回答は5段階で，5：非常に良い（非常にそうである），4：良い（かなりそうである），3：普通（どちらとも言えない），2：良くない（あまりそうでない），1：まったく良くない（まったくそうでない），が一般的である．

他者の目による評価は，良いことも良くないことも必ず，教員本人が思いもかけない指摘を含むものである．そのような貴重な意見を真摯に受け止め，改善や自信につなげたい．生徒の思いやりのある言葉にほっとすることも多い．

集計及び分析は，①授業担当者，または②教務等の担当部署のどちらが行うか，さらに手順等を含めて計画的・組織的に行う必要がある．②の場合には数値化やグラフ化によって相互に比較したり，より客観的な分析が行われやすい．結果に関して授業者，教科，学年がどのように受け止めて後に活かすかが重要なことであることはいうまでもない．

評価結果をもとに校内研修会を設定して，分析・授業改善についての情報交換を行う．報告・疑問・課題・今後の展望・互いの授業観察などに発展していくよう，担当部署，先輩教師，管理職等が巧みにリードしていくことが望ましい．

5. 学校と家庭・地域との連携

(1) 中教審答申等にみる学校・家庭・地域の連携の動き

　近年，物質的な豊かさに恵まれている反面，子どもたちの心は著しく荒廃し，暴力行為，不登校，いじめ，援助交際等，様々な問題行動が多発している．

　こうした背景の中で，1998（平成10）年6月の中央教育審議会答申「新しい時代を拓く心を育てるために－次世代を育てる心を失う危機－〈幼児期からの心の在り方について〉」が出され，これを契機に「心の教育」が強調されるようになった．この答申では「心の教育」という視点から，学校・家庭・地域社会の現状を見直して，それぞれの特色を生かし，連携を図る具体的な方策が提示された．

　また，2006（平成18）年12月に教育基本法が改正され，新たに第13条に「学校，家庭及び地域住民等の相互の連携協力」が規定された．また，2008（平成20）年1月の中教審答申「幼稚園，小学校，中学校，高等学校及び特別支援学校等の改善について」では，「家庭や地域との教育力の低下を前提に，学校教育がそれにどのように対応するか」が述べられている．

　さらに，2015（平成27）年12月の中教審答申「新しい時代の教育や地方創生の実現に向けた学校と地域の連携・協働の在り方と今後の推進方策について」では，「子どもたちにこれからの激しい時代を生き抜く力を育むためには，学校と地域の連携・協働が重要であり，このことはこれからの教育改革・地方創生等の観点からも必要である」と指摘している．

　こうした中で，これからの子どもの育成は学校・家庭・地域の三者が連携・協働し，相互補完し合って当たらなくてはならない．

　本節では，これらの答申等を踏まえながら，学校・家庭・地域との連携・協力の中で，子どもたちの心をどのように豊かに育てていくか，などについて考えてみる．

(2) 地域とは何か

「地域」という言葉は常に明確さを欠いたまま，使用されている．自治会長は「うちは，うちの自治会を地域と考えている」，小・中学校では「自分の学区が地域である」という人もいる．このように地域は主体者によって，捉え方が違ってくる．

コミュニティ・スクールの研究者とし名高いアメリカのオルセン（Olsen, E. G.）は地域を次のように分けている．

① 学校の奉仕領域としての地域
　　local community（郷土社会・市町村等）
② 州を単位とした地域
　　regional community（地区社会）
③ 国を単位とした地域
　　national community（国家社会）
④ 国同士を単位とした地域

コラム　「学校の地域化」と「地域の学校化」

オルセン（Olsen, E. G.）は，「コミュニティ・スクール」として機能する学校について，次の5つをあげている．

①学校は，成人教育の中心として働くこと，②学校は，地域社会の自然的，社会的な資源を教育資源として活用すること，③学校は，地域社会の機構・過程および諸問題をその学校の教育課程の中心に置くこと，④学校は，地域社会の諸活動に参加することによって，その社会を発展させること，⑤学校は，地域社会の教育的な努力を組織立てる指導者になること．

①から③は，地域社会を学校の中に取り入れようとする「学校の地域化」といわれる視点で，学校が教育課程を編成するとき，地域の諸資源を最大限に活用すべきであるという考え方である．④と⑤は，学校の資源を地域社会に開放するという視点で，「地域の学校化」といわれている．両者はそれぞれが補完し合いながら，学校と地域社会との双方向の交流を目指すものであり，今日の学校と地域社会・家庭の連携を捉える基本的な視点になっている．

international community（国際社会）

このように，地域は狭くは近隣，郡市の街区から広くは国家を超えた地域共同体，例えば，EU＝European Union までのように，主体によって，どのようにも設定できる．

小学校や中学校の立場では，現在各学校が進めている地域との連携による教育活動の範域と，互いが帰属意識（連帯感・同属感）で結ばれているエリアから考えると，小・中学校の教育活動の範域は通学区を基礎コミュニティとして，学区を中心に，狭くは市町村内，広くは都道府県内である，と捉えてはどうだろうか．

さらに，地域は無意図的な存在ではあるが，子どもたちの人間形成に大きな影響を与えるものであるので，「地域」とは単に空間的な場所を指すのではなく，子どもたちの心を豊かに育てるという人間形成的機能を持った場所であると捉えることが重要である．

なお，「地域」と「地域社会」の意味は学術的には差異があるが，本節では同義語として使用する．

（3）連携とは何か

子どもの健全育成のためには，学校と地域の連携が必要になってくるが，連携は目的ではなく，健全育成ための手段・方法である．連携とは「同じ目的を持つものがお互いに連絡を取り，協力し合って物事を行うこと」（『広辞苑〔第六版〕』岩波書店）とある．そこには複数の主体による「連絡」（communication）や協力（cooperation）といった意味合いが含まれている．連携を機能から見ると次の3つに分類することができる．

第1段階：情報交換・連絡調整機能
　互いの取り組みについて情報を交換したり，連絡調整を図ったりする．
第2段階：相互補完機能
　それぞれの目的達成のため，足りないところを補い合う関係であり，一方が他方に協力する．

表6-5　連携の機能と発展段階別にみた取り組み例

連携の機能＼発展段階	第1段階	第2段階	第3段階
情報交換・連絡調整機能	地域教育懇談会，生徒指導・非行問題会議，警察署・児童相談所・消防署との連絡調整		
相互補完機能		地域人材活用，地域の教材化，学校の社会教育施設等の利用，学校開放，教員の地域派遣	
協働機能（融合）			教育課程における社会教育事業の活用，学校行事の共同実施，地域学習・スポーツ活動のクラブ活動化

佐藤晴雄「連携による相互補完がなぜ重要なのか」『学校・家庭・地域一体による指導』『教職研修』平成11年4月号，教育開発研究所.

第3段階：協働機能

　共通の目的を持ち，コミュニケーションを図りながら目的達成を目指して一体的に取り組む．

　このように連携とは，「情報交換・連絡調整」など会合を介した関係から始まり，さらに関係を進めてそれぞれが1つの目標に向かって協働していくことである．

　いずれにしても，連携は互いに行ったりきたりして，互いにかかわり合うことから始まるのである．

（4）三者連携による活動推進の留意点

　三者連携による教育活動を進めるには，次のことに心がけておきたい．

①双方向性と互恵性の考え方に立つ活動推進

　連携は一方的な関係で成立するものではなく，相互補完関係から成り立っている．連携による教育活動の場合は，自分の学校の子どもたちが心豊かに育つとともに，地域もよくなるといった双方向性と，学校も地域も活動にかかわって「よかった」

という，互恵性の考え方を重視して進めることが大切である．互いに，「give and take」「take and give」の関係でないと両者の関係は長続きしない．よく「学校は地域の人たちに協力だけを求めてくるが，地域のためには学校は何もしてくれない」ということを聞く．これでは，連携はできない．教師も地域の諸活動には積極的に協力することが重要である．

したがって，「活用する」「利用する」から「活用し合う」「生かし合う」喜びを共有できるようにすることが大切である．加えて，学校は諸課題を調整する「コーディネーター」の役割と共通の活動を創り出す「プロデューサー」の役割を果たすことも大切なことである．

②創発と効率の考え方に立つ活動推進

「創発」という考え方は，「三人寄れば文殊の知恵」というように，1人よりは2〜3人の方がよいアイデアを結集することができるということである．例えば，学校行事など持つ場合，教職員だけではなく，生徒や地域住民も加わって知恵を出し合えば，より創造的なものを生み出すことができるということである．

効率というのは1人でやるよりは，より多くの人がかかわったほうが，行事なども効率よくできるという考え方である．創出は質の概念で効率は量の概念である．

③教育ネットワークシステムによる行動連携の推進

子どもの健全育成を図るには，学校・家庭・地域社会の教育力が相互補完的に高め合うことができるようなネットワークシステムづくりを学校や教育委員会が中心になってつくることが肝要である．

ネットワークシステムは，一般的には地域の自治会，PTA，関係諸機関，青少年健全育成団体等から構成され，それぞれの立場から責任を持って教育の営みに参画し，相互に連携し，社会全体で教育の向上に取り組むことが重要である．

このような組織では，情報交換だけで終わってしまう傾向がある．情報連携はもちろん大事であるが，子どもたちの人間形

成に資する体験活動等を企画・推進するといった行動連携の視点を持つことが求められる．例えば，地域に住む異年齢の仲間や子ども同士の遊び，地域の自然とのふれ合い，奉仕活動，あるいは，地域ぐるみあいさつ運動などの体験活動によって，子どもには好ましい人間関係や豊かな感性，社会性などが育っていくのである．

さらに，現行学習指導要領では，キャリア教育としての「職場体験活動推進」を重視しているが，受け入れる事業所は学区を越えて広がってくる．NPOやボランティア団体，企業などを取り込みながら，ネットワークづくりを進めていかなければならない．生徒指導上のネットワークシステムを基盤としながら，拡大していくこともできるのである．

④横から縦への連携推進

今，生涯学習時代を迎え，人間は生涯にわたって発達するといった考え方からすると，学校・家庭・地域といった「横」の連携だけではなく，異年齢による「縦」の連携が重要となる．保育園・幼稚園・小学校・中学校・高等学校間の連携や生涯学習の拠点としての公民館など社会教育施設との連携を深めていくことが大事である．

現行学習指導要領では，幼・小・中・高等学校の発達段階に応じた教育課程の工夫の観点から，幼稚園・各学校段階の円滑な接続を図ることが求められている．円滑な接続を図っていくためには，交流は欠かせないものである．

また，近年学校間の連続性，系統性の一貫性を持たせた教育を行うことの重要性や意義が見いだされ，全国各地に小・中一貫教育を推進したり，小・中一貫教育校を開設したりする市町村が増えている．小・中連携，一貫教育を推進することで，「生きる力」の柱となる「豊かな心」「確かな学力」を育むことが一層期待できる．

⑤連携はスキルでなくハートで

学校支援ボランティアや保護者，地域住民が学校へ行っても生徒はいうに及ばず教職員も気持ちよい挨拶をしてくれないの

で，学校から手を引いてしまった．あるいは，学校に行くのをやめてしまった，というような声を聞く．多くのボランティアは無償で善意で学校教育活動に協力をしていただいている．さわやかな挨拶や微笑は大事である．挨拶や微笑は人の心の豊かさを表し，人間関係を円滑にしてくれる．

　校長は異動で自治会長と初めて新赴任校で会った．校長は自治会長を微笑で校長室で迎えた．校長の微笑を見て「この校長とは今後仲よく協力してやっていける確信を得た」と，後日，自治会長は校長に話したそうだ．

　連携はちょっとした心配り，思いやりが大切であることを忘れてはならない．

(5) 地域連携による具体的実践例

　上述の連携推進に基づいた主な取組みを5例を紹介する．①～④は神奈川県秦野市の公立中学校（A・B校）の例である．
①四者による PTSCA 活動

　これは，P：parents（親），P：teachers（教師），S：students（生徒），C：community（地域），A：association（共通の目的実現の会）の英語の頭文字をとって名づけたものである．四者によるアイデアと行動力を結集し，地域に根ざした特色ある教育活動を目指すものである．これは「創発」と「効率」の理念を具現化したものである．PTSCA 活動は学校行事，PTA 行事などを四者が企画の段階からお互いがアイデアを出し合って，決めようとするものである．基本的な考え方は，四者はイコール・パートナーシップとして，対等に意見等を交換し合い，目的実現のために一緒に汗を流し，行動するというものである．

　PTSCA 活動は，まさに，「地域の核」として学校と地域の間にある垣根をなくし，様々な人との新しいつながりを生み出し，学校が活性化し，地域も盛り上がるという互恵性の理念を具体化した「教育コミュニティづくり」の大きな原動力となっている．
②地域とのつながりを深める「学校・地域子ども親善大使」制度
　多くの学校は，入学式，卒業式等の大きな学校行事があると

きは，単発的に関係者の近くに住んでいる生徒を通じて招待状を届けていた．

しかし，定期的に学校の情報を地域に発信し，また，地域の情報を学校が受信するという双方向性の確立と，地域住民とのふれあいを深めることを目的に設けた制度である．親善大使は，学区の幼稚園・小学校，自治会関係者，交番，各種団体の責任者などに「学校便り」，「学年便り」，「行事予定表」などを毎月2〜3回届けている．

名称は「子どもたちに夢を与えたい」との学校長の願いで「学校・地域子ども親善大使」と命名した．親善大使には使命感や責任感を自覚してもらうために，始業式などに校長から「委嘱状」を渡す．この制度は地域住民からも生徒からも大変好評を得ている．

③保護者・地域に公開する毎月10日の「オープンスクール・デー」の開設

毎月10日は「オープンスクール・デー」と称し，学校を保護者や地域住民に開放する．保護者や地域住民にとって，子どもたちの学校での生活は何よりの関心事である．そこで，学校は「いつでも来校してください」という方針でいるが，これではなかなか来にくい，という声を聞く．こうしたことから，地域の誰にもわかりやすく，覚えやすくするために，10日という日を

教職雑学コーナー ● 学校支援ボランティア

学校支援ボランティアとは，学校の教育活動の手助けをしてくれる保護者や地域住民，団体，企業等の人たちをいう．
このことばは，1998（平成10）年に出された文部省（当時）の「教育改革プログラム」の中で初めて用いられたことばである．学校支援ボランティアの活動は多岐にわたるが，近年に見られる代表的なものとして，子どもの登下校を見守る活動，図書室の整理や読み聞かせ，総合的な学習の時間等の授業の手伝いなどがある．

設定した．

　この日を設けることによって，保護者や地域住民は生徒のありのままの姿を見たり，生徒に温かいことばをかけることができる．その結果，生徒は地域の人たちを身近に感じるようになり，自分たちは保護者だけではなく，地域の人たちにも支えられているのだなぁ，と感じられるようになる．

④異校種間・地域との交流

　M地域は住宅地として新しく開発された地域である．中学校区には公立の幼・小・中・高等学校，公民館，さらには立派な高級シニアマンションがある．互いに徒歩10分以内に位置し，交流には大変便利である．その利便性を上手に生かして，相互交流を積極的に進めている．

　例えば，地域住民が企画・運営する地域住民や子どもたちを対象とするマラソン大会への協力，高校生ボランティアによる幼稚園・小学生・中学生との交流，部活の合同練習，教職員の交流授業など定期的に実施している．また，小・中・高校生は地域への諸行事にも準備の段階からお手伝いしている．お互いにかかわり合うことで，色々なことを学び，自分自身を再発見している．この地区での異校種・地域との交流活動は全国的にも珍しい取り組みとして注目されている．

⑤コミュニティ・スクール（学校運営協議会制度）による取組み

　2004（平成16）年6月に「地方教育行政の組織及び運営に関する法律」が改正され，保護者・地域住民の代表が直接学校運営にかかわっていくことができるようになった．学校運営協議会は①校長が作成した学校の基本方針を承認すること，②教育委員会や校長に学校運営に関する意見を述べること，③当該学校の教職員の任用に関して任命権者に意見を申し出ることなどを役割とする．

　2016（平成28）年4月現在全国の2806校が指定され，全国的に広がりを見せている．「第2期教育振興基本計画」では，2017（平成29）年までの指定校数値目標として，全国公立小・中学校の1割（約3000校）の指定を目指している．

「平成23年度文部科学省委託調査研究―コミュニティ・スクールの推進に関する教育委員会及び学校における取組の成果に係る調査研究報告書」では，研究成果として次のことをあげている．

コミュニティ・スクールの研究成果
- 学校と地域が情報を共有化するようになった　　92.6%
- 地域が協力的になった　　87.7%
- 地域と連携した取組みが組織的に行えるようになった
　　84.0%
- 特色ある学校づくりが進んだ　　83.0%
- 学校関係者評価が効果的に行えるようになった　82.6%

　筆者は指定校7校（関東地区小3校，中2校，四国地区中2校）の聞き取り調査を試みた．活動の取組み状況は，委員数は平均して14.3人で，学校や地域の状況に応じて，委員会がサポート部会，安全・安心部会，学習部会，学校評価部会などに分かれ，活動に取組み，保護者や地域住民が学校の教育活動に参画することにより，共に学校を創り上げていく喜びを共有しながら，多彩な教育活動を展開していた．

　特記すべきは，必要に応じて生徒を運営協議会に参加させ，生徒からの要望・意見を学校運営協議会に反映させて指定校があった．通知では[1]，「学校運営協議会において必要と認める場合には，児童・生徒の発達段階に配慮しつつ，当該学年の児童・生徒に意見を述べる機会を与えるなどの工夫を行うことも差し支えない」とされている．

　2015（平成27）年12月の中央教育審議会答申「新しい時代の教育や地方創生の実現に向けた学校と地域の連携・協働の在り

---

1) 16文科初等第429号「地方教育行政の組織及び運営に関する法律の一部を改正する法律の施行について」（通知）（平成16年6月24日　文部科学事務次官　御手洗康）

方と今後の推進方策について」では,「全ての公立学校がコミュニティ・スクールを目指すべきであり,教育委員会が積極的に設置の推進に努めていくような制度的位置づけの見直しを検討すべきである」旨が提言された.これを受け,文科省では『「次世代の学校・地域」創生プラン』を平成28年1月公表し,コミュニティ・スクールの更なる推進に向け,今後の改革工程表を提示し,制度的見直しの検討,導入を目指す地域への支援の充実を図るとともに,好事例の収集・普及や全国各地での説明会やフォーラム等の開催を予定している.

今後は,学校又は教育委員会の自発的な意志によって設置することが望ましいことを基本としつつ,教育委員会が積極的にコミュニティ・スクールの推進に向けて努力することが予想され,コミュニティ・スクールはますます増えていくものと思われる.

(6) これからの方向
①三者の新たな関係構築を

昔から「子どもは家庭で生まれ,学校で学び,地域で活かす」といわれている.これは三者の役割を端的に表していることばである.家庭は基本的生活習慣の確立や安らぐ場であり,「母性の原理」の場である.学校は意図的・計画的な学習や1日を長く拘束された厳しい場であり,「父性の原理」の場である.地域は心身ともに解放された自由で楽しい余暇や生活をすごす場であり,「兄弟・姉妹の原理」の場である.

その三者はそれぞれの役割を果たしつつ,子どもたちは三者の教育作用を受けながら成長している.これからは,教育は三者が共に協力し合って進める「共育」と「協育」,さらには三者が互いに教育作用を発揮し,響き合う「響育」が一層求められる.

昔からその土地には地域の風があって,その風を風土などと呼んでいる.学校の風は校風と呼び,家の風は「家風」と呼ぶ.こうした風は無関心ではあるが,子どもたちの人間形成には大

きな影響を与えるものである．そして，その風は短期間で吹かせることはできない．長い間多くの人の努力によって，よき校風，よき家風はつくられていく．まず，学区にすがすがしいよい風（良風）を吹かせたい．

② 地域における学校と協働体制の確立

2015（平成27）年12月の中央教育審議会答申「新しい時代の教育や地方創生の実現に向けた学校と地域の連携・協働の在り方と今後の推進方策について」では，次のことがふれられている．

地域と学校が連携・協働して，地域全体で未来を担う子どもたちの成長を支えていく活動を「地域協働活動」として，その取組みを積極的に推進し，従来の学校支援地域本部，放課後子供教室等の活動を基盤に，「支援」から「連携・協働」，個別の活動から総合化，ネットワーク化を目指す新たな体制としての「地域学校協働本部」に発展させる．

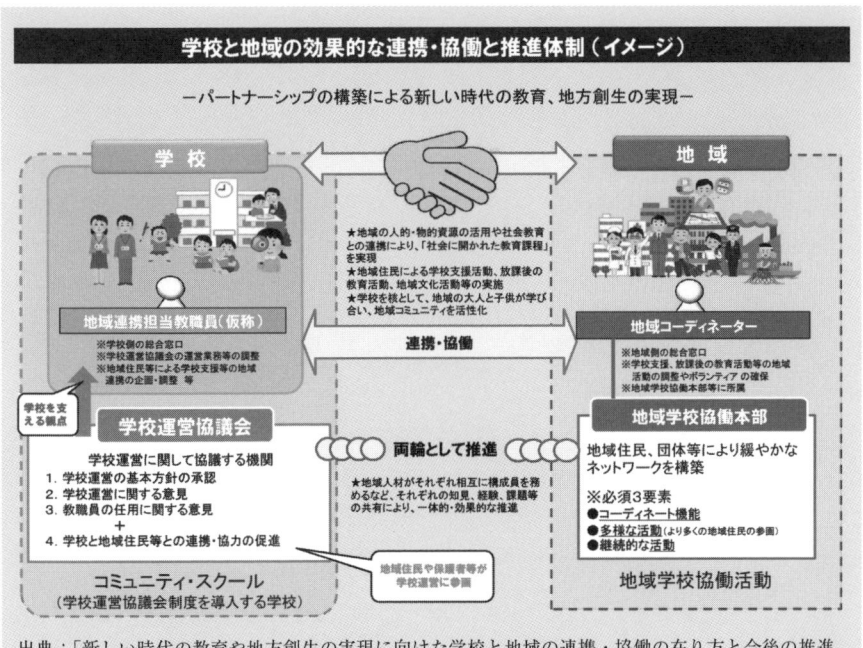

学校と地域の効果的な連携・協働と推進体制（イメージ）

－パートナーシップの構築による新しい時代の教育、地方創生の実現－

【学校】
地域連携担当教職員（仮称）
※学校側の総合窓口
※学校運営協議会の運営業務等の調整
※地域住民等による学校支援等の地域連携の企画・調整 等

【地域】
地域コーディネーター
※地域側の総合窓口
※学校支援、放課後の教育活動等の地域活動の調整やボランティアの確保
※地域学校協働本部等に所属

連携・協働

★地域の人的・物的資源の活用や社会教育との連携により、「社会に開かれた教育課程」を実現
★地域住民による学校支援活動、放課後の教育活動、地域文化活動等の実施
★学校を核として、地域の大人と子供が学び合い、地域コミュニティを活性化

【学校運営協議会】
学校運営に関して協議する機関
1. 学校運営の基本方針の承認
2. 学校運営に関する意見
3. 教職員の任用に関する意見
＋
4. 学校と地域住民等との連携・協力の促進

コミュニティ・スクール
（学校運営協議会制度を導入する学校）

両輪として推進
★地域人材がそれぞれ相互に構成員を務めるなど、それぞれの知見、経験、課題等の共有により、一体的・効果的な推進

地域住民や保護者等が学校運営に参画

【地域学校協働本部】
地域住民、団体等により緩やかなネットワークを構築

※必須3要素
● コーディネート機能
● 多様な活動（より多くの地域住民の参画）
● 継続的な活動

地域学校協働活動

出典：「新しい時代の教育や地方創生の実現に向けた学校と地域の連携・協働の在り方と今後の推進方策について（答申のポイント）」（中教審第186号）平成27年12月21日．

「地域学校協働本部」には，①コーディネート機能，②多様な活動，③持続的な活動の要素が必須だとされ，地域学校協働活動の全国的な推進に向けて，地域学校協働本部が早期に全小・中学校区をカバーして構築されることを目指すとしている．
　これからは地域と連携・協働が強化される中で，子どもたちに生きる力を育むことが一層期待できる．

〈参考文献〉
E・G・オルセン著，宗像誠也ほか訳『学校と地域社会』小学館，1950年．
望月國男『地域協働による「心の教育」の創造』東海大学出版会，2007年．
佐藤晴雄編『学校支援ボランティア 特色づくりの秘けつと課題』教育出版，2005年．
コミュニティ・スクール研究会（代表：佐藤晴雄）編「平成23年度文部科学省委託調査研究―コミュニティ・スクールの推進に関する教育委員会及び学校における取組の成果検証に係る調査研究報告書」日本大学文理学部，2012年．

6. 学校間の教育接続

（1）教育接続（articulation）とは

　学校教育は，日本の場合でいえば，幼稚園（就学前教育），小学校（初等教育），中学校（前期中等教育），高等学校（後期中等教育），大学（高等教育）の各学校段階が積み上がった学校体系からなっている．学校教育外の成人教育も含めれば，これらの各教育段階（学校教育体系内では学校段階）の教育のつながり（中心的には教育課程の接続）を指す概念が教育接続である．

　教育は，本来，一人ひとりの国民に対して，教育の目的・目標を実現するように，発達の段階に合わせ，連続的に行われるべきものである．しかし，現実には，西ヨーロッパ諸国や日本など，教育の歴史が古い国では，各教育段階の接続が円滑に図られていない場合が多い．それは，学校体系が垂直的に同時に立ち上げられたものものではなく，初等教育，高等教育がそれぞれ別の目的や成り立ちを持って発足しているため，他の校種と自発的につながろうとする意識が弱いからである．

　しかし，近年の教育改革や学習指導要領改訂では教育接続が大きな課題として取り上げられてきている．2020年度から小・中・高等学校で順次全面実施される学習指導要領でも「初等中等教育の終わりまでに育成を目指す資質・能力は何か」「義務教育の終わりまでに育成を目指す資質・能力は何か」という見通しをもった教育課程編成の必要が強調されている．

（2）小・中学校間の教育接続
―義務教育学校による小中一貫教育―

　戦前の学校教育体系では，大半の時期は，初等教育6年間（尋常小学校）のみが義務教育期間であり，中等教育段階に進む場合は，修了年限も設置目的も多様な学校に進学することになっていた（補章239頁，戦前の学校系統図参照）．

　国民学校制度が1941（昭和16）年に施行されて，制度的には8年間同じ学校（国民学校尋常科6年；同高等科2年）で義務

> 教育連携・教育接続　大学の教員が高校で大学の専門的な授業をしたり，学部や学科の内容をガイダンスして高校のキャリア教育を援助することや，高校生が近隣の中学校で部活動の援助をしたりすることなどは，従来から行われている．こうした活動はそれぞれの学校の教育課程に位置付けられて恒常的に行われるものではないので，教育接続というよりは教育連携である．

教育を受けるように改革されたが,戦局の悪化で義務年限延長は延期された.

戦後の学制改革で3年制の新制中学校までが義務教育期間となったが,そもそも6歳から15歳の学齢期間をどのような学校段階で区切るのが適切かという議論が根本的に行われて実施されたわけではない.戦前までは義務教育を終えて中等教育に進む者は限られていたので,中等教育を受ける機会を国民に拡大する目的(教育の機会均等)では,新制中学校は義務教育機関である必要があったのである.

こうした経緯や,子どもの心身の成長発達の早さ(早熟化傾向)もあり,新学制発足後も,中央教育審議会の四六答申(補章249頁参照)や臨時教育審議会答申,その後の教育改革で,6年-3年という学校段階の区切りについての議論は繰り返されてきた.

中学校は発足時から中等教育機関として,学校教育法でも独自の教育目標を有し,教科担当制などの共通性から,設置者は違うが同じ中等教育機関として高等学校との類縁性を持つ学校として,当事者間には意識されていた.

教員免許制度なども学校段階別になっているため,小学校教員免許は1人の教員が全教科を教える全科免許に対して,中学校教員免許は高等学校と同様に教科別になっており,中学校教員自身の意識としても小学校よりは高等学校の教科教育に近いという感覚もあった.教育接続の最初の実施が,後述するように国立大学の付属中・高等学校や私立で中高一貫校であったのは,むしろ自然の成り行きであったといえる.

小学校とは授業の形態や学校生活の過ごし方,子ども同士の人間関係,対教師との人間関係も相当に違う中学校に進学した子どもたちが中学1年次で示す学校不適応(不登校やいじめの急増)が,一般的にいわれる「中1ギャップ」である(「中1プロブレム」と呼ばれる場合もある).「中1ギャップ」の解決のため,小学校と中学校の児童生徒相互,教員相互の交流などが進められたりしてきたが,2003年から小泉内閣の下で始まっ

た構造改革特区の教育関連特区事業において小中一貫校，小中一貫教育という教育接続が全国に拡大してきた（2014（平成26）年5月現在全国1743区市町村で1130件設置されている）．

特区事業の1つとして認められた小中一貫教育には，品川区立日野学園のように施設も一体化して9年生の学校として運営が行われている例もある．

小中一貫校は学校教育法上の「学校」ではなかったが，2015（平成27）年の学校教育法改正により新しい校種として義務教育学校が創設された．設置者である区市町村教育委員会の判断で，既存の小中学校は義務教育学校に改編できることとなった．義務教育学校には後述の中等教育学校と同様，独自の教員免許や学習指導要領はない．6・3制となっている義務教育期間の区切りは，4・3・2制や5・4制など設置者が決められるようになった．

義務教育学校の制度化の背景には，一方で少子化に伴う小学校の統廃合を円滑に進めるという日本社会独自の理由もあると指摘されている．

なお，小中一貫教育の推進に当たって見逃せないのは，2007（平成19）年の学校教育法の改正である．1947（昭和22）年の制定以来小学校・中学校の教育の目的・目標条項は改正されていなかったが，平成18年の教育基本法の改正を受け，初めて改正された（表6-6，表6-7）．

小・中学校の教育の目的では，旧法では「初等普通教育」「中等普通教育」というそれぞれ異なる背景を持つ概念を規定しているが，新法では「義務教育として行われる普通教育」という共通の概念を背景にしている．また，小・中学校の教育の目標では，10項目に及ぶ詳細な「義務教育の目標」（第21条）の新設を受けて，それらが小学校教育の目標（第30条）と中学校教育の目標（第46条）にそのまま共通の目標として位置付けられ，旧法に存在した小学校，中学校段階独自の目標条項はなくなった．

表6-6 学校教育法に規定する小・中学校教育の目的

改正前の規定	改正後の規定
小学校は，心身の発達に応じて，初等普通教育を施すことを目的とする．（第17条）	小学校は，心身の発達に応じて，義務教育として行われる普通教育のうち基礎的なものを施すことを目的とする．（第29条）
中学校は，小学校における教育の基礎の上に，心身の発達に応じて，中等普通教育を施すことを目的とする．（第35条）	中学校は，小学校における教育の基礎の上に，心身の発達に応じて，義務教育として行われる普通教育を施すことを目的とする．（第45条）

表6-7 学校教育法に規定する小・中学校教育の目標

改正前の規定	改正後の規定
小学校における教育については，前条（第17条）の目的を実現するために，各号（8つ）に掲げる目標の達成に努めなければならない．（第18条）	小学校における教育は，前条（第29条）に規定する目的を実現するために必要な程度において第21条各号に掲げる目標を達成するよう行われるものとする（第30条）．
中学校における教育については，前条（第35条）の目的を実現するために，各号（3つ）に掲げる目標の達成に努めなければならない．（第36条）	中学校における教育は，前条（第45条）に規定する目的を実現するため，第21条各号に掲げる目標を達成するよう行われるものとする（第46条）．

（3）中・高等学校間の教育接続—中高一貫教育の制度化—

　中央教育審議会の四六答申では，すでに初等・中等教育改革の基本構想の第1に「人間の発達段階に応じた学校体系の開発」をあげ，「中等教育が中学校と高等学校とに分割されていることに伴う問題を解決するため，これを一貫した学校として教育を行い，幅広い資質と関心を持つ生徒の多様なコース別，能力別の教育を，教育指導によって円滑かつ効果的に行うこと」と提言している．

　昭和59～62年の臨時教育審議会では，高校進学率が90％以上になり能力・適性・意欲も様々な生徒を受け入れている現実の中で，高校の多様化が推進されねばならないことが提言された．

そして，多様化の一環として，中高一貫教育を行う6年制の中等学校の設置も提言された．

こうした経緯を経て，1998（平成10）年に学校教育法が改正され，中高一貫教育が制度化された．全国的に，当面500校の設置を目標に，次の3つのタイプの一貫校がつくられるようになった．

・中等教育学校（1つの新しい学校として設置）

中学校に相当する前期課程と高等学校に相当する後期課程を持つ6年制の一貫校．教育課程は6年間を見通したものが編成される．前期課程を修了すると中学校を卒業したものと同じ資格を持ち，中等教育学校を卒業すれば大学入学資格を持つ．

・併設型の中学校・高等学校

同じ設置者（都道府県・市町村など）が同一敷地内などに中学校と高等学校を設置して接続させるタイプの一貫教育．中学校から高等学校へは無選抜で進学することができる．また高等学校は他の中学校からも入試を行って募集する．

・連携型の中学校・高等学校

設置者が異なる既存の中学校（市町村立など）と高等学校（都道府県立など）が連携して教育を行うタイプの一貫教育．中学校と高等学校が合同で学校行事を行ったり，中学校の教師と高校の教師がチームティーチングを行ったりして，教育課程の接続を図る．連携中学校から高校へは簡便な入試で選抜する．また高校は，一般の入試で，他の中学校出身者を受け入れる．

2013（平成25）年4月の文部科学省調査では中等教育学校50校，併設型318校，連携型82校が設置されている．

法令上の中高一貫校は，上記の3タイプを指すが，実際には私立学校では，学校教育法改正以前から同じ学校法人が経営する中学校と高等学校の間では，中高一貫教育が進められていた．私立中学校卒業者が入試を経ずに高校へ内部進学することから，入試を意識せずに6年間を見通した教育課程が編成できたのである．こうした私立の中高一貫校が大学進学などで実績を上げていったことなども，特に大都市部を持つ都府県が公立中高一

貫校を設置する背景になっている．

（4）高等学校・大学間の教育接続－高校教育改革・大学教育改革・大学入試制度改革の一体的な推進－

　高等学校と大学間は，他の学校段階間に比較して，歴史的にこれまで教育接続がほとんど意識されてこなかった．その理由は，次の2点である．

　日本では，学習指導要領（幼稚園は幼稚園教育要領）の拘束性が強かったため，幼稚園から高等学校までの学校段階では教育内容についての系統性が維持されている．その一方で，大学教育のカリキュラムには学習指導要領のような基準がなく，教育内容の共通性が求められてこなかったため，高校教育と教育課程上の接続が計りにくいことが，その1つである．

　第2には，大学進学者の数が少数であった段階では，学力のある進学者が大学の教育環境に馴化するのが当然視されており，大学側も高等学校側も教育接続が重要な問題にならなかった，ことである．

　こうした現状認識に対して，高大それぞれに教育接続への意識を高めることを提言したのが，大学進学率の上昇を背景とした1999（平成11）年の中教審答申「初等中等教育と高等教育との接続の改善について」であった．

　この答申では，高校・大学の接続問題が検討されねばならない背景として，臨教審答申以降推進されてきた高校教育と大学教育の多様化などをあげている．

　高校教育では，総合学科高校，単位制高校，中高一貫教育校，昼間定時制独立校等の新しいタイプの高校，専門学科の多様化などが進められ，大学進学を想定した普通科目中心の普通科高校と，就職者を想定した工業・商業などの職業科目中心の専門高校という伝統的な高校教育の姿が変容してきた．

　大学教育では，1991（平成3）年の大学設置基準改正により大学卒業要件としての124単位の授業科目の区分が廃止されて一般教養科目がなくなり，専門教育科目が大学前期課程から実施

できるようになったことや，一般教養教育課程を中心的に担っていた教養部が解体されるなどして，高校教育との接続に配慮せねばならない大学前期課程教育の実施体制にも大きな変化が生じてきた．

　高等学校と大学が，このようにそれぞれの教育システムや教育内容を多様化させる中で，1990年代頃から大学・短大への進

> **コラム　欧米の高校と大学との教育接続**
>
> 　アメリカやオーストラリアなど，比較的，歴史の浅い国では，階級社会が強固に存在しなかったので，身分・階級ごとに進学する学校までが違うといった，イギリスのような階級社会を反映した学校制度は成立しなかった．幼稚園，小学校，中学校，高等学校という学校の違いはあっても，就学前教育から中等教育までを一貫教育と捉える教育観（K-12システム）が成立している．
>
> 　アメリカの公立の高等学校は，ほとんどが日本の総合学科高校のように普通科科目も職業科目も選択して学習できる教育課程である．その中で，大学進学を希望する生徒は普通科目を中心に選択し，その科目の中には大学の前期課程で履修するレベルと同じ科目を設置している学校もある．同じ高校の中で大学レベルの勉強をする生徒もいれば，高卒資格取得だけを目的に普通に勉強する生徒もいるわけである．そうした意味では，高校と大学の間に教育接続が成立していると言える．
>
> 　西ヨーロッパ諸国などでは，例えばイギリスのパブリックスクールのように，上流階級の男子子弟がマナー教育や大学進学までを見通した教育を初等教育から受ける学校が公立学校とは別の体系で現在でも存在している．また，西ヨーロッパ諸国では，イギリスのGCSE，フランスのバカロレア，ドイツのアビトゥーアなどの卒業資格試験が実施されている．これらの試験は，伝統的に大学で学ぶための学力を身に付けているかを測る学力試験であり，合格者はそのまま大学入学資格を得られるようになっている．ここでも高校教育の内容が大学への準備教育になるという，教育接続が図られている．

学率が上昇し始め，2005（平成17）年には，50％を超えるに至った．大学進学率上昇の直接的な背景としては，女子の大学進学者増加やこれまで大学進学者が少なかった専門高校，総合学科高校，定時制高校などからの大学進学者が増加したことがあげられる．

　大学教育に必要とされて，入試の中心科目であった英語，数学などの普通教科は，普通科高校に比べ専門高校では履修時間数が少なく，このことが大学受験上の不利とされていた．しかし，推薦入学やAO入試など学力試験を課さない入試のスタイルが急速に普及した結果，普通教科履修不足は進学のハンディにならなくなった．

　大学進学者の増加は，これまで大学進学を考慮しなかった高校にも，大学で学ぶための学力をどのようにつけさせるかという，教育接続の課題が生じることになった．また，多様な学修歴を持つ入学者を迎え，大学側も4年間の大学学士課程を通じて育成する共通の「学士力」とは何であり，どのように形成するかが問われるようになった．

　大学は現在，グローバルスタンダードに基づき人材養成，研究，教育の成果・実績が厳しく評価されるようになった．教育重視の改革が進む大学で学ぶためには，PISA型の学力，学力の3要素から構成される「確かな学力」（第3章学習指導95頁参照）を高校段階までに育成することが急務になってきている．このため高校の教育課程や教育評価の改革が学習指導要領の改訂作業を通じて取り組まれている．さらに新しい学力観に基づく高校教育の成果を適切に評価するための新しい大学入試制度がセンター試験に替わる新たな統一学力試験（大学入学希望者学力評価テスト（仮称））として2020年度から実施される予定である．高大接続は小中間や中高間の教育接続には後れをとってきたが，高校教育改革・大学教育改革・大学入試制度改革が一体となって進められつつある．

補章
日本の学校教育の歴史

第二次世界大戦の後，日本では「今日ほど教育に対する人々の関心が高まり，教育改革をめぐる論議が盛んになった時代はない」と，繰り返し言われてきた．しかし，高い関心と熱心な議論にもかかわらず，多くの人の眼に「教育は問題に満ちている」と映っている．
　では何が問題なのか，と問われるや，たちどころに，いじめ・校内暴力・非行・低学力，あるいは学校の管理体制強化，さらには教科書検定・教育課程など政府の教育政策・行政等々があげられる．これらの問題の直接の原因を明らかにし，それを起こした者を批判し，問題解決に取りくみ，ひとまず解決できたかのように見えても，たちまち問題の根の深さを思い知らされることが多い．それを知れば悩み，途方に暮れる．
　そのとき，教育問題の総体をとらえる見識と力量が求められる．とはいえ，誰もがそういう見識．力量をすぐに身につけることはできない．しかしそこへ迫る努力なしには論議は空転するばかりである．不毛な論議をやめ，数歩進んだ地点へ向かうには，教育の歴史をふり返って，問題が起こされ，展開してきた筋道をとらえ直す必要がある．それは，わずらわしい作業だと思われるかも知れないが，これを怠っては，未来への展望は開けない．
　　　　山住正己『日本教育小史』岩波書店，1987年より

本書は，教職の意義等に関する教職科目の教科書を意図している．学校教育の歴史に関する章を起こすことは，筆者の能力を超えることであるが，敢えて補章として概説を試みるのは2つの理由からである．

1つは，本書の各章の内容は現在の学校教育に関するものであるが，現在の学校教育が歴史的に見てどのような改革の流れの中から生じてきたか，背景的な知識を持つことは，現状の理解に資するからである．

また，もう1つの理由としては，読者として想定する大学生が高等学校までの政治史中心の歴史授業では教育の歴史をまとまって学んでいないため，近代教育の流れをイメージできていないことである．高等学校までの歴史教育では，教育については文化史の中で断片的に説明されるだけであり，日本の学校教育がどのような制度的特徴を持つか，学校教育の制度がどのように変わり，その背景には教育固有のどのような事情が存在したか，などを学習する機会はないのである．本章は，日本の学校教育の歴史に関する理解の欠落を少しでも埋め，本書の内容全体の理解に資することを願って，補章として執筆したものである．

1873（明治6）年に学制が発布されて以来現在に至るまでの学校教育の歴史は，おおよそ3つの時期：戦前期，戦後改革期〜臨時教育審議会設置，臨時教育審議会以降に分けて変遷が説明されることが多い．紙数が限られているので，本章では，教育法制，学校制度，教育行政の3つの面から，各時期の特徴を概観してみたい．以下は，それらの特徴を示すキーワードである．

	戦前期	戦後改革〜臨教審以前	臨教審以降
教育法制	教育勅語	教育基本法	教育基本法改正
学校制度	複線型	単線型	多様化
教育行政	中央集権	教育委員会制度	規制緩和，競争原理

1. 戦前期の学校教育 (明治5 (1872) 年〜昭和20 (1945) 年)

(1) 教育法制のしくみ

戦前日本の教育法制の特徴は，次の3点にあると指摘されている[1]．

① 教育を受けることを臣民の義務とする考え方を基礎とする．
② 教育に関する基本的事項を法律で定めず，勅令（大日本帝国憲法9条の独立命令）で定める慣行が成立していた．
③ 教育の最高基準が明治天皇の「教育ニ関スル勅語」（教育勅語）であった．

日本の近代学校制度は明治5（1872）年の学制に始まる．明治維新の4年後という早い時期に行われたことは，欧米の学校教育の開始とほぼ同時といえるくらい早い開始であった．

> 義務制，無償制，宗教的中立性を原則とする公教育の思想は，革命期フランスで1791年のフランス憲法に既に見出されている．しかし，このフランスでも革命に伴う政体の転変で，小学校の無償化は1881年，6〜13歳児の教育義務制は1882年と，実現は約90年後になっている．他の国の公教育の嚆矢は，イギリスが1870年の基礎教育法，アメリカ合衆国は1852年のマサチューセッツ州義務教育法とされている[2]．

学制と同時に出された学制序文（学事奨励に関する被仰出書（おおせいだされしょ））では，「人々自らその身を立てその産を治め業を昌（さかん）にして以てその生を遂ぐるゆゑんのものは他なし身を修め智を開き才芸を長ずるによるなり而てその身を修め知を開き才芸を長ずるは学にあらざれば能わず」と学問の意義を説いた．また，従来，「学問は士人以上の事とし農工商及婦女子に至っては之を度外に」し

---

1) 神田　修・寺崎昌男・平原春好（共編）『史料教育法』学陽書房，1973年，pp. 16-18.
2) 深堀聰子「アメリカの教育」，田中圭治郎（編著）『比較教育学の基礎』ナカニシヤ出版，2004年，pp. 85-86.
　鈴木俊之「イギリスの教育」，同上，pp. 104-105.

ており，その学問も「動（やや）もすれば国家の為にすと唱え身を立るの基たるを知らず」として，教育を受けるのは個人の立身のためであって，国家のために学ぶなどということは「沿襲の習弊」（悪い習わし）であると批判していた．

教育を受ける理由を個人の成功から説くこうした個人主義的な考え方は，その後，教育を受けることは臣民の義務とする国家主義的な考えに取って代わられていく．

> 戦前期を通じて日本の義務教育は，有償制であった．もちろん，授業料，教科書，学校設置，教員給与などを国費で負担したり経済困窮者に扶助を行うことは拡大されてきた．それでも戦前期を通じて，義務である教育は，その成果が個人に帰すものなので受益者負担が原則であった．教育を受けることが国民の権利であるとして，国家がすべてを負担する無償制の原則は成立していない．

1890（明治23）年に全面改正された小学校令では，それまで学齢の規定はあったが就学の開始年齢や修学年限の規定が不明確であった小学校の制度を明確にしたものである．これにより，児童の保護者は6歳から就学させることを義務とする規定は，教育を受けることを臣民の義務とする法制につながった．

第2条　小学校は之を分て尋常小学校及高等小学校とす

第8条　尋常小学校の修業年限は3箇年又は4箇年とし高等小学校の修業年限は2箇年3箇年又は4箇年とする

第20条　児童満6歳より満14歳に至る8箇年を以て学齢とす

学齢児童を保護すべき者は其学齢児童をして尋常小学校の教科を卒らざる間は就学せしむるの義務あるものとする

前項の義務は児童の学齢に達したる年の始めより生するものとす[3]

教育関連の規定は，帝国議会制度成立（1890）までは，太政

---

[3] 文部省『学制百年史資料編』（第1編　1教育法規等（2）初等教育（原文では漢字以外はカタカナ書き）昭和56（1981）年，文部科学省サイト，http://www.mext.go.jp/b_menu/hakusho/html/hpbz198102/hpbz198102_2_044.html より取得．

官布告(学制序文,教育令など),文部省布達(学制など)の形式で出されていた.帝国議会制度の成立によって,欧米諸国のように議会による法律制定が可能になった当時,小学校令の改正が図られようとしていた.改正小学校令(1890(明治23)年成立)をめぐっては,教育関係の規定を法律として議会で成立させようとする内閣の法律主義と勅令によって制定すべきとする勅令主義の枢密院の意見対立があった.教育法規の勅令主義が主張された理由としては,教育を政党間の政争の対象にしないためといわれている.結局,学校教育の方針は政治的に変更されないよう勅令で規定され,別に議会で必ず「協賛」を経なければならない予算に関連する教育財政などの規定は,法律で制定される慣行となった[4].

(議会の議論を経ないまま勅令で裁可される同様の規定としては,天皇の統帥権を理由とした軍事関係の法令が知られている).

教育に関する戦前のもっとも権威ある勅令は,1890(明治23)年の教育勅語である.教育勅語は,帝国議会制度発足と同時に発せられており,その内容は,儒教主義に基づく復古的なものであった.教育の基本方針を天皇が直接国民に述べるという教育勅語は,それだけに何人の批判も許さない教育への絶対的な指針であった.勅語が公布されると文部省は謄本を全国の学校に配布した.文部大臣は,学校が「聖意を奉体して研磨薫陶の務を怠らざるべく殊に学校の式日及其他便宜日時を定めて生徒を会集して勅語を奉読し且意を加えて諄諄(じゅんじゅん)誨告し生徒をして夙夜に佩服するところあらしむべし」との訓示を出し[5],以後,敗戦に至るまでこの訓示は守られた.

(2) 学校制度

戦前の日本の学校制度を,模式的に示したものが,図7-1aである.

---

4) 山住正己『日本教育小史』岩波書店,1987年,pp.57-58.
5) 明治23(1980)年10月31日,勅語奉体に関する文部大臣訓示(文部省訓令8)(神田・寺崎・平原,前掲,p.26).

大正8年

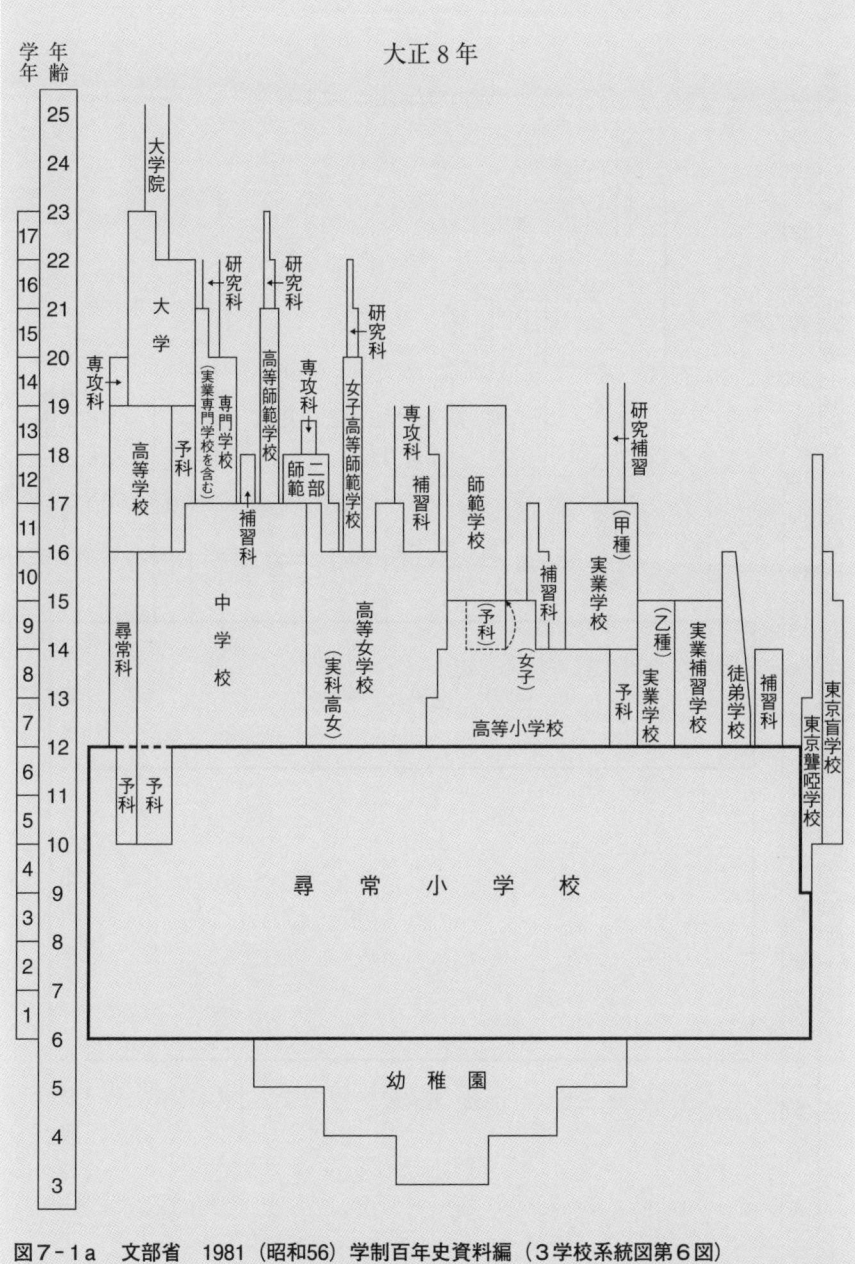

図7-1a　文部省　1981（昭和56）学制百年史資料編（3学校系統図第6図）
（文部科学省サイト http://www.mext.go.jp/b_menu/hakusho/html/hpbz198102/hpbz198102_2_185.html より取得）

補章　日本の学校教育の歴史　▶▶▶　239

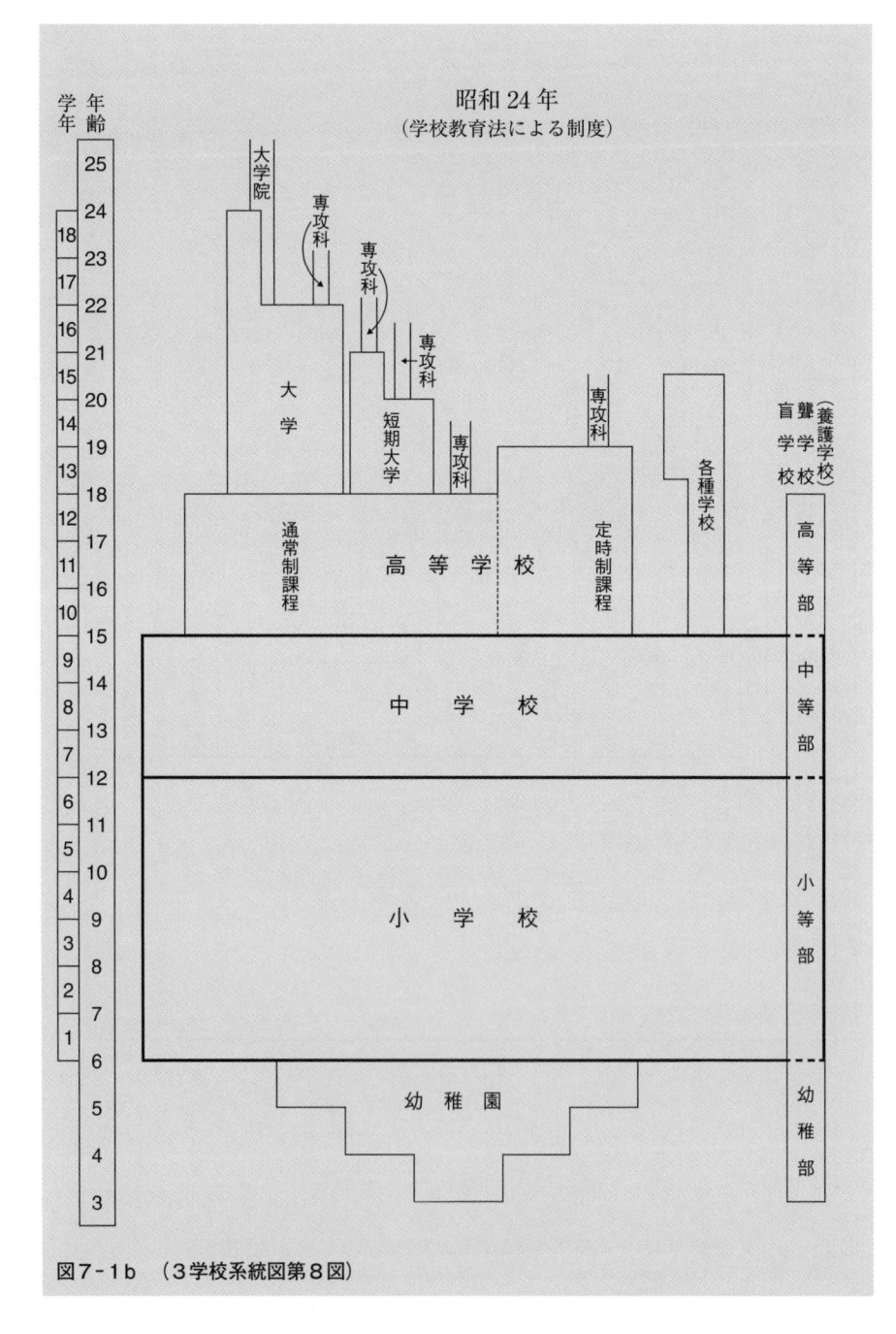

昭和24年
(学校教育法による制度)

図7-1b （3学校系統図第8図）

戦後の学校制度を示す図7-1bと比較すれば，6年制の小学校は共通の義務教育機関であるが，戦前の学校制度では，小学校修了以降には高等小学校，中学校（男子），高等女学校（女子），実業学校など様々な中等教育機関が存在することが特徴であった．しかも，それぞれの学校の入学資格は男女別が原則であった．さらに，高等教育機関である大学につながる学校は，原則的に，中学校 - 高等学校 - 大学のラインだけであり，他の中等教育機関からの大学進学の道は閉ざされていた．

このような学校制度は，複線型学校体系と呼ばれ，戦前までのヨーロッパにも広く見られる．上流階級の子弟が大学進学するための中等学校の系統と，庶民階級子弟の基礎教育が目的で大学進学に接続しない小学校の系統が相互に関連しないまま併存する学校体系になっている．

先に述べたように，これら多種の各学校は，設置時期も様々であり，中学校令，高等女学校令，師範学校令，帝国大学令などの勅令によって，その都度，設置目的・修業年限・入学資格・教科書・教職員などが個別に規定された．このため公教育を行う教育機関としての学校全体の設置理念は，戦前期には法令に規定がなかった．

(3) 教育行政

戦前期日本の教育行政は，今日の教育行政のあり方と大きく異なっていた．両者の相違を模式的に示したものが，図7-2である．

最大の相違は，教育事務は基本的に国の事務とされていたことで，地方では，府県知事及び市町村長が，国の教育事務（学校の設置，教員の任命・給与など）を執行していた．府県知事は，内務省（警察，地方行政等の内政全般を統括する中央官庁．戦後廃止された）の官僚から内務大臣が任命し赴任する中央官僚であり，知事として他府県に転任することもあった．また，市長は市議会が選んで内務大臣に推薦し，内務大臣が天皇の勅

戦前における地方教育行政制度の仕組み

戦前においては，教育に関する事務は専ら国の事務とされていた．教員の身分についても，官吏として，その任命は，地方長官としての府県知事が行うこととされていた．

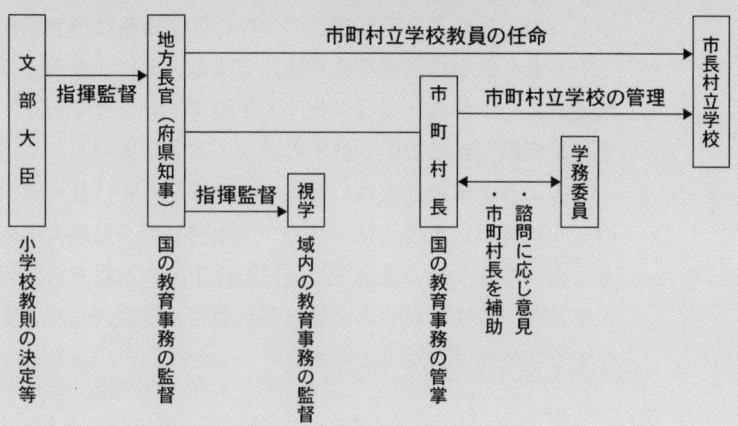

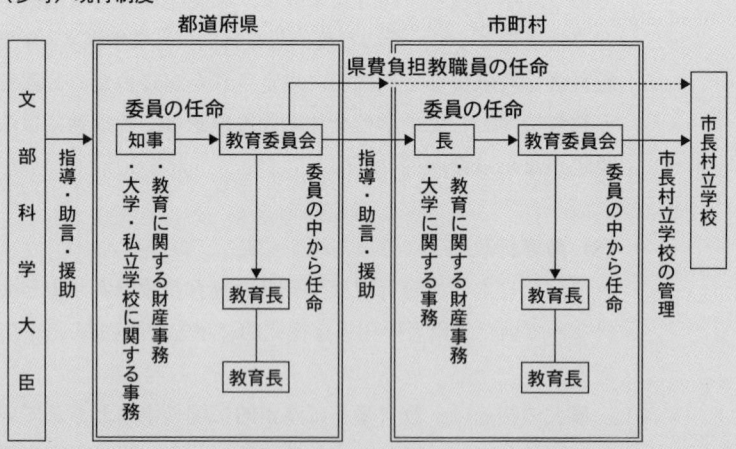

```
文部大臣 ──指揮監督→ 地方長官(府県知事) ──市町村立学校教員の任命──────→ 市町村立学校
                                    ↓
                              市町村長 ──市町村立学校の管理→ 市町村立学校
                                    ↕
                              学務委員
                              ・諮問に応じ意見
                              ・市町村長を補助

文部大臣：小学校教則の決定等
地方長官(府県知事)：国の教育事務の監督
視学：域内の教育事務の監督 （地方長官から指揮監督）
市町村長：国の教育事務の管掌
```

(参考) 現行制度

```
              都道府県                           市町村
           委員の任命                        委員の任命
文部科学大臣  知事 → 教育委員会        長 → 教育委員会 → 市町村立学校
   ↓指導・助言・援助   ↓委員の中から任命  ↓指導・助言・援助  ↓委員の中から任命  （市町村立学校の管理）
           ・教育に関する財産事務    ・教育に関する財産事務
           ・大学・私立学校に関する事務  ・教育に関する事務
                      ↓                          ↓
                    教育長                      教育長
                      ↓
                    教育長
        県費負担教職員の任命 ──────────────────→
```

図7-2　戦前と戦後における地方教育行政機構の模式図　中央教育審議会教育制度分科会地方教育行政部会（第15回：平成16年11月22日）配布資料
（文部科学省サイト http://www.mext.go.jp/b_menu/shingi/chuko/chuko1/003/gijiroku/04112501/001/002.html より取得）

裁を経て選任，町村長は町村議会が選出し知事の認可を受けた．このように市町村長も含めて地方行政は内務省の統轄下にあったので，地方教育行政は，府県知事・町村長の統括する一般行政の一部門となり，他の行政から独立して行われるものではなかった．

文部省の教育行政における役割は，主に教育の目的・方法・教則・教科書・教師養成など教育内容にかかわる事項であり，教育事務を取り仕切る府県知事に，この面での指揮監督を行った．

2. 戦後教育改革と教育の普及

1945年8月のポツダム宣言受諾による無条件降伏とその後のアメリカ軍による単独占領統治は，日本社会全般に大きな改革をもたらした．

アメリカ軍は，日本に再び戦争を引き起こさせないための各種社会改革を，非軍国主義・非国家主義化・民主化として政府に推進させた．学校教育制度は，その変革が最も大きかった部門の1つである．

GHQ（連合国軍最高司令官総司令部）は日本の教育の諸問題についてGHQや日本の教育関係者に助言を与えて欲しいとの目的で，米陸軍省に教育専門家の派遣を要請した．昭和21年3月初めに来日した教育使節団は，日本人教育者や研究者の協力を得て，3月末には報告書を最高司令官に提出した（第1次アメリカ教育使節団報告書）．その内容は，女子の教育機会が制限されているなどの，戦前日本の教育の問題点を的確に分析し，その後の教育改革の方向性を示すものだった．

1970年代までの日本の学校教育は，戦後教育改革の推進と，占領終結・冷戦激化による改革の諸結果への揺り戻し，そして高校進学率の上昇に見られるような教育の普及とそれに伴う新たな学校教育の課題の発生という経過をたどって行った．

（1）教育法制の改革

　敗戦・占領とともに戦前日本の教育の唯一の「淵源」とされた教育勅語は，教育への効力を失った．教育勅語に替わって戦後の教育を支える新しい理念を示したものは，初めて議会で制定された日本国憲法であった．

　教育を受けることは臣民の義務とする考え方から，教育を受けることは国民の権利であるとする考え方への明確な転換が示された．国が国民に保障せねばならない権利であるが故に，教育は戦前までと違い無償が原則となり，教育を受ける機会も均等でなければならないとされた（義務・無償・機会均等の原則）．

　日本国憲法（1946（昭和21）年11月3日公布）

　　第26条

　すべて国民は，法律の定めるところにより，その能力に応じてひとしく教育を受ける権利を有する．

　すべて国民は，法律の定めるところにより，その保護する子女に普通教育を受けさせる義務を負う．義務教育はこれを無償とする．

　教育法制の面での，もう1つの大きな変化は，法律主義の採用である．議会が関与できない勅語・勅令によって動かされる教育から，法律の審議を通じて議会は教育の在り方に関与できる仕組みとなった．これにより教育勅語に替わる，新しい教育の根本理念を示す法律として教育基本法が，また，各種の学校令を廃して学校教育に関する基本法として学校教育法がそれぞれ成立し，1947（昭和22）年4月1日から施行された（旧教育基本法は巻末資料255～260頁②）．

（2）学校制度の改革

　戦後教育改革による学校制度の最大の変革は，6・3・3・4制の単線型学校体系の成立であるが，その背景は教育の機会均等実現にあった．

　アメリカが日本占領を開始した直後に，内閣は男女の教育機会均等や教育内容の平準化を目指すことを内閣の了解事項にさ

せていた（昭和20年12月　女子教育刷新要綱）．

　第1次アメリカ教育使節団報告書は，戦前日本の複線型学校体系が，男女の性別や進学した校種によって上級学校に進学できない，教育の機会均等に反する制度であることの問題点を各所で指摘している．

　「日本の教育制度は，その機構とカリキュラムの規定において，たとえ，超国家主義や軍国主義思想が導入されなかったとしても，近代の教育理論に基づいて，当然改善されるべきであったろう．日本の教育制度は，非常に中央集権化されているうえに，一般大衆に行う教育と数少ない特権階級に行う教育を別々に行った，19世紀の型に基づいている．」[6]

　こうした勧告などに基づき，政府は，アメリカの単線型学校体系をモデルとする6・3・3・4制の学校制度を学校教育法において成立させた．衆議院本会議における学校教育法の提案理由説明では，本法の意義を概略次のように説明している．

1. 従来の学制では，国民学校初等科6年を修了して国民学校高等科及び青年学校に進む者と，中等学校を経て高等学校，専門学校に進む者の2体系に区別されている．前者は国民学校初等科修了者の75％を占めているが，彼らのなかに能力のある者がいても，高等教育を受ける機会がほとんど無いので，教育機会の均等を保障せねばならない．
2. 義務教育の年限は女子は満12才まで，男子は青年学校を含めて満19歳となっていて，男女平等の趣旨に反する．義務教育を9年に延長し，普通教育を行って普通教育の普及を図る．心身の発育が不十分な時期から職業教育を行って将来の方向を決定させてしまうことは，個性の伸張を図る点からも不適当．
3. 戦前の複雑な学制を単純化し，小学校・中学校・高等学

---

6) 藤本昌司・茅島篤・加賀屋俊二・三輪建二『戦後教育の原像－日本・ドイツに対するアメリカ教育使節団報告書－』鳳書房，1995年，p.17．

校・大学とする.

4．欧米諸国の義務教育は，大体8年～9年が現状である.

さらに，教育の機会均等を保障するため，高等学校・大学における夜間学校の正式承認，通信教育の制度化，盲聾唖者等にも義務教育を及ぼすことを説明している[7].

新学制により，すべての子どもが前期中等教育を受けることになった．また，戦前の中等教育の諸学校は，後期中等教育機関として，新制高等学校に一本化された．さらに，高等教育機関についても，戦前の旧制大学，旧制高等学校，大学予科，旧制専門学校，師範学校等が新制の4年制大学に統合された．これにより，高等教育を受ける機会が，国民に大きく開かれることになった．

占領終結後，占領下の学制改革が日本の国情に合わない，画一的なものであったとする批判が表れてくる．朝鮮戦争による特需景気などで日本の産業界が復活すると，経営者団体などから，6・3・3・4制は基本的に維持しつつも，中学校・高等学校における普通教育課程と職業教育課程の分離，職業教育の強化，高等学校と大学の前期課程を合わせた5～6年制の高等教育機関の設置など，事実上の複線化の提案が行われた．高度経済成長が始まる前の昭和30年代初め頃は高校進学率は50％程度であり，中学校卒業者の半分は就職していたので，中学校での職業教育・技術教育の重視が主張されたのである．

1961（昭和36）年に学校教育法が改正され，翌37年に5年制の高等専門学校（設立されたのはほとんどが工業・技術系）が新設されて，単線型学校体系は部分的に変更された．多数の工業高校の新設（1955年394校（9.2%），1960年644校（10.0%），1965年925校（12.3%），1970年923校（13.3%）．括弧内は高等学校生徒数に占める工業高等学校生徒数の割合．文部省　学校基本調査（各年度）)，大学の理工系学部の拡充が行われたのも，

---

7)「学校教育法提案理由」昭和22（1947）．3.17衆議院本会議議事録（神田・寺崎・平原，前掲, pp. 350-351).

こうした背景からであった.

(3) 教育行政の改革とその後の変遷
①教育委員会法・文部省設置法の制定

戦前の教育行政が中央集権的で,しかも一般行政から独立していないことは,第1次アメリカ教育使節団によって指摘された.

「日本の教育を理解するには,様々な服務規定やあらかじめ決められた学習指導計画,及び,文部省や各都道府県が公刊する教科書及や教師用指導書を調査すればこと足りるであろう.文部省や各都道府県教育課の係官は,どんなに博識であろうが学究的であろうが,教師としての専門的な訓練や教育現場での経験はほとんどないかゼロに等しいのである.結果として,社会の各層に埋もれている才能と能力の巨大な宝庫を犠牲にすることになった」

「限られた特定の範囲から採用され,固く守られてゆるぐことのない官僚機構が支配する教育制度,功績による昇進の機会をせばめ,調査研究の機会をほとんど与えず,批判を一切許さない教育制度は,当然のこととして,進歩の手段を奪われているのである.」[8]

第1次アメリカ教育使節団は報告書において,教育行政の民衆統制(民主化),地方分権化,自主性確保(一般行政からの独立)が必要であると勧告した(戦後教育行政の3原則).その結果,教育基本法(第10条(教育行政))において教育行政改革が方向付けられ,教育委員会法が制定されることになった.

1948(昭和23)年に公布された教育委員会法の骨子は,以下のとおりである.

　①都道府県,市,東京都特別区,人口1万人以上の町村などに,一般行政機関から独立した教育委員会を設置し,地方教育の責任行政機関とする.

---

8) 藤本・茅島・加賀屋・三輪,前掲,p. 18.

第55条（文部大臣と教育委員会の指揮監督関係の禁止）
　第2項　法律に別段の定めがある場合の外，文部大臣は，都道府県委員会及び地方委員会に対し，都道府県委員会は地方委員会に対して，行政上及び運営上指揮監督をしてはならない．
②教育委員会委員（都道府県委員会は7人，地方委員会は5人）は，住民が選挙する．
③教育委員会は知事，市町村長の下に属さず，直接国民に責任を負って教育行政を行う独立の機関である[9]．

　アメリカ教育使節団による勧告を受けてその具体化のため内閣直轄の機関として設けられていた教育刷新委員会は，中央教育行政民主化のため，戦前から内務省とともに中央集権的な教育行政を行っていた文部省を廃止して中央教育委員会・文化省の設置を建議したこともあった[10]．
　結局，文部省は存続されることになったが，その役割は，1949（昭和24）年に制定された文部省設置法により，従来の中央集権的・監督的行政ではなく，教育・学術・文化の行政に関する専門的指導と助言，民主教育の体系を確立するための最低基準に関する法令案の作成の機関とされた[11]．

②**教育委員会法の廃止**
　1950（昭和25）年に勃発した朝鮮戦争は東アジア地域における冷戦激化の引き金となったが，政府には占領終結・独立回復を西側陣営に承認させる好機となった．
　1951（昭和26）年のサンフランシスコ講和条約によって占領が終わると，日本の社会全般に，従来の民主化・非軍事化政策を見直す「逆コース」と呼ばれる動きが登場した．占領期に大

---

9)「教育委員会法提案理由」昭和23（1948）．6.19衆議院文教委員会（神田・寺崎・平原，前掲，pp. 567-568）（巻末資料254-255頁①参照）．
10)「教育刷新委員会第9回建議」（昭和22（1947）．2.27）（神田・寺崎・平原，前掲，p. 623）．
11) 神田・寺崎・平原，前掲，pp. 549-550．

幅な改革が行われた教育行政でも，文部省の監督権限の一部復活が行われたが，最大の再改革は1956（昭和31）年の教育委員会法の廃止と，それに替わる「地方教育行政の組織及び運営に関する法律」（地教行法）制定であった．

地教行法による教育委員会制度の変更点は，以下のとおりである．

　①教育委員は地方首長が議会の同意を得て任命（教育委員公選制の廃止）．
　②教育長（教育委員会事務局の長）の任命において，都道府県教育長は文部大臣の，市町村教育長は都道府県教育長の承認を得る．
　③教育予算に関する教育委員会の自主権廃止．
　④文部大臣は教育委員会の事務が法令違反であったり著しく適正を欠くときは都道府県教育委員会については直接，市町村教育委員会については都道府県教育委員会をして是正のための措置要求ができる．

同時期の，1955（昭和30）年の高等学校学習指導要領改訂において「試案」の表示がなくなり，1958（昭和33）年改訂の小・中学校学習指導要領が文部省令として告示され，学習指導要領の法的拘束性が強まった．また，この改訂は，領域「道徳」を新設したことから，戦前の修身科復活ともいわれた．

3. 第3の教育改革

1971（昭和46）年の中央教育審議会答申「今後における学校教育の総合的な拡充整備のための基本施策」（四六答申とその後通称されている）は，日本の学校教育について，明治期の学制公布を第1の改革，戦後の改革を第2の改革とし，この答申による改革を第3の改革と自ら位置づけていた．

中央教育審議会が，このように第3の教育改革が必要だとした理由は，戦後の教育改革は，占領という状況下で，日本の国

情や学校教育の伝統を無視する形でアメリカの教育制度を導入して進められたものが多いことや，経済の復興・成長を遂げつつある産業界からの教育要求などに応えていくためには，再改革が必要だと判断したからである．

四六答申の内容は，幼小，小中，中高，高大など学校段階を超えての一貫教育，高校の教育内容の多様化（普通科のコース制による多様化など），個の特性に応じた教育（個別学習，グループ別指導，無学年制，飛び級・飛び入学などの導入），養護学校における義務教育，高等教育機関の多様化など多岐にわたり，同時にそれらの先導的試行を行うことを提唱していた．

答申では，国の教育行政が単なる指導助言だけではなく，これらの改革を主導する役割を果たしていくことも期待していた．

結論を先にいえば，四六答申は，内容は先進的であったが，第3の教育改革の契機にはならなかった．四六答申の提言の多くは，後日実現されたり，教育改革のテーマになったものがあるにもかかわらず，である．それは，戦後日本の教育が大きな改革を必要とする段階にあるという共通認識が，1970年代初めの日本社会にはまだ成立していなかったこともある．しかし，最大の理由は第2の教育改革における占領軍のような，改革を進める強力なリーダーシップが存在しなかったからだともいえる．教育改革のリーダーシップは，その後，臨時教育審議会が設置されることにより，成立することになった．

（1）教育の普及・充実と「教育問題」の発生（1960～70年代の教育状況）

1960年代から70年代にかけては戦後の新学制による教育年限の拡大，中等教育の普及などにより教育水準も向上して，小学校・中学校の教育システムは，国際的に見ても高い基礎学力を形成すると評価された．

IEA国際理科教育調査結果
第1回理科調査（1970）1位
第2回理科調査（1983）2位

第3回調査(1994〜95)　数学2位　理科3位(巻末資料265頁⑥)

日本の初等教育システムは,成功モデルとして,1980年代のアメリカやイギリスの教育改革においても参考とされた[12].

一方,この時期は,高校進学率が上昇していった時期に重なっている.国民の教育権保障や教育の機会均等尊重の趣旨からも,義務教育機関ではないが高等学校も設置者である都道府県により多数増設され,1974(昭和49)年には進学率も90%を超えた.

高校教育の普及は,後期中等教育が普及していなかったそれまでの日本の中等教育機関(中学校・高等学校)が全く経験していない種々の「教育問題」を引き起こした.

教育社会学者の藤田英典は,1970年代半ば以前の青少年問題が傷害,窃盗,暴走族など学校外で主に起こされた行為であったのに対し,1970年代半ば以降の青少年問題は校内暴力,対教師暴力,いじめ,1980年代以降には不登校,高校中退など,学校内での問題すなわち学校教育の歪み,学校の病理的現象,学校を基盤にして起きた問題という認識が社会的に形成されたことを指摘している[13].

国際的には高い学業的成功を収めたとされる日本の学校教育に起きた諸問題の原因として当時指摘されていたのは,その教育システムそのものに起因する弊害——受験競争の過熱,画一的な教育内容と詰め込み教育,管理教育など——であった.教育問題が深刻化したという当時の認識のもとで,改めて日本の学校教育の在り方が根本的に問われることになったのは,中央教育審議会の四六答申から約15年を経た,中曽根内閣(1982〜87)の直属下で設置された臨時教育審議会(1984〜87)においてであった.

---

12) 藤田英典『教育改革－共生時代の学校づくり－』岩波書店,1997年,p.27.
13) 同上,pp.195-198.(巻末資料269頁⑤,270頁⑦)

（2）臨時教育審議会と新自由主義的教育改革の提唱

　文部大臣の諮問機関である中央教育審議会は，重要な教育課題に応えるための教育施策について調査審議し，文部大臣に答申するが，総理大臣が教育課題を重視した場合，直属の諮問機関を置くことが，戦前も含めそれまで数回あった．

　よく知られているのは，戦前の寺内正毅内閣（1916～18）のもとでの臨時教育会議である．ロシア革命や大正デモクラシーによる政党政治の発展という新たな情勢を踏まえた教育施策を建議させるため，1917（大正6）年に設けられた（～1919年まで）．「臨時」は「時に臨む」の意味である．戦後では，占領下で第1次アメリカ教育使節団の勧告を受けて日本の教育改革を進めるため1946（昭和21）年9月に設けられた教育刷新委員会（後に教育刷新審議会となる）である．いずれも教育の重要な節目の時期に設けられている．

　「戦後日本の総決算」を唱えた中曽根首相の下で臨時教育審議会は，戦後日本の教育の問題点を指摘し，今後の教育の基本的在り方として，個性重視の原則，生涯学習体系への移行，変化への対応（国際化，情報化）をあげた[14]．

　臨教審の答申内容には四六答申に重なるものが少なくない．学校教育に関しては個性重視の教育が，学習指導要領の改訂でゆとり路線として実現したものが多い（必修教科・科目の時間数・単位数の減少，選択教科・科目の時間数・単位数の増加，学校裁量の時間の設置など）．また，国際化への対応についても，英語教育の重視（大学入試センター試験における英語リスニングテストの実施など），世界史の必修化，大学のセメスター制や秋季入学併用などが実現した．一方で，もう1つの改革の眼目であった自由化・規制緩和―文部省の地方教育行政統制の緩和，学校の自律性回復，学区緩和，保護者による学校選択制など―については，当時の段階では反対も多く，検討はされたが提言

---

14) 臨時教育審議会　教育改革に対する第4次答申（最終答申）について（第1章　2教育の歴史と現状），1987年，（巻末資料265～266頁③）．

されなかったものが多い．

（3）1990年代以降：現在―新自由主義的教育改革の本格化―

　臨教審のように内閣直属の機関で教育改革を検討する動きが，その後の自民党政権下で続いた．橋本・小渕・森内閣での教育改革国民会議（1999年設置），第一次安倍内閣での教育再生会議（2006年設置），福田内閣での教育再生懇談会（2008年設置），第二次安倍内閣での教育再生実行会議（2013年1月設置）などである．いずれも臨教審のように大規模かつ本格的な審議会ではなかったが，教育施策の建議は文部省の中教審等の審議会だけに委ねるものではないという首相の姿勢の現れでもあった．

　長期政権であった小泉内閣（2001〜2006）は，このような直属の教育施策審議機関は持たなかった．しかし，長期の政権担当期間中に地方分権改革推進会議，総合規制改革会議など地方分権や多方面での規制緩和を推進するための機関を設けて，様々な答申・報告を得ている．その中には教育行政改革に関するものも数多く出されている．臨教審の当時には実現されなかった，教育制度の面での規制緩和が，表7−1のように進んできている．

　臨教審から小泉内閣下での規制緩和施策までの流れは，戦後直後の教育改革とは性格を異にする，第3の教育改革と呼んでよい内容だと思われる．

　従来の文部省の教育行政が法令や制度を通じた直接的な規制であったのに対し，これらの改革の結果，方法はある程度学校や地方教育委員会の自主性に任せられるようになった．その代わり，結果に関する情報を開示させるとともに，自己評価・他者評価を行わせる．また，学校選択などを通じて，学校相互を競わせるような，市場原理的な競争を行わせているといえよう．

　今日では新自由主義的改革と呼ばれるこうした改革手法は，アメリカでは共和党のレーガン政権（1981〜89），イギリスでは保守党のサッチャー政権（1979〜90）の下で行われた「小さな政府」を目指す政治の中で採用されたものであった（巻末資

表7-1 1990年代以降の教育改革の主要動向(初等中等教育関係)

	教育法制	学校制度	教育課程	教員制度	教育行政
1989(H1)			小中高盲聾養護学校学習指導要領改訂告示	公立小学校教員の初任者研修制度開始	
1992(H4)		学校週5日制(月1回)実施	平元告示小、盲聾養小中学部学習指導要領実施		
1993(H5)			平元告示中学校学習指導要領実施		川崎市教委、指導要録全面開示方針
1994(H6)	子どもの権利条約国内発効		平元告示高、盲聾養高等部学習指導要領実施		
1995(H7)		学校週5日制(月2回)実施			川崎市教委、中学校卒業生内申書全面開示
1997(H9)		大学への「飛び入学」制度化			
1998(H10)		中等教育学校創設(6年制一貫教育)	小中盲聾養小中学部学習指導要領改訂告示(生きる力、確かな学力)		
1999(H11)	国旗国歌法公布、地方分権推進整備法公布	初等中等教育と高等教育との円滑な接続の改善について(中教審答申)	高等学校、盲聾養高等部学習指導要領改訂告示		地教行法改正(教育長任命承認制廃止、文部大臣の地方教育行政への指揮監督権削除)、教育改革国民会議設置(橋本・小渕・森内閣直属)
2000(H12)	少年法改正(刑事罰適用年齢16歳→14歳)		PISA調査		学校教育法施行規則改正(民間人からの校長登用、職員会議の補助機関化、学校評議員制度)
2001(H13)			教育課程実施状況調査 絶対評価・観点別評価徹底の通知 学校教育法改正(社会奉仕体験活動の導入)		公立学校通学区域規定撤廃(地教行法改正)
2002(H14)		完全学校週5日制実施	平10告示小中、盲聾養小中学部指導要領実施 文科大臣による「学びのすすめ」(ゆとり教育による学力低下批判への対応)	教員免許状失効規定の厳格化(指導不足等)10年経験者研修	

	教育法制	学校制度	教育課程	教員制度	教育行政
2003 (H15)	制度（教育では株式会社立学校導入）		平11告示高等学校学習指導要領実施		公立小中学校の学校選択制度導入
2004 (H16)	国立大学の独立法人化				学校運営協議会制度、地域運営学校（コミュニティ・スクール）導入 中教審答申「新しい時代の義務教育を創造する」 義務教育費国庫負担率引き下げ1/3（←1/2）
2005 (H17)		日本最初の株式会社運営の中高一貫校認可（岡山）			
2006 (H18)	教育基本法の全面改正		全国学力調査実施専門家検討会議最終報告	中教審答申「今後の教員養成・免許制度」	義務教育諸学校における学校評価ガイドラインの策定（文部科学省） 教育再生会議設置（安倍内閣直属）
2007 (H19)	学校教育法、地方教育行政法、教育職員免許法、教育公務員特例法の改正	義務教育諸学校の目的・目標改正・教育法法改正） 特別支援学校制度（←盲・聾・養護学校）に移行	文科相「問題行動を起こす児童生徒の指導」60年ぶりに見直す 46年ぶりの全国学力・学習状況調査実施 高校必履修科目の未履修問題発覚	副校長・主幹教諭・指導教諭の法制化（←学校教育法改正） 中教審答申「今後の教員給与のあり方」	
2008 (H20)			小中学校学習指導要領改訂告示 第2回全国学力・学習状況調査	教職大学院開設	教育再生懇談会設置（福田内閣直属）携帯電話持ち込み禁止・学校裏サイト防止など話し合われる 教育振興基本計画閣議決定 義務教育諸学校における学校評価ガイドラインを学校評価ガイドラインに改訂
2009 (H21)			高等学校・特別支援学校学習指導要領改訂告示 第3回全国学力テスト（→総選挙による政権交代により抽出調査に見直す方向へ）	教員免許状更新講習開始（→総選挙による政権交代により見直しの方向へ）	

（筆者作成）

補章　日本の学校教育の歴史　▶▶ 255

料270～271頁⑧)．日本では，時期的には遅れるが，小泉改革として新自由主義的な改革が進められた．規制緩和の方向性は，戦後教育改革の理念にも通じるものであり，評価される．ただ，緩和の結果が教育格差を生み，憲法で謳われた教育の機会均等の理念を脅かしているのではないかという指摘・批判が高まっていることも事実である．

また，第一次安倍内閣の下で，制定以来改正されなかった教育基本法が全面改正され，それに伴い学校教育法，地教行法，教育職員免許法，教育公務員特例法が改正された．これらの改正は，その後の教育改革の諸施策の背景になり，大きな影響を与えた．

復習のポイント

1. 日本の戦前の学校教育は近代欧米社会で成立した公教育制度の原則に照らして見てどのような特徴があったか，理解できたか．
2. 戦前の学校制度を教育の機会均等の視点から見て，どのような問題点があったか理解できたか．
3. 戦前の地方教育行政制度の特徴が理解できたか．
4. 敗戦後の米軍占領下で行われた戦後教育改革は，何を目指して行われたか理解できたか．
5. 昭和30年代に現れた，戦後教育改革を修正する動向とその背景を，具体的に理解できたか．
6. 臨時教育審議会が設置された背景と改革の方向性が理解できたか．
7. 臨時教育審議会が設置された1980年代当時の，欧米の教育改革と日本の教育改革の共通点と相違点は何か．
8. 新自由主義的改革と呼ばれる1990年代以降の教育改革の基本的動向やその改革手法の特徴が理解できたか．

巻末資料

① 教育委員会法提案理由
② 教育基本法［新旧対照表］
③ 教育に関する第4次答申（最終答申）について
④ 欧米諸国の学校体系
⑤ 学校化・情報化の進行と「教育問題」の変遷
⑥ IEA調査結果
⑦ 「教育病理」現象の量的推移
⑧ 米・英・日における教育改革のあゆみ
⑨ 中学校・高等学校学習指導要領の変遷・概要

①教育委員会法提案理由（1948（昭和23）6.19　衆議院文教委員会）

　森戸国務大臣　今回政府より提出いたしました教育委員会法案につきまして，その提案の理由及び本法案制定について，政府のとりました根本方針をご説明いたします．

　まず，本法案が制定されるに至りました経緯を御説明いたしたいと思います．

　各種の教育刷新の施策の1つとして，終戦後間もなく，教育行政，特に地方教育行政の在り方について改革の必要が叫ばれ，政府におきましても，慎重に研究を重ねたのでありますが，教育刷新委員会におきましても，教育行政の改革を，わが国教育・民主化の一重要支柱と考えられ，慎重審議の結果，これに関する建議を内閣総理大臣あて提出いたされました．また米国教育使節団報告書にも，教育行政の改革について，きわめて有意義な勧告が提出されておるのであります．一方，昨年3月31日公布施行されました教育基本法は，その第10条におきまして，「教育は，不当な支配に服することなく，国民全体に対し直接に責任を負って行われるべきものである．」「教育行政は，この自覚のもとに，教育の目的を遂行するに必要な諸条件の整備確立を目標として行われなければならない．」と，規定いたしてありますが，教育基本法は，教育憲法あるいは教育宣言とも申すべき性格を有する法律でありますので，教育行政改革の方針は，前述の規定に基きまして，その方向づけがなされたものと考えられます．

　教育刷新委員会の建議の趣旨，米国教育使節団報告書に示された貴重な勧告及び教育基本法の規定する方針に基きまして，政府において関係各方面と連絡の上，慎重研究の結果，著法教育行政に関する根本的改革を企図する本法案を提出するに至った次第であります．

　次に，今回のこの法案を制定するにあたって，政府のとりました地方教育行政改革の根本方針につきまして，申し述べたいと思います．

　教育の目的は，個人の尊厳を重んじ，真理と平和を希求する人間の育成を期することにあることが，教育基本法で宣言されておりますが，この教育の目的を達成するために，行政が民主主義一般の原理の下に立つ在り方としては，権限の地方分権を行い，その行政は公正な民意に即するものとし，同時に制度的にも，機能的にも，教育の自主性を確保するものでなければならないのであります．

　まず，教育行政の地方分権としては，都道府県，市，東京都の特別区，人口1万以上の町村及び特別教育区に，それぞれ原則として，権限上一般行政機関から独立した教育委員会を設置して，その地域の教育に関する責任行政機関といたし

まして，従来国が教育内容の細部にわたるまで規定し，かつこれを監督していた態度を改めまして，教育の基本的事項のみを定めて，これが事実上の具体的運営は，これら委員会の手に委ねることとしたのであります．

次に，前述の地域に設けられる教育委員会の委員の選任方法は，一般公選といたしまして，地方住民の教育に対する意思を公正に反映せしめることによって，教育行政の民主化を徹底いたすこととしました．従って地方の教育は，国の基準に従って，地方民の代表者の手によって，その地方の実情に即して行われることになるわけであります．

最後に，教育の本質的使命と従ってその運営の特殊性に鑑みまして，教育が不当な支配に服さぬためには，その行政機関も自主性を保つような制度的保障を必要といたします．教育委員会は原則として，都道府県，または市町村における独立の機関であり，知事または市町村長の下に属しないのでありまして，直接国民にのみ責任を負って行われるべき教育の使命を保障する制度を確立することにいたしました．

以上，3つの眼目が本法案制定にあたりましてとられた根本方針であります．この法案は，すでに実施を見ております新学制を初め，その他の教育刷新に関する諸施策を急速に促進するとともに，他面，後に続く諸改革の強力な主柱となるべき重要な意義をもつものであります．

出典：昭和48（1973）史料教育法　学陽書房，pp.567-568

②教育基本法 ［新旧対照表］

旧　教育基本法 （1947年3月31日　法律第25号）	新　教育基本法 （2006年12月22日　法律第120号）
朕は，枢密顧問の諮詢を経て，帝国議会の協賛を経た教育基本法を裁可し，ここにこれを公布せしめる．	教育基本法（昭和22年法律第25号）の全部を改正する． 目次 前文 第1章　教育の目的及び理念（第1条－第4条） 第2章　教育の実施に関する基本（第5条－第15条） 第3章　教育行政（第16条・第17条） 第4章　法令の制定（第18条） 附則

前文 　われらは，さきに，日本国憲法を確定し，民主的で文化的な国家を建設して，世界の平和と人類の福祉に貢献しようとする決意を示した．この理想の実現は，根本において教育の力にまつべきものである． 　われらは，個人の尊厳を重んじ，真理と平和を希求する人間の育成を期するとともに，普遍的にしてしかも個性ゆたかな文化の創造をめざす教育を普及徹底しなければならない． 　ここに，日本国憲法の精神に則り，教育の目的を明示して，新しい日本の教育の基本を確立するため，この法律を制定する．	我々日本国民は，たゆまぬ努力によって築いてきた民主的で文化的な国家を更に発展させるとともに，世界の平和と人類の福祉の向上に貢献することを願うものである． 　我々は，この理想を実現するため，個人の尊厳を重んじ，真理と正義を希求し，公共の精神を尊び，豊かな人間性と創造性を備えた人間の育成を期するとともに，伝統を継承し，新しい文化の創造を目指す教育を推進する． 　ここに，我々は，日本国憲法の精神にのっとり，我が国の未来を切り拓く教育の基本を確立し，その振興を図るため，この法律を制定する．
教育の目的 第1条（教育の目的）　教育は，人格の完成をめざし，平和的な国家及び社会の形成者として，真理と正義を愛し，個人の価値をたつとび，勤労と責任を重んじ，自主的精神に充ちた心身ともに健康な国民の育成を期して行われなければならない．	第1章　教育の目的及び理念 （教育の目的） 第1条　教育は，人格の完成を目指し，平和で民主的な国家及び社会の形成者として必要な資質を備えた心身ともに健康な国民の育成を期して行われなければならない．
教育の方針 第2条（教育の方針）　教育の目的は，あらゆる機会に，あらゆる場所において実現されなければならない．この目的を達成するためには，学問の自由を尊重し，実際生活に即し，自発的精神を養い，自他の敬愛と協力によって，文化の創造と発展に貢献するように努めなければならない．	（教育の目標） 第2条　教育は，その目的を実現するため，学問の自由を尊重しつつ，次に掲げる目標を達成するよう行われるものとする． 　一　幅広い知識と教養を身に付け，真理を求める態度を養い，豊かな情操と道徳心を培うとともに，健やかな身体を養うこと． 　二　個人の価値を尊重して，その能力を伸ばし，創造性を培い，自主及び自律の精神を養うとともに，職業及び生活との関連を重視し，勤労を重んずる態度を養うこと． 　三　正義と責任，男女の平等，自他の敬愛と協力を重んずるとともに，公共の精神に基づき，主体的に社会の形成に参画し，その発展に寄与する態度を養うこと． 　四　生命を尊び，自然を大切にし，環境の保全に寄与する態度を養うこと． 　五　伝統と文化を尊重し，それらをはぐくんできた我が国と郷土を愛するとともに，他国を尊重し，国際社会の平和と発展に寄与する態度を養うこと．

生涯学習の理念	（生涯学習の理念） 第3条　国民一人一人が，自己の人格を磨き，豊かな人生を送ることができるよう，その生涯にわたって，あらゆる機会に，あらゆる場所において学習することができ，その成果を適切に生かすことのできる社会の実現が図られなければならない．
教育の機会均等 第3条（教育の機会均等）　すべて国民は，ひとしく，その能力に応ずる教育を受ける機会を与えられなければならないものであつて，人種，信条，性別，社会的身分，経済的地位又は門地によって，教育上差別されない． ②　国及び地方公共団体は，能力があるにもかかわらず，経済的理由によって修学困難な者に対して，奨学の方法を講じなければならない．	（教育の機会均等） 第4条　すべて国民は，ひとしく，その能力に応じた教育を受ける機会を与えられなければならず，人種，信条，性別，社会的身分，経済的地位又は門地によって，教育上差別されない． 2　国及び地方公共団体は，障害のある者が，その障害の状態に応じ，十分な教育を受けられるよう，教育上必要な支援を講じなければならない． 3　国及び地方公共団体は，能力があるにもかかわらず，経済的理由によって修学が困難な者に対して，奨学の措置を講じなければならない．
義務教育 第4条（義務教育）　国民は，その保護する子女に，九年の普通教育を受けさせる義務を負う． ②　国又は地方公共団体の設置する学校における義務教育については，授業料は，これを徴収しない．	第2章　教育の実施に関する基本 （義務教育） 第5条　国民は，その保護する子に，別に法律で定めるところにより，普通教育を受けさせる義務を負う． 2　義務教育として行われる普通教育は，各個人の有する能力を伸ばしつつ社会において自立的に生きる基礎を培い，また，国家及び社会の形成者として必要とされる基本的な資質を養うことを目的として行われるものとする． 3　国及び地方公共団体は，義務教育の機会を保障し，その水準を確保するため，適切な役割分担及び相互の協力の下，その実施に責任を負う． 4　国又は地方公共団体の設置する学校における義務教育については，授業料を徴収しない．
男女共学 第5条（男女共学）　男女は，互いに敬重し，協力しあわなければならないものであって，教育上男女の共学は，認められなければならない．	（全部削除）

学校教育 第6条（学校教育） 法律に定める学校は，公の性質をもつものであつて，国又は地方公共団体の外，法律に定める法人のみが，これを設置することができる． ② 法律に定める学校の教員は，全体の奉仕者であって，自己の使命を自覚し，その職責の遂行に努めなければならない．このためには，教員の身分は，尊重され，その待遇の適正が，期せられなければならない．	（学校教育） 第6条 法律に定める学校は，公の性質を有するものであって，国，地方公共団体及び法律に定める法人のみが，これを設置することができる． 2 前項の学校においては，教育の目標が達成されるよう，教育を受ける者の心身の発達に応じて，体系的な教育が組織的に行われなければならない．この場合において，教育を受ける者が，学校生活を営む上で必要な規律を重んずるとともに，自ら進んで学習に取り組む意欲を高めることを重視して行われなければならない．
大学	（大学） 第7条 大学は，学術の中心として，高い教養と専門的能力を培うとともに，深く真理を探究して新たな知見を創造し，これらの成果を広く社会に提供することにより，社会の発展に寄与するものとする． 2 大学については，自主性，自律性その他の大学における教育及び研究の特性が尊重されなければならない．
私立学校	（私立学校） 第8条 私立学校の有する公の性質及び学校教育において果たす重要な役割にかんがみ，国及び地方公共団体は，その自主性を尊重しつつ，助成その他の適当な方法によって私立学校教育の振興に努めなければならない．
教員 （再掲）第6条 ② 法律に定める学校の教員は，全体の奉仕者であって，自己の使命を自覚し，その職責の遂行に努めなければならない．このためには，教員の身分は，尊重され，その待遇の適正が，期せられなければならない．	（教員） 第9条 法律に定める学校の教員は，自己の崇高な使命を深く自覚し，絶えず研究と修養に励み，その職責の遂行に努めなければならない． 2 前項の教員については，その使命と職責の重要性にかんがみ，その身分は尊重され，待遇の適正が期せられるとともに，養成と研修の充実が図られなければならない．

家庭教育	（家庭教育） 第10条　父母その他の保護者は，子の教育について第一義的責任を有するものであって，生活のために必要な習慣を身に付けさせるとともに，自立心を育成し，心身の調和のとれた発達を図るよう努めるものとする． 2　国及び地方公共団体は，家庭教育の自主性を尊重しつつ，保護者に対する学習の機会及び情報の提供その他の家庭教育を支援するために必要な施策を講ずるよう努めなければならない．
幼児期の教育	（幼児期の教育） 第11条　幼児期の教育は，生涯にわたる人格形成の基礎を培う重要なものであることにかんがみ，国及び地方公共団体は，幼児の健やかな成長に資する良好な環境の整備その他適当な方法によって，その振興に努めなければならない．
社会教育 第7条（社会教育）　家庭教育及び勤労の場所その他社会において行われる教育は，国及び地方公共団体によって奨励されなければならない． ②　国及び地方公共団体は，図書館，博物館，公民館等の施設の設置，学校の施設の利用その他適当な方法によって教育の目的の実現に努めなければならない．	（社会教育） 第12条　個人の要望や社会の要請にこたえ，社会において行われる教育は，国及び地方公共団体によって奨励されなければならない． 2　国及び地方公共団体は，図書館，博物館，公民館その他の社会教育施設の設置，学校の施設の利用，学習の機会及び情報の提供その他の適当な方法によって社会教育の振興に努めなければならない． （学校，家庭及び地域住民等の相互の連携協力） 第13条　学校，家庭及び地域住民その他の関係者は，教育におけるそれぞれの役割と責任を自覚するとともに，相互の連携及び協力に努めるものとする．
政治教育 第8条（政治教育）　良識ある公民たるに必要な政治的教養は，教育上これを尊重しなければならない． ②　法律に定める学校は，特定の政党を支持し，又はこれに反対するための政治教育その他政治的活動をしてはならない．	（政治教育） 第14条　良識ある公民として必要な政治的教養は，教育上尊重されなければならない． 2　法律に定める学校は，特定の政党を支持し，又はこれに反対するための政治教育その他政治的活動をしてはならない．

宗教教育 第9条（宗教教育）　宗教に関する寛容の態度及び宗教の社会生活における地位は，教育上これを尊重しなければならない． ②　国及び地方公共団体が設置する学校は，特定の宗教のための宗教教育その他宗教的活動をしてはならない．	（宗教教育） 第15条　宗教に関する寛容の態度，宗教に関する一般的な教養及び宗教の社会生活における地位は，教育上尊重されなければならない． 2　国及び地方公共団体が設置する学校は，特定の宗教のための宗教教育その他宗教的活動をしてはならない．
教育行政 第10条（教育行政）　教育は，不当な支配に服することなく，国民全体に対し直接に責任を負つて行われるべきものである． ②　教育行政は，この自覚のもとに，教育の目的を遂行するに必要な諸条件の整備確立を目標として行われなければならない．	第3章　教育行政 （教育行政） 第16条　教育は，不当な支配に服することなく，この法律及び他の法律の定めるところにより行われるべきものであり，教育行政は，国と地方公共団体との適切な役割分担及び相互の協力の下，公正かつ適正に行われなければならない． 2　国は，全国的な教育の機会均等と教育水準の維持向上を図るため，教育に関する施策を総合的に策定し，実施しなければならない． 3　地方公共団体は，その地域における教育の振興を図るため，その実情に応じた教育に関する施策を策定し，実施しなければならない． 4　国及び地方公共団体は，教育が円滑かつ継続的に実施されるよう，必要な財政上の措置を講じなければならない．
教育振興基本計画	（教育振興基本計画） 第17条　政府は，教育の振興に関する施策の総合的かつ計画的な推進を図るため，教育の振興に関する施策についての基本的な方針及び講ずべき施策その他必要な事項について，基本的な計画を定め，これを国会に報告するとともに，公表しなければならない． 2　地方公共団体は，前項の計画を参酌し，その地域の実情に応じ，当該地方公共団体における教育の振興のための施策に関する基本的な計画を定めるよう努めなければならない．
補則 第11条（補則）　この法律に掲げる諸条項を実施するために必要がある場合には，適当な法令が制定されなければならない．	第4章　法令の制定 第18条　この法律に規定する諸条項を実施するため，必要な法令が制定されなければならない．
附則（以下略）	附則（以下略）

（文部科学省「教育基本法案と現行教育基本法の比較（参考資料）」（文部科学省サイト http://www.mext.go.jp/b_menu/kihon/houan/siryo/hikaku.pdf より取得）を基に作成）

③教育に関する第4次答申（最終答申）について（1987年（昭和62）年8月7日 臨時教育審議会）

第1章　教育改革の必要性
　2　教育の歴史と現状

　我が国近代教育の戦前の歴史は，「学制百年史」（文部省編）によれば，明治五年の学制公布以降の近代教育制度の創始期（明治五年～十八年），近代教育制度の確立・整備期（明治十九年～大正五年），教育制度の拡充期（大正六年～昭和十一年），終戦までの戦時統制下の軍国主義，極端な国家主義による画一主義教育の時期（昭和十二年～二十年）の四つの時期に区分される．

　全般的にみると，学制公布以来の我が国戦前の近代学校教育基本理念が，立身出世・殖産興業，欧米化，工業化を通じての「富国」に重点を置いたものであったことは，戦後教育との連続面としてとらえることのできる側面である．

　他方，戦争と敗戦の結果として，軍国主義，極端な国家主義が否定されたことは，戦前と戦後の教育の非連続面として正確に認識しておかなければならない点である．

　戦後教育改革の目的は，戦前の第四期を頂点としてその弊害をあらわにした軍国主義および極端な国家主義教育を排除し，平和国家・文化国家の建設・民主主義，自由，平等の実現を期し，人格の完成を目指して自主的精神に充ちた心身ともに健康な国民の育成を図ることを教育の目的として確立することにあった．

　明治の近代学校制度の導入以来1世紀をこえる我が国近代教育の歴史のなかで，戦後教育に占める期間はすでに40年をこえているが，この間，教育の機会均等の理念の下に，教育の著しい普及，量的拡大と教育水準の維持向上が図られた．このような我が国近代教育の発展が，社会経済の原動力となり，また国民生活や文化の向上に大きく寄与した点は高く評価されなければならない．反面，時代の進展とともに，我が国の教育は今日様々な問題点や限界を指摘されるに至っている．
①戦後改革で強調された人格の完成や個性の尊重，自由の理念などが，必ずしも充分に定着していない面を残していること．

　　また，個性豊かな我が国の伝統・文化についての正しい認識や国家教育の形成者としての自覚に欠け，しつけや徳育がおろそかにされたり，権利と責任の均衡が見失われたりした面も現れたこと．
②教育が画一的になり，極端に形式的な平等が主張される傾向が強く，各人の個

性，能力，適性を発見し，それを開発し，伸ばしていくという面に欠けていること．

また，受験競争が過熱し，教育が偏差値偏重となり，知識偏重となり，創造性・考える力・表現力よりも記憶力を重視するものとなっていること．

いじめ，登校拒否，校内暴力などの教育荒廃の現象が目立ち始め，画一的，硬直的，閉鎖的な学校教育の体質の弊害が現れてきたこと．

③大学教育が個性的でなく，また，教育・研究には国際的に評価されるものが多くないこと．学術研究は，従来ともすれば科学の応用とその技術化に関心が傾き，世界的視野でみれば純粋の科学や基礎的な研究への寄与に乏しかったこと．

大学は概して閉鎖的であり，機能が硬直化し，社会的および国際的要請に十分こたえていないこと．

④学歴偏重の社会の風潮は，教育にいわゆる有名校，有名企業等を目指す学歴獲得競争の弊害を生んでいること．

⑤教育行政が画一的，硬直的となっており，教育の活性化を妨げている面があること．また，これまでの教育行政には学校外における教育活動の広がりなど新しい教育需要に柔軟かつ積極的に対応する姿勢に欠けている状況がみられること．

⑥戦後，一部の教職員団体が政治的闘争や教育内容への不当な介入などを行ったこともあって，教育界に不信と対立が生じたこと．

これらの事情により，我が国学校教育がその社会的使命を十分果たし得ず，父母と社会の信頼を失う1つの原因となった．

我が国近代教育が数多くの困難な事情を克服し，とくに教育を担当する当事者が水準を維持・発展させてきた努力は十分評価しなければならないが，同時に以上のような教育の歴史的変遷のなかで時代や社会の変化への対応が十分できなかったことなどにより，今日，教育上の諸問題が生じ，今次の教育改革へと連なることとなったことを認識しておく必要がある．

④欧米諸国の学校体系 （藤田英典『教育改革』岩波新書，1997年より）

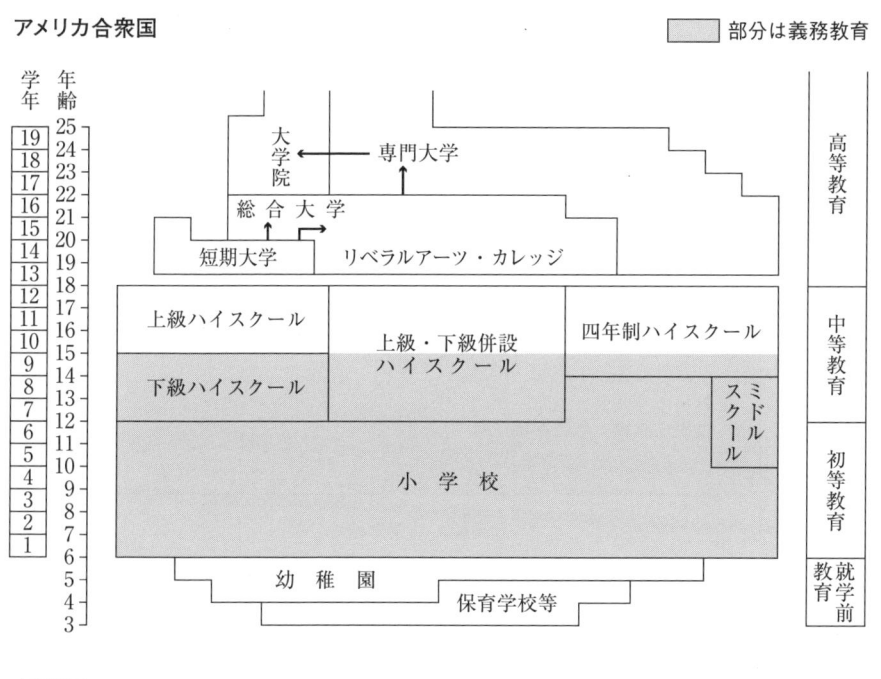

アメリカ合衆国

■部分は義務教育

学年	年齢			
19	25			高等教育
18	24	大学院 ← 専門大学		
17	23			
16	22			
15	21	総合大学		
14	20			
13	19	短期大学　リベラルアーツ・カレッジ		
12	18			中等教育
11	17	上級ハイスクール　上級・下級併設ハイスクール　四年制ハイスクール		
10	16			
9	15	下級ハイスクール	ミドルスクール	
8	14			
7	13			
6	12			初等教育
5	11	小学校		
4	10			
3	9			
2	8			
1	7			
	6			就学前教育
	5	幼稚園		
	4	保育学校等		
	3			

イギリス

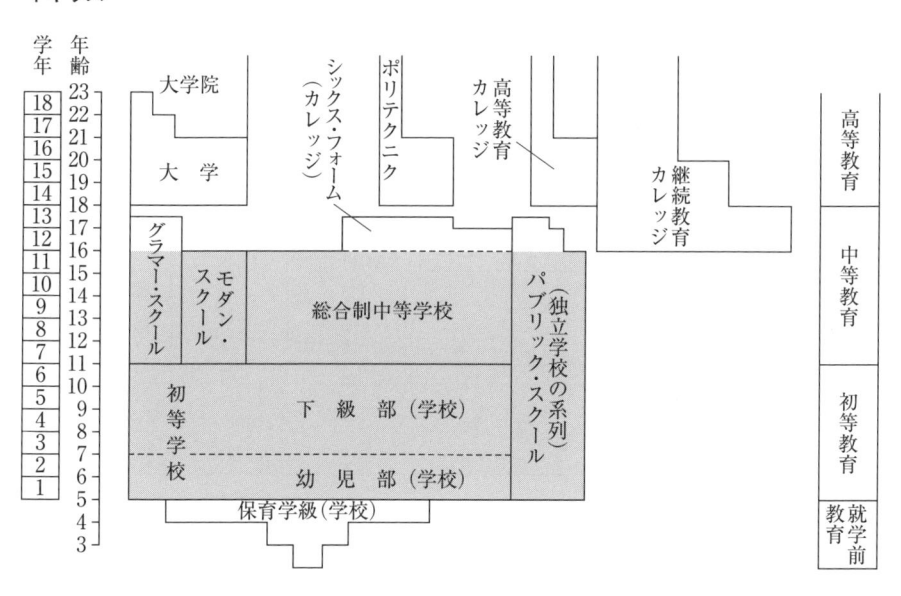

学年	年齢			
18	23	大学院		高等教育
17	22		シックス・フォーム（カレッジ）　ポリテクニク　高等教育カレッジ　継続教育カレッジ	
16	21	大学		
15	20			
14	19			
13	18			
12	17	グラマー・スクール　モダン・スクール　総合制中等学校　（独立学校の系列）パブリック・スクール		中等教育
11	16			
10	15			
9	14			
8	13			
7	12			
6	11			初等教育
5	10	初等学校　下級部（学校）		
4	9			
3	8			
2	7	幼児部（学校）		
1	6			
	5	保育学級（学校）		就学前教育
	4			
	3			

巻末資料 ▶▶▶ 267

フランス

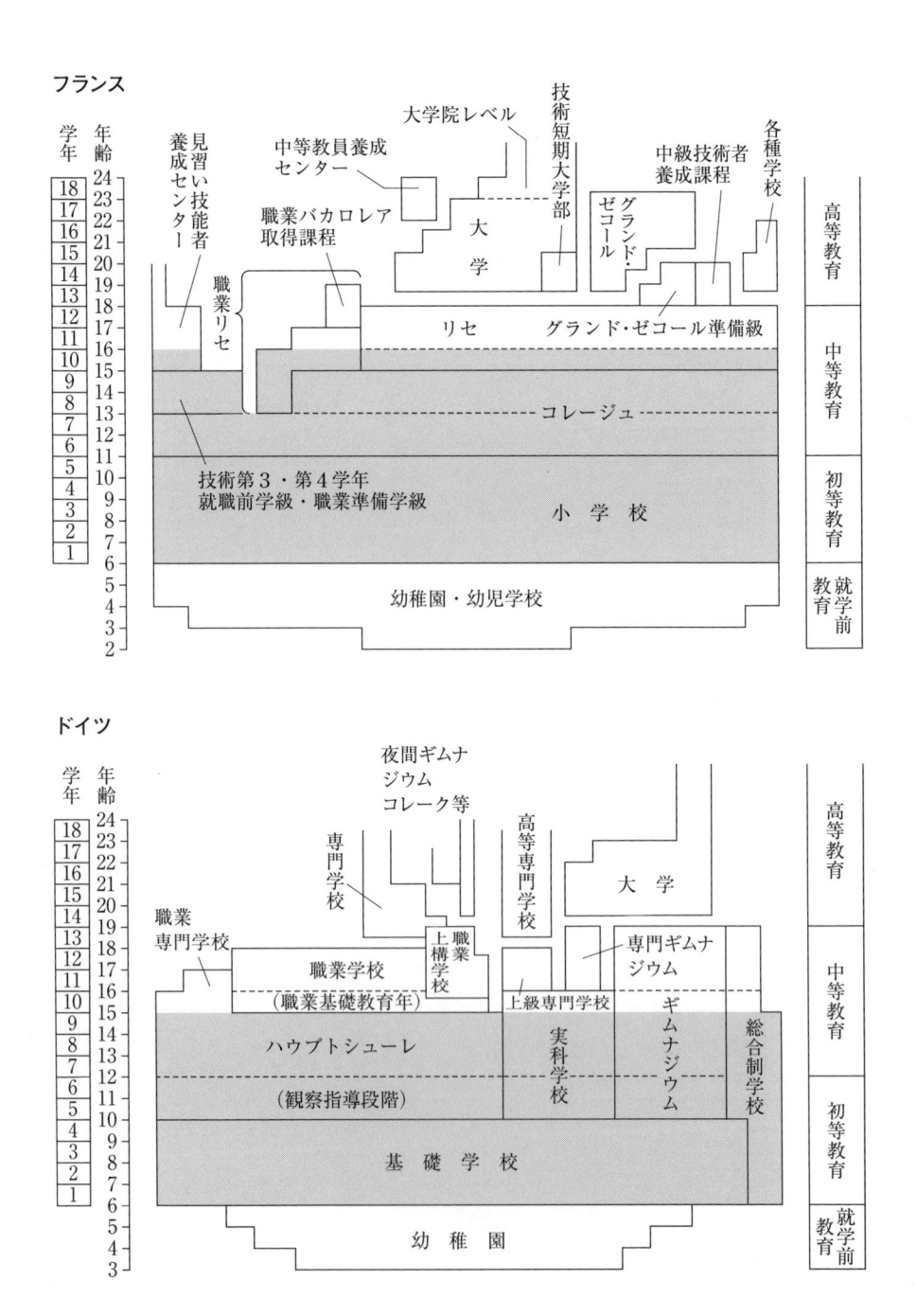

学年	年齢			
18	24			高等教育
17	23			
16	22	見習い技能者養成センター	中等教員養成センター / 大学院レベル / 技術短期大学部 / 大学 / グランド・ゼコール / 中級技術者養成課程 / 各種学校	
15	21			
14	20			
13	19	職業バカロレア取得課程		
12	18	職業リセ	リセ / グランド・ゼコール準備級	中等教育
11	17			
10	16			
9	15		コレージュ	
8	14			
7	13			
6	12	技術第3・第4学年 就職前学級・職業準備学級		
5	11		小学校	初等教育
4	10			
3	9			
2	8			
1	7			
	6			
	5	幼稚園・幼児学校		就学前教育
	4			
	3			
	2			

ドイツ

学年	年齢			
18	24			高等教育
17	23			
16	22		夜間ギムナジウム コレーク等 / 専門学校 / 高等専門学校 / 大学	
15	21			
14	20			
13	19	職業専門学校		
12	18		職業学校 / 上構学校 / 上級専門学校 / 専門ギムナジウム	中等教育
11	17			
10	16		(職業基礎教育年)	
9	15		ハウプトシューレ / 実科学校 / ギムナジウム / 総合制学校	
8	14			
7	13			
6	12		(観察指導段階)	
5	11			
4	10			初等教育
3	9		基礎学校	
2	8			
1	7			
	6			
	5		幼稚園	就学前教育
	4			
	3			

⑤ 学校化・情報化の進行と「教育問題」の変遷

(藤田英典『教育改革』岩波新書, 1997年より)

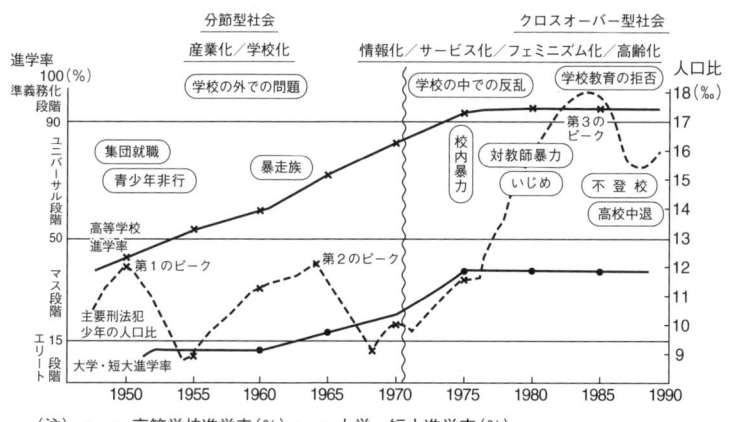

分節型社会 / クロスオーバー型社会
産業化／学校化 / 情報化／サービス化／フェミニズム化／高齢化
学校の外での問題 / 学校の中での反乱 / 学校教育の拒否

集団就職、青少年非行、暴走族、校内暴力、対教師暴力、いじめ、不登校、高校中退

第1のピーク、第2のピーク、第3のピーク

（注） ×—× 高等学校進学率(%)、●—● 大学・短大進学率(%)
×--× 主要刑法犯少年の人口比(同年齢層人口千人当りの人数‰)

⑥ IEA 調査結果

(1) IEA 国際理科教育調査結果（中学3年生）
(国立教育研究所『中学校の数学教育・理科教育の国際比較』(1997年)より作成)

順位	第1回（1970年／平均得点）		第2回（1983年／平均正答率）	
1	日本	31点／80点満点	ハンガリー	72%
2	ハンガリー	29点／80点満点	日本	67%
3	オーストラリア	25点／80点満点	オランダ	66%

(2) IEA 第3回調査結果より（1994-95年）
(国立教育研究所『中学校の数学教育・理科教育の国際比較』(1997年)より作成)

数学（中学校2年）			理科（中学校2年）		
順位	国／地域	平均正答率	順位	国／地域	平均正答率
1	シンガポール	79%	1	シンガポール	70%
2	日本	73	2	韓国	66
3	韓国	72	3	日本	65
4	香港	70	8	イギリス	61
11	フランス	61	12	オーストラリア	60
16	カナダ	59	15	カナダ	59
19	オーストラリア	58	16	アメリカ	58
23	ドイツ	54	16	ドイツ	58
26	イギリス	53	16	香港	58
26	アメリカ	53	28	フランス	54
	国際平均値	55		国際平均値	56

⑦「教育病理」現象の量的推移（1980-94年）

（藤田英典『教育改革』岩波新書，1997年）
（千人／件）

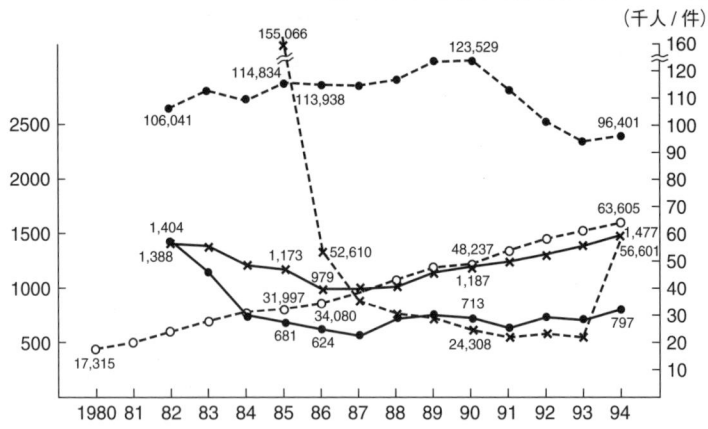

左目盛：校内暴力発生学校数（公立中学校）✗—✗，対教師暴力発生件数（公立中学校，●—●）
右目盛：いじめ発生件数（小・中・高校の合計，✗--✗），高校中退者数（●--●），
　　　　不登校児童数（50日以上，小・中学生 ○--○）

⑧米・英・日における教育改革のあゆみ

	アメリカ	イギリス
1940年代		1944年教育法 三分岐制　　　　　（能力主義） 十一歳試験法
1950年代	スプートニク・ショック 国家防衛教育法　　　（能力主義） カリキュラムの現代化	
1960年代	公民権法 経済機会法　　　　　（平等） 大学紛争・暴力学園	高等教育の拡大 コンプリヘンシブ・スクール　（平等） 大学紛争
1970年代	学校の人間化 オールタナティブ・スクール　（人間性） 総合雇用訓練法	放送大学設立・コンプリの拡大 GCE → CSE → GCSE　　　（平等） 中等学校卒業者の失業増大
1980年代	基礎に帰れ 『危機に立つ国家』 文化リテラシー・教員能力評価　（卓越性） マグネット・スクール （ヴァウチャー制）　　　　　（平等） 外部委託による学力向上策	サッチャー政権 1980年教育法・1988年教育改革法 財源・補助金操作による教育統制 ナショナル・カリキュラム　　　（卓越性） ナショナル・アセスメント 〔7, 11, 14, 17歳〕
1990年代	再構造化 親・教師・コミュニティによ　（選択・参加） る学校改革　　　　　　　　　（効率性） 学校内学校 チャーター・スクール	学校選択 学校理事会の権限の拡大

（藤田英典『教育改革』岩波新書，1997年）

日本	
教育基本法・学校教育法〔制度改革〕 6・3・3制 公選制教育委員会	（平等）
高校三原則1970年代 地方教育行政法・特設道徳・教科書無償	
人材養成〔理工系学部，高校職業化の拡充〕） 期待される人間像 高校教育の普通化・高等教育の大衆化 大学紛争	（能力主義）
四六答申 入試競争の激化・乱塾時代 共通一次試験・高校入試改革	（平等）
校内暴力 いじめ 不登校・高校中退 臨時教育審議会 国際化・情報化 自由化・個性化・規制緩和	（個性化） （自由化）

巻末資料 ▶▶ 271

⑨中学校・高等学校学習指導要領の変遷・概要

昭和22年中学校・ 高等学校 （同年実施）	最初の学習指導要領．経験主義の立場に立つ 修身，歴史，地理を廃止→社会科を新設 小学校で男女共修の家庭科を，中学校で職業科を設置． 自由研究を新設．
昭和26年中学校・ 高等学校 （同年実施）	第1次全面改訂 自由研究→（小）教科以外の活動，（中）特別教育活動となる 中学校で体育→保健体育，職業科→職業・家庭科と変更される
昭和33年中学校 （昭和37年実施） 昭和35年高等学校 （昭和39年実施）	第2次全面改訂 ◎「告示」形式→法的拘束力が明確になる 小・中学校に道徳の時間が特設される 高校に倫理社会（必修）を新設
昭和44年中学校 （昭和47年実施） 昭和45年高等学校 （昭和48年実施）	第3次全面改訂 中学校の授業時数を標準時数として示す 理数系の教科で教育内容の現代化を図る 特別教育活動と学校行事等が合わさって特別活動となる 特別活動の内容として，クラブ活動を新設．
昭和52年中学校 （昭和56年実施） 昭和53年高等学校 （昭和57年実施）	第4次全面改訂 「ゆとりと充実」をめざす→ゆとりの時間を新設． 高校に，習熟度別学級編成の導入． 小・中・高校の教育内容の一貫性を図る
平成元年中学校・ 高等学校 （平成5年中学校実施） （平成6年高等学校実施）	第5次全面改訂 臨時教育審議会の教育改革構想を受け個性尊重の教育を目指す 小・中学校で授業時数の弾力的運用 中・高校で選択履修の幅を拡大 小学校低学年の社会科と理科を統合し生活科とする 入学式・卒業式などにおける，国旗・国歌の取り扱いの明確化 中学校に習熟度別指導の導入 中学校の技術・家庭科に，情報基礎が加わる 高校の社会科を地理歴史科と公民科に分割し，世界史を必修とする 高校の家庭科を男女共修とする
平成10年中学校 （平成14年実施） 平成11年高等学校 （平成15年実施）	第6次全面改訂 ◎完全学校週5日制の下で各学校が特色ある教育を展開し，「生きる力」を育成する 授業時数の大幅削減と教育内容の厳選を行う 授業時数や授業の1単位時間の弾力的運用 ◎総合的な学習の時間の新設 中・高校の特別活動のクラブ活動を廃止 中学校の外国語を必修教科とし，英語の履修を原則とする 高校で必修教科として情報を新設 高校で学校設定教科・科目を新設 小・中学校は平成14年度から全面実施，高校は平成15年度から学年進行で実施
平成20年小・中学校 （平成23年小学校実施） （平成24年中学校実施） 平成21年高等学校 （平成25年実施）	第7次全面改訂 授業日数・授業時数の増加（ゆとり教育の見直し） 中・高とも数学・理科の実施を1年前倒し 中学校の選択教科必置を廃止 高等学校の国・数・英に共通履修科目設置 確かな学力を目指し習得・活用・探究の学習活動を通し思考力・判断力・表現力を育成する 各教科等での言語活動の充実
平成29年小・中学校 （令和2年小学校実施） （令和3年中学校実施） 平成30年高等学校 （令和4年実施）	第8次全面改訂 授業時数の増加（国・社・数・理・外国語・保体を実質10％程度増加）（中） 週当たりのコマ数を各学年で週1コマ増加（中） 中学校各教科での言語活動の充実 国際的な通用性の観点での中学校理数教育充実 伝統や文化に関する教育の充実（国語，社会（歴史教育，文化遺産（国宝，世界遺産等）に関する学習を充実） 和楽器，唱歌，美術文化，和装の取扱いを重視（音楽，美術，技術・家庭） 武道を必須化（保体／中1・2） 部活動の意義や留意点を規定（中） 高等学校の国語・地理歴史・公民・英語の科目構成の改善（論理国語，歴史総合，世界史探究，公共，論理・表現（英語），総合的な探究の時間の新設

索引

▶あ
アメリカ教育使節団報告書　243

▶い
意思決定能力　201
一種免許状　13, 14, 130
いつの時代にも求められる資質能力　22, 24, 102
意図したカリキュラム　70, 71
異年齢集団　188, 190

▶え
エキスパート　101

▶お
オープンスクール・デー　219
大人になりたくない症候群　50

▶か
外部指導員　191, 192, 194, 195
外面的要素　40
課外活動　189
学習意欲　36, 45, 52, 66, 95, 97, 98, 111, 118, 191
学習観
　経験主義の——　92
　系統主義の——　92
学習権　68, 69
学習指導経営　57
学習指導要領　7, 14, 36, 59, 71, 72, 74-76, 79, 86-93, 98, 112, 159, 176, 180, 188, 189, 191, 198, 225, 227, 230, 232, 249
　——（試案）　73
　——の基準性　88
　——の構成　87
　——の内容　87
　——の内容項目　87
　——の歯止め規定　89
学制序文　236, 238
学力低下論争　88, 89, 91, 93, 94
学級経営　25, 56, 133
学級経営要素　57
学級事務経営　57
学級集団　45, 56-58

学級集団づくり　56, 58, 59
学校・地域子ども親善大使　218, 219
学校運営連絡協議会　156, 164
学校教育課程　67, 70-73, 75, 76, 78, 82, 86, 88, 98
学校教育法　17, 23, 36, 72, 78, 98, 118, 120, 128, 154, 166, 180, 183, 226-229, 240, 244-246, 256
学校経営計画　158-162
学校支援ボランティア　217, 219
学校全体の企画・達にあたる組織　158
学校体系
　アメリカの——　267
　イギリスの——　267
　ドイツの——　268
　フランスの——　268
学校評価　72, 154, 156, 158, 159, 162
学校評議員　163, 206
カリキュラム　14, 67, 68, 70-73, 75, 92, 94, 95, 98, 155, 230, 245
観察記録票　43
観察法　42, 43
緘黙　34, 45

▶き
企画調整会議　155, 156, 158
技術指導　192
義務教育の目標　78, 154, 227
キャリア　9, 101, 197
キャリア・カウンセリング　204
キャリア教育　8, 197-200, 202-204, 217, 225
キャリア発達　197, 198, 200-203
休業日　83, 146
休業日の勤務　146
休憩時間　145
休日　143, 146, 147
休息時間　145
給与条例主義　148
共育　222
協育　222
響育　222
教育委員会制度　125, 126, 235, 249
教育委員会制度の変更点　249

教育委員会法
　　──の制定　　247
　　──の廃止　　248
教育改革国民会議　　131, 253, 254
教育課程　　4, 14, 67, 70-77, 83, 87, 88, 90, 92,
　　94, 97, 100, 120, 127, 156, 159, 172, 188, 189,
　　202, 213, 215, 217, 225, 229, 231, 232, 234, 254,
　　255
教育課程及び指導法に関する科目　　14
教育課程実施状況調査　　95
教育課程の届出
　　公立学校の──　　76
　　私立学校の──　　76
教育課程の編成要素　　72
教育課程編成能力　　203
教育環境経営　　57
教育基本法　　68, 78, 98, 118, 154, 158, 176, 180,
　　183, 212, 227, 235, 244, 247, 255, 256, 258, 259,
　　271
教育再生会議　　178, 253
教育再生懇談会　　253
教育職員　　16
教育接続　　225-228, 230-232
教育勅語　　235, 236, 238
教育的配慮　　53
教育の基礎理論に関する科目　　14
教育の専門家としての確かな力量　　20
教育予算　　122, 123, 249
教員　　3-11, 16, 17, 22-27, 34, 36, 39, 40, 42,
　　51, 57, 60, 92, 99, 100-104, 107-109, 113, 127,
　　129, 130, 132, 135, 136, 139, 143, 154, 169, 191,
　　202, 209, 262
教員資格認定試験　　6, 132
教員のキャリア　　101
教員の研修　　132
教員の地位に関する勧告　　128
教員の任用　　132
教員免許更新制　　131
教科課程　　74
協議の進め方　　113
教材解釈，教材開発　　108
教師　　2, 16-28, 71, 74, 99, 101-104, 107, 137,
　　218
教師十戒　　27
教師は五者たれ　　18
教授学　　66

教職科目の種類　　14
教職大学院制度　　129
教職調整額　　149
教職に対する強い情熱　　20
教職の意義等に関する科目　　14
協働機能　　215
協働性　　34
興味・関心　　190
教諭　　16, 17
勤務時間　　144-149

▶く
クラブ活動　　188, 189
グループエンカウンター　　52

▶け
携帯電話　　48, 49
契約社会　　53
検査法　　42
限定4項目　　145
県費負担教職員制度　　125, 147

▶こ
高機能自閉症　　5, 6
構造改革特区　　227
合同チーム　　193
行動連携　　216
合同練習　　193, 220
校内研修　　135-137
校務分掌　　4, 155-157
コーディネイト（調整）　　204
国民学校　　225
心の教育　　176, 180, 212
個人差　　33, 35, 50, 95
個人情報の保護　　60
個人面接　　39
個別性　　38
コミュニケーション　　51, 52, 79, 114, 158, 159,
　　165, 166, 169, 170, 172, 173, 201, 215
今後，特に求められる具体的資質能力　　23

▶し
時間外勤務　　144, 145
時季変更権　　147
自己申告制度　　166
自己存在感　　51

自己評価　　99, 110, 162, 166, 167
資質能力　　22 - 36, 102, 107, 108, 132 - 134
思春期　　35
思春期外来　　35
実施したカリキュラム　　71
指定管理者制度　　124
児童・生徒理解　　108 - 110, 113
児童期　　32
指導技術　　101
指導技術（授業展開）　　108
指導と評価の計画　　109
使命感，熱意，感性　　108
社会規範　　36, 54
社会教育　　120, 194
社会体育　　194
社会的自己実現　　38, 59, 60
週ごとの指導計画　　86
習熟度別の授業　　79
集団活動　　36, 39, 55, 180
集団形成経営　　57
集団性　　38, 39
住民自治　　119
授業評価　　99, 208 - 210
授業力　　100 - 103, 107 - 109
授業力の要素　　107
生涯学習　　190
生涯学習の理念　　68, 261
小学校令　　237
小中一貫教育　　225, 227
少人数授業　　79
情報化時代　　41
情報活用能力　　201
情報交換・連絡調整機能　　214
情報モラル教育　　49
将来設計能力　　201
勝利至上主義　　191
助教諭　　130
職員会議　　157
職業教育並びに職業指導委員会　　198
職専免研修　　136
職務給の原則　　148
職務上の義務　　140
初任者研修　　135
事例検討会　　52
人事考課制度　　167
新自由主義的改革　　253

心療内科　　56

▶す
数量的要素　　40
優れた教師とは　　19
優れた教師の条件　　20, 103

▶せ
生活ノート　　52
生徒指導，教育相談及び進路指導等に関する科目　　14
生徒指導経営　　57
生徒理解　　38
青年期　　32
政令　　118
摂食障害　　35
設置者管理主義　　123
設置者負担主義　　124
ゼロトレランス　　53
全国学力・学習状況調査　　97
専修免許状　　130
先生　　16
全体計画　　44, 179
専門職性　　127, 128, 150

▶そ
総合規制改革会議　　253
総合性　　38
総合的な人間力　　20
相互補完機能　　214
相当免許状主義　　129
創発と効率　　216
双方向性と互恵性　　215
組織目標　　158

▶た
第3の教育改革　　249, 250, 253
対応マニュアル　　193
大学院修学休業制度　　135
対人関係　　50, 52
他者評価　　99, 162
達成したカリキュラム　　71
単線型学校体系　　244, 245
団体自治　　119

▶ち
地域とは何か　213
知識・技能の伝達者（教科担任）　18
地方自治　118
地方分権改革推進会議　253
中1ギャップ　47, 226
中途退学　47
懲戒　142
長期社会体験研修　135
勅令　118
勅令主義　238

▶て
適応　33
適応機制　34
寺子屋　153

▶と
統率力　108, 110
道徳教育　54, 176-179
道徳教育・人権教育年間指導計画　181
道徳教育推進教師　183
道徳教育全体計画　180
道徳教育の教科化　178
道徳実践力　182
道徳授業地区公開講座　183
道徳性　179, 182
道徳性の涵養　187
道徳的実践意欲　182
道徳的心情　182
道徳的判断力　182
道徳の時間　178, 182
「道徳の内容」の学年段階・学校段階　184
特別活動　55
特別免許状　130

▶な
内面的要素　40

▶に
ニート　199, 200
二種免許状　130
人間関係形成能力　201
人間形成への援助者（人間担任）　18
人間尊重の精神　182, 183, 186

▶ね
年間行事計画　83
年間指導計画　44
年間授業計画　86
年次有給休暇　147

▶の
ノーワーク・ノーペイ　150

▶は
発達課題　32, 197
反社会的問題行動　34, 45, 46, 48, 51

▶ひ
非社会的問題行動　45
必修クラブ　189
必置職員　128
評価活動　62, 205, 208
評価項目　62, 63
評価票　63
開かれた学校　205, 206, 208

▶ふ
部活動　188, 189
部活動代替　189
複線型学校体系　241, 245
服務　138, 140
服務の宣誓　138, 140
分限　141
普通教育　227
普通免許状　130
普通免許状の基礎資格　13
普通免許状の種類　13
不適応　33, 34
不登校　24, 34, 35, 37, 45, 212
フリーター　8, 199
不良交友　45
プロ教員　20, 21

▶ほ
奉仕体験活動　36
法律主義　118, 238
暴力行為　34, 45, 46, 212
保健体育審議会　194
補充，深化，統合　186
補助金　2, 123

▶み
身分上の義務　139, 140

▶め
免許教科　12

▶も
モンスターペアレンツ　57
文部科学省　119
文部省設置法の制定　247

▶や
薬物乱用　48

▶よ
四六答申　226, 228, 249

▶り
リテラシー　92, 93
臨時教育審議会　251
臨時的任用教員　9
臨時免許状　130

▶れ
レイマンコントロール　126
連携協力経営　57
連携とは何か　214

▶わ
ワークショップ　52
若者文化　41, 42

▶数字・欧文
10年経験者研修　135
ADHD（注意欠陥・多動性障害：Attention Deficit/Hyperactivity Disorder）　5
GHQ　243
IEA（国際教育到達度評価学会）　66, 70, 95
KJ法　113
LD（学習障害：Learning Disorders/Disabilities）　5
OJT（On the Job Training）　137
PISA（生徒の学習到達度調査国際学力テスト：Program for International Student Assessment）　94
PTSCA活動　218
TIMSS（国際数学・理科教育動向調査：Trends in International Mathematics and Science Study）　66, 94

▶人名
ウイリアム・アーサー・ワード　21
オルセン　213
コンドルセ　153
バーナード　165
ペスタロッチ　19

執筆者紹介（担当）

望月國男（第1章，第6章-5）
神奈川県秦野市教育委員会指導主事・指導室長，神奈川県公立中学校長，東海大学教授を経て，現在，秦野市教育委員会委員長．
主著『地域協働による「心の教育」の創造』東海大学出版会，『探究と実践の教育』日本教育新聞社
　　『コミュニティ・スクールの研究』（共著）風間書房，『最新行政大事典』（共著）ぎょうせいほか

近藤淳一（第2章，第6章-2）
東京都立高等学校校長を経て，東海大学，日本大学，和洋女子大学，洗足学園音楽大学元非常勤講師．

新田利子（第3章-5，第6章-1）
東京都公立中学校長を経て，元洗足学園音楽大学教授．

鍵山充尚（第4章，第6章-4,4(1)-(4)）
元東京都立高等学校長，元中央大学理工学部・文学部非常勤講師．

安保尚子（第5章，第6章-4(5)）
東京都立高等学校長，洗足学園音楽大学教授，上海日本人学校高等部初代校長を経て，現在，上海理工大学日本文化交流センターオブザーバー．

豊田岩男（第6章-3）
東京都立高等学校長を経て，元杉野服飾大学非常勤講師，現在，公益財団法人日本進路指導協会評議委員．

編著者紹介

佐藤　徹（さとう　とおる）（担当：序章，第3章1-4，第6章6，補章，巻末資料）

東洋大学大学院文学研究科教育学専攻修了．東京都立高等学校教員，東京都教育庁指導主事，東京都立高等学校長，元東海大学課程資格教育センター教授．

著書

『校長の実務』（共著），『教頭の実務』（共著），『教職論――教職につくための基礎・基本』（共編著），『新しい社会科教育法』（共編著）

教職論――教職につくための基礎・基本――（きょうしょくろん　きょうしょく　きそ　きほん）

2010年3月20日　第1版第1刷発行
2019年9月20日　第1版第4刷発行

編著者　佐藤　徹
発行者　浅野清彦
発行所　東海大学出版部
　　　　〒259-1292　神奈川県平塚市北金目4-1-1
　　　　TEL 0463-58-7811　FAX 0463-58-7833
　　　　URL http://www.press.tokai.ac.jp
　　　　振替　00100-5-46614
印刷所　港北出版印刷株式会社
製本所　誠製本株式会社

© Toru SATO, 2010　　　　　ISBN978-4-486-01867-4

・JCOPY ＜出版者著作権管理機構　委託出版物＞

本書（誌）の無断複製は著作権法上での例外を除き禁じられています．複製される場合は，そのつど事前に，出版者著作権管理機構（電話03-5244-5088，FAX 03-5244-5089，e-mail: info@jcopy.or.jp）の許諾を得てください．